5 · 18연구소 학술총서 ④

여성과 민주화운동

▪**편역자 약력**

김 명 혜

전남대학교 인류학과 교수

5·18 연구소 학술총서 ④

여성과 민주화운동

2004년   2월 02일   초판인쇄
2004년   2월 10일   초판발행

편집·발행   전남대학교 5·18연구소
              광주광역시 북구 용봉동 300 전남대학교
              전 화: 062)530-3916
제작·판매   경인문화사
              서울 마포구 마포동 324-3
              전 화: 718-4831~2
              팩 스: 703-9711
              kyunginp@chol.com
등 록 번 호   제10-18호(1973.11.8)

※ 파본 및 훼손된 책은 교환 해 드립니다.

ISBN : 89-499-0222-2 93330   값 : 12,000원

5·18연구소 학술총서④

여성과 민주화운동

김 명 혜 편역

景仁文化社

차 례

서 문

    이 책에는 모두 11편의 글이 실려 있다. 이 중에서 10편의 글은 지난 2002년 전남대학교 5·18연구소, 전남대학교 여성연구소, 그리고 5·18 기념재단이 공동 주최한 제3차 5·18 국제학술회의에서 발표된 논문들을 기초로 한 것이고, 다른 한 편의 글은 2001년 전남대학교 5·18연구소와 5·18 기념재단이 공동 주최한 제2차 5·18 국제학술회의에서 발표된 논문을 기초로 하여 필자가 다시 번역하고 수정한 글들이다. 2001년에 열렸던 제2차 5·18 국제학술회의에서 발표된 논문 한편이 포함된 이유는 본 총서의 주제인 민주화운동과 여성이라는 문제의식을 캄보디아의 경험을 바탕으로 하여 다루고 있는 매우 적실성 있고 중요한 글이기 때문이다.

    5·18 국제학술회의는 민주화와 인권문제들을 중심으로 세계 여러 나라의 학자들을 한 자리에 모아 각국의 경험들을 소개하고, 서로가 처해 있는 상황들을 이해하면서 민주주의를 향한 국제적인 연대를 모색하고자 해마다 열리고 있다. 특히 2002년에 열린 제3차 국제학술회의에서는 그동안 다루어져 왔던 민주주의와 인권문제가 성맹적인(gender-blind) 시각과 접근방법이었다는 점을 반성하면서 성화(engendering)의 필요성이 강조되었다. 이를 위하여 제3차 국제학술회의에서는 전남대학교 5·18연구소와 5·18 기념재단이 공동 주최해 오던 종전의 관행을 깨고 전남대학교 여성연구소가 합류하였고, 민주화운동과 여성이라는 주제를 중심으로 하여

미국, 일본, 멕시코, 독일, 필리핀, 인도네시아, 그리고 한국 등지에서 온 학자들을 한 자리에 모였다. 이러한 변화는 '민주화와 인권문제'에 대한 우리들의 인식을 한 단계 더 높이는 중요한 관점의 전환을 의미한다.

이 책은 모두 5개 부문으로 나뉘어져 있다. 첫 번째 부문은 제3차 국제학술회의의 주제인 민주화운동과 여성, 특히 여성운동과의 관계를 아시아 지역이라는 거시적인 맥락 속에서(죠지 카치아피카스), 혹은 인도네시아(스리 단티)와 필리핀(캐롤린 소브리치아)이라는 보다 구체적인 상황 속에서 검토하고 분석하는 글들로 구성되어 있다. 죠지 카치아피카스는 아시아 지역에서 일어나고 있는 민주화운동에서 여성들이 차지해 온 위치를 비교적 관점에서, 그리고 비판적인 시각으로 검토하고 있다. 가부장제 이념이 일상생활의 곳곳에 스며들어 있는 아시아 지역에서는 유럽이나 미국의 경우와 유사하게 여성들이 사회운동참여에 있어서 조직적으로 차별당해 왔다. 그럼에도 불구하고 역사 속에 가려진 여성지도자들과 투사들, 여성노동자들, 그리고 5·18광주항쟁과 같은 풀뿌리운동에 참여한 여성들의 의지와 활동에 힘입어 여성단체들이 폭넓게 발전해 오고 있고, 지속적으로 민주주의의 의미를 확장하면서 사회적인 영향력을 증대시켜 오고 있다. 그에 따르면, 가부장제의 철폐를 목표로 하여 일상생활을 변형시키고자하는 페미니스트 운동은 인류역사상 가장 급진적이고도 민주적인 혁명이 될 것이다.

스리 단티는 인도네시아 국가개혁과 민주화과정을 통해서 여성들의 권리가 교육, 보건, 경제, 정치, 사법, 환경, 국방 및 치안, 그리고 정보 및 통신 등의 분야에서 어떻게, 얼마나 신장되어 왔는가를 면밀하게 검토하고 있다. 소위 신질서체제(즉 1965년에서 1997년까지 32년간의 수하르토 집권기)하에서 인도네시아 여성들은 자기표현을 하거나 권한을 강화시킬 수 있는 공간에 제약을 받아왔다. 그러나 1997년 이후로 신질서정권이 민중민주주의 운동의 압력에 놓이게됨에 따라서 여성들에 대한 폭력문제를 비롯하여 많은 경제·정치·사회문제들을 제기할 수 있는 여성 비정부단체들이 만들어졌다. 동시에 정부부처의 하나인 여권신장부의 활동에 힘을 입어서 국회 및 지방의회 내에서 여성들의 대표성도 높아졌다. 단티는 인도네시아에서 일어난 이러한 변화들이 실제적으로 여권신장 및 성 평등 구현에 긍정적인 영향을 미쳤는지의 여부를 분석하고 있다.

캐롤린 소브리치아는 필리핀의 민주주의와 국가건설이라는 상황 속에서 여성운동이 어떻게 탄생, 성장, 변화해 왔는가를 다루면서, 여성운동과 국가 및 사회 전반에서 일어나는 변화들, 특히 민주화운동과는 불가분의 관계가 있음을 보여주고 있다. 우리나라의 경우와 유사하게 필리핀에서도 여성운동에 대한 초기의 인식은 여성문제를 계급문제나 민족문제보다 우위에 두는 것에 대한 우려에서 출발했다. 그리고 지난 20년 동안 필리핀의 여성단체들은 이에 대한 정치적인 견해 차이를 조정하는데 많은 어려움을 겪어 왔다. 그러나 이러한 어려움에도 불구하고 여성지도자들의 활동, 유엔의 압력, 친여성적인 정부의 출현 등의 긍정적인 풍토조성으로 말미암아 페미니즘 운동은 활성화되고 성장할 수 있었다. 특히 정부와의 협력양태에 관해서는 여성단체들 사이에 의견이 양분되기도 했으나, 여성운동은 정부가 제공한 민주적인 공간을 최대한 활용하여 다양한 사안별 단체들을 조직할 수 있었고, 성 평등적인 법 개정을 촉구하고, 정부로부터 보다 나은 서비스의 기회를 요구하면서 정부관료체계에 성(gender)관점을 불러일으키는데 많은 공헌을 해 왔다. 앞으로 필리핀의 여성운동이 어떻게 페미니즘적인 투쟁의 본질을 훼손시키지 않으면서 변화를 위한 창조적인 전략들을 모색해 나갈 것인가는 우리 모두가 주목하고 함께 고민해 봐야 할 숙제이다.

두 번째 부문은 여성 개개인들이 경험하는 매일 매일의 삶은 그들이 속해 있는 국가라는 맥락, 혹은 국가 대 국가의 관계 속에서 이해되어야 함을 강조하는 글, 두 편을 포함하고 있다. 강정숙은 독일 이민여성들의 인권현황을 소개하면서 지난 50년간 많은 이민자들이 독일에 이주하여 생활하고 있지만 그들은 '외국인'으로 분류되고 기본권마저 보장받지 못한 채 불평등한 삶을 지속하고 있음을 자세하게 소개한다. 특히 여성이민자들은 성차별과 인종차별이 그물처럼 얽혀져 있는 독일 사회에서 남성이민자들에 비하여 더욱 불리한 위치에 있는데, 독일의 외국인 법으로 인하여 배우자 선택에 있어서도 자유롭지 못하고, 남편에게 법적·경제적으로 종속되어 있으며, 빈번하게 일어나는 여성매매가 사소한 범죄로 취급되고 있고, 여성난민들에 대한 성적인 학대도 자주 일어나는 등 불평등한 생활조건 속에서 삶을 이어가고 있다. 여기서 우리는 평등사상이란 인간의 다양성을 인정하는 것이고, 인권은 종교적, 정치적으로 서로 다른 견해들이 대화하고 교환되는 장을 마련하는 것이라는 그녀의 주장에 주목할 필요가 있다. 독일사회는 '문화민족'이라는 신화에서 벗어나서 차이를 받아들이고, 물적 자원과 사회적인 권력을 재분배함으로써만이 민주주의와 관용적인 시민사회의 발전을 이룰 수 있는 것이다.

찬톨 옹은 지난 30년 동안의 전쟁이 끝난 이후 캄보디아 여성들의 실태를 다루고 있는데, 그녀는 가부장제 이념의 존속, 성 정형화, 전쟁피해자들에 대한 정부의 방관자적인 태도 등으로 인하여 여성들은 가난, 인신매매와 매매춘, 가정폭력, 강간 및 근친상간, 강제결혼 등에 노출되어 있고, 기본적인 노동권이나 교육기회 등에 대한 보장을 받지 못하고 있으며, 충분한 의료 서비스 없이 HIV와 AIDS 감염에 무방비 상태임을 지적하고 있다. 본인이 소장으로 되어 있는 여성위기센터의 다양한 프로그램들을 소개하면서 여성들의 인권존중과 지속적인 평화건설을 위해서는 성 불평등과 폭력간의 문제해결을 위한 국제적 연대와 국가적 노력이 병행되어야 함을 강조한다. 우리는 여성의 권리는 곧 인권의 문제라는 인식을 함께 가져야 하는 것이다.

세 번째 부문은 여성들의 인권문제와 관련하여 가장 고질적인 문제로 많은 여성들의 삶을 비참하게 만들어 온 성(sexuality) 문제를 다루는 두 편의 글을 포함하고 있다. 오오코시 아이코는 일본의 페미니즘운동과 일본군 성노예 법정이라는 주제로 식민제국주의가 어떻게 여성의 성을 도구화했으며, 그러한 반인륜적인 과거를 현재의 여성운동과 어떻게 접목시킬 것인가를 고민한다. 전쟁과 폭력의 시대였던 지난 20세기를 지나오면서 전쟁에 참여하지도 않았으면서 피해를 받은 사람들, 특히 전쟁 중에 자행된 성폭력으로부터 고통 받은 여성들인 '위안부'들이 과거에 대해 이야기하기 시작했다. 이에 자극을 받아 아이코를 비롯한 가해국의 페미니스트들은 책임감을 느끼면서, '위안부'문제를 현재까지 남아있는 문제로 동시에 여성들의 기본적인 인권에 관한 문제로 인식하게 되었다. 이들은 이 문제에 대하여 일본 지식인들과 페미니스트들의 입장이 통일되어 있지 못한 어려움 속에서도 '위안부'문제는 단순히 전쟁책임의 문제라기보다는 여성들에 대한 성폭력의 문제, 즉 여성들에 대한 인권침해의 문제임을 강조하면서 조직과 연대활동을 펼쳐나가고 있다.

우리나라에서의 성매매 문제도 매우 심각한 상황이다. 김현선은 우리나라에서 어떤 과정과 단계를 거쳐서 성매매가 확대되고 다양화되었는가를 분석한다. 이러한 과정과 단계는 특정한 역사적 시기나 경제발전단계와 불가분의 관계를 맺고 있으며, 특히 성매매에 대한 정부와 사회의 무관심, 인식부족, 정책의 부재, 관련공무원들의 유착비리 등으로 말미암아 성매매는 급속도로 '산업화'되고 있다. 이러한 추세에 대항하여 성매매 방지 및 피해자 지원을 위한 조직들이 형성되어 왔는데, 기지촌을 중심으로 한 자치회를 비롯하여 사회운동세력이 매매춘여성들의 인권문제를 중요한 사회문제로 인지하면서 연대활동을 펼쳐 나가고 있다. 성매매 피해여성들도 관련 운동단체들이 생겨나자 적극적으로 참여하면서 성매매와 관련된 범죄행위들을 폭로하고 실태조사 및 연구사업, 교육사업, 상담 및 지원 프로그램, 피해자 구조 및 보호 프로그램 등 다양한 활동에 활발하게 참여하고 있다. 역으로 이러한 피해여성들의 적극적인 참여는 관련사회단체들의 활동에 중요한 방향제시를 하기도 한다.

네 번째 부문에서는 성문제 못지 않게 여성들의 삶의 질에 영향을 주는 노동문제를 다루고 있는 글, 두 편을 포함한다. 마르따 오혜다는 신자유주의의 확산과 더불어 멕시코 자유무역지역에서 일하고 있는 여성 마낄라노동자들의 실태를 분석하고 있다. 위험한 노동환경에서 저임금을 받으며 일하면서 성추행과 성폭행에 노출되어 있는 여성노동자들의 구체적인 사례들을 소개하면서, 북미자유협정(NAFTA)의 노동자들에 대한 화려한 약속은 결국 지켜지지 않은 채, 저임금, 빈곤, 영양실조, 악화된 주택조건 등만 야기했다고 고발하고 있다. 이러한 상황에 만족할 수 없는 여성 노동자들은 독립노조를 결성하거나 노동조건 개선을 위해 파업을 하는 등 조직운동을 해 오고 있는데, 이와 같은 여성 노동자들의 투쟁에는 신세대 젊은 여성지도자들이 활약하고 있다.

이옥지는 1970년대 우리나라의 여성노동자운동을 분석하면서, 특히 왜 여성노동자들이 노동운동의 전면에 나서게 되었는가를 상세하게 다양한 사례들을 제시하면서 밝히고 있다. 경제개발을 최우선 정책과제로 삼았던 독재정권의 불리한 상황 속에서, 그리고 오랫동안 뿌리 깊게 자리잡아 온 가부장제적 사회분위기 속에서, 여성노동자들이 노동운동을 전개한다는 것이 매우 어려웠음에도 불구하고, 그들은 어떤 식으로 각자의 위치에서 개별적인 혹은 집단적인 권리투쟁을 할 수 있었고, 또 그러한 여성노동자들의 투쟁이 어떻게 우리나라의 민주화운동에 일조하게 되었는가를 검토한다. 여성노동자들이 투쟁의 전선에 나서게 된 배경에는 그들이 처해 있던 객관적인 열악한 노동환경도 있지만, 무엇보다도 여성이라는 성으로 말미암아 노동시장 및 직장에서 당했던 굴욕적이고 비인간적인 대우, 그리고 그러한 대우의 부당함을 공통적으로 느끼고 있던 여성노동자들 간의 자매애와 자긍심이 자리하고 있었다. 이러한 1970년대의 여성노동자들의 헌신적인 노동운동은 이후 우리 사회 전반에 걸쳐 일어난 노조결성운동 및 권리쟁취운동, 그리고 다양한 사회적 사안들을 중심으로 한 시민사회운동의 탄탄한 기초가 되었다.

다섯 번째 부문에서는, 역사적으로 주목을 받아 온 사건들 속에 묻혀있던 여성들의 경험을 발굴해 내고 사건의 방관자가 아닌 주체로서의 역할을 강조하는 글들을 포함하고 있다. 김성례는 우리나라의 제주도에서 1948년에 발생한 4·3사건에 대한 논의가 역사적 배경이나 성격규명에 집중되어 있고, 대다수의 피해자들인 주민들, 그리고 제주도민의 구체적인 생존경험에 대해서는 주목하지 못해 왔음을 지적한다. 4·3으로부터의 생존 그 자체가 현재까지 제주도민의 지배적인 삶의 양식으로 작용하고 있고 새로운 공동체문화를 창조해 나가는 "생존의 서사"를 형성하고 있는데, 이는 특히 '홀어멍'들의 생애사를 통해 전승되고 있음을 강조한다. 그동안 제주도민 혹은 마을사람이라는 일반적인 범주를 통해 4·3을 논하면서 여성들이 받은 피해와 그 이후 마을복구과정에서 여성들이 수행한 역할들이 주변화 되거나 왜곡되었다는 점에 주목하면서 여성경험의 측면에서 사건의 역사적 의미와 생존의 서사를 재구성해 보고자 시도한다. 여성들의 생존에 대한 기억과 증언은 영웅적인 투쟁이라기보다는 "일상적인 생존을 위한 연대"이며, 결국 개개인의 삶과 죽음에 대한 권리, 즉 인권회복의 문제인 것이다.

강현아는 5·18 민중항쟁에 참여했던 여성들의 경험과 그들의 삶을 여성주의적인 시각에서 접근하고 있다. 여성들은 어떤 방식으로 항쟁에 참여했으며, 이러한 여성들의 항쟁참여의 경험이 이후 여성운동의 조직화에 어떤 역할을 했는지, 동시에 이들 여성들이 정치적, 조직적으로 어떻게 배제되어 왔는지를 살펴본다. 무엇보다도 이 글은 저항하는 주체로서의 여성경험을 드러내고 여성을 일방적인 피해자로 고착시켜 왔던 기존연구의 한계를 극복하려 한다. 5·18 민중항쟁이 우리사회의 민주화과정과 결부되면서 다양한 논의와 연구들이 있어 왔으나, 항쟁에서 여성들의 활동이나 이들의 삶에 미친 영향에 대해 적극적으로 평가하고 있는 연구가 부족한 상황에서 강현아의 시도는 환영할 만하다. 5·18 민중항쟁을 과거의 역사적인 사건으로 기억하고 이해하기보다는 현재를 살아가는 여성들의 삶에 어떤 모습으로 재구성되고 있는지를 고찰하는 일은 개인과 역사, 그리고 과거와 현재를 연결시켜 보다 구체적인 항쟁의 의미를 밝혀내는데 필수적이다.

위에서 논의한 바와 같이, 이 책에 실린 각 논문들은 상이한 정치·역사적 상황에서 발생한 다양한 '여성문제'들을 다루고 있지만, 공통적으로 보여주고 있는 점은 여성들이 가부장제적 사회풍토 속에서 살아오면서 이전에는 전혀 문제 삼지 않았던 일상적인 생활양식에 대하여 문제제기를 하고 있으며, 점차 정치화되어 가고 있다는 것이다. 또한 여성들의 의식적인 생활양식 개조에 대한 노력은 그들이 속해 있는 정치·경제구조와 불가분의 관계를 맺고 있어서, 국가의 정치·경제적인 변화가 여성들에게 "기회의 문"을 열어주기도 하고 혹은 여성들의 활동이 정치·경제적인 구조와의 상호작용을 통해서 민주주의를 달성하기 위한 전지구적인 투쟁과 접목되기도 한다. 분명한 사실은 여성들은 전에 비해 더욱 강력한 힘과 확신에 찬 목소리로 종전에는 무시되었던 인간적인 권리에 대한 요구를 하고 있다는 점이고, 이러한 여성들의 요구는 더 이상 "부드러운 정치학" (soft politics)의 영역으로 과소평가될 수 없다는 점이다. 따라서 앞으로는 일상생활의 변화를 꾀하는 여성들이 "조용한 혁명"을 통해서 민주화운동의 최전선에 서게 될 것이라는 예측도 가능하다.

역자는 영어로 쓰여진 논문 7편을 번역하는 과정에서 원문에 충실하려고 최대한 노력을 기울이면서 동시에 우리말 독자들에게 너무 어색하지 않도록 표현을 순화시켰다. 원문자체의 의미가 불분명한 경우에는 역자의 통찰력을 발휘하여 문장의 의미를 비교적 정확하게 해석해 내려고 애썼으며, 필요하다고 생각되는 경우에는 역자 주를 활용하였다. 그리고 우리말로 쓰여진 4편의 글을 편집하면서는 필자의 의도를 크게 손상시키지 않는 범위에서 보다 명확하게 의미전달을 할 수 있도록 약간의 수정을 가하였다. 또한 원문에서는 참고문헌들이 각주로 처리되었더라도 통일을 기하기 위해서 가능하면 모두 미주로 수정·처리하였다. 이 책 전체를 통하여 일관성있게 참고문헌들을 모두 미주로 처리하고 참고문헌 표기 방법도 연도와 쪽수 등을 분명히 밝히도록 노력은 하였으나, 원 저자들이 제공한 참고문헌 자료들이 워낙 불충분하여 불가피하게 완벽한 통일성을 기할 수 없었음을 독자들에게 양해를 구한다.

이와 같이 복잡하고 지난한 여러 차례의 편집·교정작업을 인내심을 가지고 불평 없이 도와준 전남대학교 5·18연구소의 진주와 양나윤 조교에게 심심한 감사를 표한다. 그리고 옥고를 내 주신 각각의 필자들을 비롯하여, 5·18 국제학술대회의 발표문들을 묶어 하나의 책으로 출판해 보자고 제안해 준 전남대학교 5·18연구소의 편집위원장인 정근식 교수, 그리고 책으로 출판되기까지 물심양면의 도움을 주신 전남대학교 5·18연구소 송정민 소장께 감사드린다.

전남대학교 인류학과 교수
김 명 혜

제1장
아시아의 여성운동과 민주화운동

-죠지 카치아피카스
여성과 민주화운동: 비교적 관점에서 바라보기

-스리 단티
인도네시아의 개혁과 민주화, 그리고 여성들의 권리신장

-캐롤린 소브리치아
민주주의와 국가건설: 필리핀 여성운동의 경험

여성과 민주화운동:
비교적 관점에서 바라보기*

죠지 카치아피카스
(George Katsiaficas)**

I. 서 론

블랙팬더당(Black Pander Party) 중앙위원회의 최초 여성회원인 캐슬린 클리버(Kathleen Cleaver)가 한 기자로부터 여성의 역할에 대해 질문을 받았을 때, 그녀는 "나에게 혁명에 있어서 남성의 역할이 무엇인지에 대해서는 아무도 묻지 않는군요!"라며 벌떡 일어나 버렸다. 그녀의 항의는 의미 있게 받아들여졌다. 실제로 혁명조직에서는 보통 남성과 여성은 평등하고 상호 존중하는 관계를 형성하면서 서로 아주 유사한 역할들을 수행한다. 1969년에 블랙팬더당은 당원의 3분의 2가 여성이었다. 그리고 비록 잔인한 경찰의

* 이 논문을 쓰는데 격려와 도움을 준 진주, 신은정, 제갈춘기, 양정심, 캐슬린 클리버(Kathleen Cleaver), 최정기, 김권호 그리고 나간채에게 감사의 뜻을 전한다.
** 미국 보스턴에 있는 웬트워스 대학(Wentworth Institute of Technology)의 인문사회과학부 교수.

공격으로 수십 명의 당원들이 살해되어 당 조직이 어려움을 겪었음에도 불구하고, 여성들(그리고 동성연애자들)의 해방을 공개적으로 지지하는 일을 주도했다(Cleaver and Katsiaficas 2001).

물론 문제는 가부장제가 사회 전반에 스며들어 있고, 운동에 있어서 대부분의 혁명가들까지도 망쳐놓고 있다는 점이다. 미국에 살고 있든 혹은 한국에 살고 있든, 유럽이나 아시아나 아니면 아프리카에 살고 있든지 간에 상관없이 여성들은 조직적으로 종속되어 있고 차별을 받고 있다. 그리고 여성들은 어머니/가정주부와 노동자로서 이중역할을 강요당하면서, 성적 욕망의 대상으로 축소되어 있고, 남성들의 폭력에 지배를 받으면서 살고 있다. 최근 한 연구에서 보면, 한국의 남편들이 일주일에 평균 9.2 시간밖에 집안 일을 하지 않는데 반하여, 아내들은 일주일에 평균 72.4 시간이나 집안 일을 한다(Research Institute of Asian Women 1997, 240). 이러한 불균형과 더불어, 많은 한국 여성들은 집밖에서 일을 하고 있지만(여성은 전체노동력의 40%정도를 구성한다) 1998년에 조사된 바에 따르면 일하는 여성들의 95%는 점원, 판매직, 서비스업, 농업, 육체노동과 같이 직업의 위계상 낮은 부문에 집중되어 있다. 그리고, 1997년 한국 여성들의 수입은 남성들 수입의 58%에 불과했다(Kim 1998, 141). 이러한 통계수치는 가부장제가 우리의 일상생활 곳곳에 스며들어 그 모습을 만들어 가는데 얼마나 강력한 힘을 발휘하고 있는가를 보여주는 단면에 불과하다.

가부장제는 인류사회에 있어서 자본주의보다 먼저 존재하기 시작했고 우리의 의식과 무의식에 깊숙이 자리잡고 있다. 따라서 만일 우리가 가부장제를 없앨 수만 있다면 그것은 아마도 현재 생각할 수 있는 그 어떠한 혁명들 중에서도 가장 급진적인 혁명이 될 것이다. 일상생활을 급진적으로 변형시키고자 하는 페미니스트 혁명은 모든 혁명들 중에서 필연적으로 가장 민주적인 혁명이 될 수 있다. 페미니스트 혁명은 사람들로 하여금 일상생활에 있어서 자신의 운명을 자유롭게 결정할 수 있도록 보장하기 때문이다. 직관적으로 느낄 수 있듯이, 여성들은 페미니스트 혁명을 통해서 얻는 바가 분명 있을 것이고, 남성들에게도 이득이 된다는 것을 그 동안 여러 연구들을 통해 알 수 있었다. 잘 알려진 것처럼, 여성들은 남성들보다 평균적으로 더 오래 산다. 만약 남성들이 아이들을 양육하고 노인들을 돌보며, 가족들이나 친지들과 더 많은 시간을 보내고, 스트레스 받는 직장이나 다른 권력과 부와 관련되어 있는 영역에서 보내는 시간이 적어진다면, 남성들의 삶의 질은 말할 것도 없고 그들의 평균수명도 상당히 길어질 것이다. 많은 여성들은 이미 민주적인 일상생활 양식을 영위하고 있다. 페미니스트는 아니지만 사회언어학자인 데보라 태넌(Deborah Tannen)은 일상적인 대화 양식에 있어서 미국의 남성들이 위계를 형성하려는 경향이 있는데 반하여, 여성들은 수평적 관계에서 친밀감을 형성하는 경향이 있다고 결론을 내린 바 있다(Tannen 2001).

<h2 style="text-align:center">Ⅱ. 미국과 유럽의 민주화 운동에서
여성들의 역할</h2>

여성과 민주화운동의 관계를 논의하는데 있어 문제가 되는 것의 하나는 여성들이 종종 이러한 운동들의 주요 지지기반이라는 점이다. 그러나 동시에 여성들은 가부장적 지배라는 맥락 때문에 종종 그런 운동 내에서 종속적인 위치로 전락한다. 1960년대 초 미국 민권운동의 주요 조직중의 하나인 비폭력학생조정위원회

(Student Nonviolent Coordinating Committee)소속의 여성들은 남성들이 문서를 작성하면 그 문서를 타이핑하는 사람들이 여성자신들이었으며, 남성들이 카메라 앞에서 연설을 하는 동안 기자회견을 위해 보도문을 인쇄하는 사람들도 여성들이었다고 불평하였다. 여성들은 뒷전에서 일했을 뿐만 아니라, 솔직히 말하면 운동가로서도 낮게 평가되었다. 불행한 말이긴 하지만, 스토클리 칼마이클(Stokely Carmichael, 후에는 Kwame Ture로 알려졌다)은 한때 "혁명에서 여성들이 차지한 유일한 자리는 남성들의 뒤쪽이었다"고 공공연하게 말한 적이 있다. 독일과 미국 두 나라에서 모두 1960년대 신좌파 주요 학생조직의 남성 지도자들은 초기 여성 해방에 대한 요구를 대단히 적대적으로 여겼었다. 공정하게 말하자면, 1960년대 말에 이르러서 페미니즘은 미국의 모든 주요 운동 조직의 필수적인 부분이 되었고 독일도 미국의 뒤를 이어 곧 그렇게 되었다.

페미니즘은 미국, 이탈리아, 독일의 민주화 운동에 광범위한 영향력을 미쳤는데, 이는 어느 정도 여성들이 자신들의 자율적인 조직을 이론과 실천을 위한 권력기반으로 발전시켰기에 가능했다. 독자적인 여성 조직들은 전반적으로 운동에 있어서 혁명적인 변화를 불러일으켰다. 이탈리아의 자율적 페미니스트 운동이 "일인칭의 정치학"(politics of the first person)이라는 선례를 만들었다. 즉, 개인들이 위로부터 명령을 받아들이지 않고, 집단들은 스스로를 관리하면서 성원들간의 동의를 이끌어내는 원칙(self-managed)에 따라 작동하게 되었던 것이다. 페미니즘이 강조하는 자율개념은 페미니스트 운동의 뒤를 이어 자율적인 청년 및 노동자 운동의 출현에 활력을 가져다주었다(Katsiaficas 1997). 남아프리카공화국에서도 아프리카 국회(African National

Congress)의 여성의원들은 모든 의사 결정 기구에 여성의 참여를 보장하는데 주력하였고, 민주화 운동이 여성들의 관심사와 지도력에 더욱 효과적이고 민감하게 반응하도록 만들었다.

Ⅲ. 아시아의 민주화 운동과 여성

아시아에서는 민주적인 정부와 정당을 이끌기 위하여 새로운 여성지도자 세대들이 출현해 왔다. 나는 여기서 미얀마의 아웅산 수지와 필리핀의 글로리아 아로요, 파키스탄의 베나지르 부토를 염두에 두고 있다. 그러나 분명한 사실은 여성 지도자들이라고 해서 민주적인 성향만을 갖고 있지는 않다는 것이다. 인도네시아의 메가와티, 인도의 인디라 간디, 한국의 박근혜와 같은 사례들만 보더라도 여성들은 남성들만큼이나 위계적이고 독재적일 수 있음을 알 수 있다. 그러나 위와 같은 현대 아시아 여성 지도자들의 이름을 살펴볼 때, 그들 모두의 아버지가 정부 수반이었다는 점, 다시 말해서 가부장적 유산이 그들의 지도력을 가능하게 하고 있음에 주목하지 않을 수 없다.

광주항쟁과 같은 풀뿌리 민주운동을 살펴보면, 여성들은 해방된 도시의 삶과 '절대 공동체'라고 불리는 것의 중심에 위치해 있었다. 1978년 12월 여성들은 정치수감자들과 그들의 가족을 돌보기 위해서 송백회를 조직했다. 항쟁이 발발했을 때, 여성들은 민주광장에서 매일 집회를 조직하는 핵심세력이었다. 여성들은 대자보를 작성하는 주요 인물들이었고, ≪투사회보≫를 제작하고 배포하는 중요한 역할을 담당했다. 몇몇 여성들은 소총을 운반했으며, 어떤 여성들은 화염병을 만드는 병과 신나를 모으는 일을 맡았다. 어떤 때는 화염병을 직접 던지기도 하였다.[1] 1980년 5월 21일 계엄군이 금남로의 대규모 집회에 발포를 시작한 이후, 광주시민들은 스스로를 무장하고 8시간의 전투 끝에 계엄군을 광주시 밖으로 몰아내는 격렬한 전투를 벌였다. 그들이 계엄군에 맞서서 취했던 방어방법들 중에서 주목할 만한 대목은 7대의 버스를 나누어 타고 나주로 이동했던 방직공장 여성 노동자들이었는데, 이들은 수백 점의 소총과 탄약을 획득한 뒤에 광주로 되돌아갔다.

여성들은 항쟁의 모든 면에서 영웅적으로 참여했음에도 불구하고, 남성들에게 늘 종속되었고, 여성으로서의 "정상적인" 역할과 행동양식에만 국한되었던 것으로 보인다.[2] 예를 들면, 특별히 전옥주의 경우를 제외하고는, 시민군 차량을 타고 다녔던 사람들은 거의 언제나 남성들이었다. 여성들은 전통적으로 정의된 여성의 역할을 주로 맡았다. 즉, 그들은 공동 취사실에서 김밥을 만들고 음식을 보급해주고, 헌혈과 모금한 돈을 관리하거나, 부상자와 사망자들을 돌보아 주었다. 매춘부들까지도 헌혈을 하겠다고 나선 것은 그 당시 광주공동체가 어느 정도로 한마음이 되었는가를 잘 보여준다. 한 의사가 매춘부들의 헌혈을 막으려 했을 때, 누군가가 이렇게 말했다. "우리의 삶은 더럽지만 우리의 피는 순수합니다." 매춘부는 광주항쟁 이전까지만 해도 "천하고 더럽게" 여겨졌었기에 항쟁에 참여함으로써 "다시 태어남"을 느낄 수 있었던 것이다.[3] 해방된 광주에서는 시민들간의 놀랄 만한 연대를 통해서 진정한 의미의 자유세상을 잠시나마 맛볼 수 있었다. 그러나 그러한

---

1) 이 부분은 오경민, 정향자, 이춘희, 정현애와의 인터뷰에 근거한다. 정현애의 인터뷰는 항쟁의 이러한 부분을 이해하는데 큰 도움이 되었다.

2) 전남대 5·18연구소 상임연구원 강현아 박사와의 논의는 이 쟁점을 이해하는 데 큰 도움이 되었다.

3) 이 부분은 2001년 11월 7일에 실시한 익명의 참여자와의 인터뷰에 기초하였다.

공동체적 해방 속에서도, 여성의 역할은 역동적으로 변화되지 못했다.

여성들은 공식적인 지도자 자리에서도 종종 배제되었다. 5월 25일 저항의 핵심세력인 시민군이 재조직되었을 때도 지도자급 자리에 한 명의 여성이라도 있었는가? 가두시위에 참여했던 운동가들의 3분의 1이나 되는 많은 사람들이 여성이었는데도 말이다. 5월 26일 밤, 계엄군이 무장을 하고서 압도적인 힘으로 광주로 재진입할 준비를 하는 것이 분명해지자, 남성 지도자들(윤상원을 포함해서)은 여성들과 나이 어린 투사들에게 도청을 떠나라는 명령을 내렸다. 몇몇 여성들은 이 명령에 복종하지 않고 최후 접전을 위해 도청 안에 남아 있었다. 그러나 거의 모든 여성들은 그의 명령에 따라 도청을 빠져나갔다.[4] 여성들에게 도청을 떠나라고 했던 몇 가지 이유가 있었는데, 그 중에서 가장 현실적인 이유는 거의 모든 남성들이 군사훈련을 통해서 무기 다루는 법을 배웠으나 여성들은 거의 배울 기회가 없었다는 것이었다. 몇몇 여성들이 해방된 광주의 평화로운 시기 동안에 총기를 들기는 했지만, 그들은 예외였다. 일반적으로 남성들이 총기를 들었고, 여성들의 참여는 비전투적인 역할로 국한되었다. 이는 한국 사회 전반에 영향을 미친 군사주의로 말미암아 나타난 가부장제적 성분업을 거울처럼 반사적으로 잘 드러낸다.

한국 역사에서 (남성들에 의해 거의 배타적으로 쓰여진) 여성 지도자들과 투사들의 예는 풍부하지 않지만, 우리는 거의 모든 한국인들에게 잘 알려져 있는 몇몇의 여성들을 찾아볼 수 있다. 예를 들어 기생이었던 논개는 16세기 왜군의 침입에 저항하여 자신

---

4) 정현애는 2001년 10월 28일의 인터뷰에서 도청이 탈환된 5월 27일 이후에 당시 도청에 남아있었던 10명의 여성들을 상무대 영창에서 만났었다고 증언했다.

의 목숨을 희생했다. 빼어난 미모를 타고났고 재능 있는 춤꾼이었던 그녀는 왜군들이 경상남도 진주에 도착했을 때 그들을 공격할 기회를 엿보고 있었다. 논개는 현명하게도 왜장들 중의 한 명을 유혹하여 그를 두 팔로 껴안고 높은 벼랑에서 강으로 떨어져 죽었다. 그리고 1919년 3월 1일 서울의 독립운동 단체의 한 지도자였던 류관순은 일제에 대항해 전국적인 시위에 참가했다. 그 날 시위에서 여학생들의 참여는 놀랄 만큼 많았다. 그 후 류관순은 4월 2일 그녀의 고향인 충청남도 천안으로 돌아와 거리에서 태극기를 나누어주며 공개적으로 대한독립을 외쳤다. 그녀는 일본경찰에 의해 체포되어 고문으로 죽었고, 그녀의 시신은 찾을 수조차 없었다. 또한 수십 년 동안, 많은 여성 지도자들은 한반도 남쪽에서 수천 명의 영웅적인 빨치산들과 함께 했고, 그들 중 거의 대부분은 2차 대전이 끝나고 한국 전쟁이 일어나기 이전 미군정에 저항하면서 죽어갔다.

20세기에 한국이 산업화하면서, 여성들은 공장 노동자의 대다수를 차지했다. 1930년대 여성들은 공장 노동자들의 61%를 차지했다(Chung 1997, 21). 1970년 10인 이상의 노동자를 고용하고 있던 산업체에서 일했던 여성 노동자들은 모두 36만 명이나 되었고, 1978년에 이르러서 그 수는 109만 명으로 증가하였다. 이 여성들은 방직, 섬유, 의류 그리고 전자산업에 집중되어 있었는데, 그들은 겨우 500원(당시 1달러는 480원이었다)의 일당을 받으면서 자유무역지역에서 주로 일했다. 당시에는 일반적으로 노동조합 결성조차 법적으로 허용되지 않았다. 남성들의 일당은 여성들의 두 배였다. 평화시장 인근지역에서는 12세에서 17세 정도의 소녀들이 낡고 먼지도 많은 공장 다락방에서 하루 16시간씩, 그리고 흔히 일주일 내내 일했는데, 그 당시 소녀들의 일당은 왕복 버스비를 겨우 낼 수 있을 정도였다. 그런 열악한 조건에서 전태일은 1970년 그들의 절망적인 상황에 귀를 기울여 달라고 부르짖으며 분신자살했다. 여성들은 인권과 민주노조의 활성화를 위해서 조직했다(당시 노조가 있긴 했으나, 이는 회사노조이거나 어용노조들이었다). 1970년에는 165차례의 파업이 발생했고, 1974년까지 파업의 횟수는 666차례에 달했다.[5] 1970년대를 통해 여성 노동자들은 자치적이고 민주적인 노동운동을 조직하고 주도했다.

1979년 8월 한국 전역은 여성 노동자들, 주로 나이 어린 여성 노동자들의 연좌시위에 많은 영향을 받았는데, 그들 가운데 4천명은 YH회사에서 해고당한 여성 노동자들이었다. 수백 명의 진압 경찰들은 여성들, 야당 정치인들, 그리고 언론인들을 공격했다. 한 명의 여성이 죽었고 수십 명 이상이 다쳤다. 결과적으로 김영삼은 신민당에서 제명당했고, 그의 고향 지역이면서 군에 의해 야만적으로 진압당했던 부산과 마산에서는 시위가 일어났다. 이 소요의 결과로, 박정희 대통령은 자신의 각료 중의 한 사람인 중앙정보부장에 의해 살해당했고, 전두환 군사쿠데타가 뒤를 이었으며 광주항쟁 및 학살도 일어났다. 또한 YH사건으로 수백 명의 여성들이 최초로 자율적인 여성 노동자조합을 만들었다.

1970년대 여성들의 노동운동은 몇 가지 측면에서 1980년대 민주화 운동에 기여했다. 우선 여성들의 노동운동은 저항의식과 '민중'이념을 촉발시켰다. 야권 통합에도 도움을 주었고, 인권과 민주주의 개념도 확장시켰다. 1980년대 민주화 운동의 한가운데에 자리 잡고 있었던 '민중'이라는 개념과 정체성은 여성 공장노동자들의 고통과 그들을 지원했던 수십 개 단체들의 시위에서 부분적으로 비롯되었다(Louie 1995, 417 – 430). 1980년대의 민주화운동을 하

---

5) 한국노총의 통계자료.

나의 새로운 물결로 보는 것보다는 오히려, 많은 분석가들이 주장하듯이, 1970년대 여성들의 투쟁이 민주운동의 산파역할을 해 낸 것으로 이해해야 한다. 더욱이 한국의 여성 노동운동은 이후 동남아시아에서 일어난 유사한 운동들의 모델이 되었다(Nam 2002, 24). 1980년대 여성연구가 성장하고 여성집단들이 폭넓게 발전함에 따라, 여성들은 1987년 [민주화운동을: 편역자 주] 영웅적인 승리로 이끄는데 있어서 직접적인 역할을 담당할 수 있었다. 군사독재가 전복된 이후, 페미니스트 운동은 지속적으로 민주주의의 의미를 확장하면서 사회적인 영향력을 증대시켜 오고 있다.

Ⅳ. 여성적 원형화와 민주화 운동

아시아의 전통에서는 많은 여성 정치지도자들을 찾아볼 수가 있다. 약 2천년 전에 베트남의 쯩자매(Trung sisters)는 성공적인 반중국 독립운동의 가장 선두에 서 있었다. 초기에 그들의 독립운동이 실패하자, 중국 한족은 다시 힘을 결집하여 베트남을 재점령하기 위해서 더 큰 규모의 군대를 파견했다. 이 두 자매는 코끼리를 타고 저항운동을 이끌었다. 그러나 중국이 전투를 승리로 이끌 것이 명백해지자, 두 자매는 중국의 정복에 굴복하지 않고 자살을 선택했다. 이 베트남의 "클레오파트라"(만약 내가 이렇게 부를 수 있다면)는 베트남이 가지고 있는 강한 여성 지도자 전통에서 그 유래를 찾을 수 있는데, 이 전통에는 토지가 한 세대의 여성에서 다른 세대의 여성에게 상속된다는 점도 포함된다.

나는 독자들이 내가 이 두 자매를 "베트남의 클레오파트라"라고 언급한 것에 주목하길 바란다. 알렉산더 대왕의 죽음 이후 이

집트를 지배했던 그리스의 통치자들인 프톨레마이어스 왕조의 마지막 통치자 클레오파트라의 일생과 자살은 이 베트남의 쯩자매보다 몇십 년 전에 일어났지만 비슷한 운명을 보인다. 클레오파트라가 쯩자매보다 시간상으로 앞서기는 한다. 그리고 어떤 사람들은 내가 앞에서와 같이 쯩자매를 규정한 것을 유럽중심주의의 한 면이라고 여길지도 모른다. 그러나 여성의 역할에 대한 논의에서는 종종 그리스의 원형이 사용된다. 2001년에 열렸던 제2회 5·18 민중항쟁 기념 국제학술대회에서는 한 발표자가 여성과 민주화를 논의하면서 안티고네의 이야기를 다루었다. 소포클레스 비극에서, 테베의 폭군 크레온이 안티고네에게 오빠의 시체를 들에 버려 독수리 먹이로 하도록 명령했을 때 안티고네는 이를 거부했다.

 칼 맑스가 지적했듯이, 그리스 문명은 보편적인 흡인력을 지니고 있다. 비록 이 그리스의 원형들이 반드시 실제 인물들을 바탕으로 해서 설정된 것은 아니지만, 그 원형들은 문화의 본질적인 부분을 드러낸다. 그 원형들은 특정한 문화와 유사한 행동양식을 대표하기 때문에, 수백 년 동안 광범위하게 받아들여졌고 대대로 전해져왔다. 나는 한국문화에서도 그리스 신화의 인물인 안티고네나 엘렉트라와 같이 보편적인 흡인력을 보이는 측면을 찾아볼 수 있다고 생각한다. 나는 현재 광주에서 제3회 5·18 민중항쟁 국제학술대회에 참가하고 있는 시점에서, 모든 한국인이 알고 있는 신화적인 여성인 성춘향이 갖고 있는 의미를 탐색해보고자 한다.

 전설에 의하면 춘향은 변사또의 수청을 거절하였다. 왕으로부터 전라도의 사또로 새로 임명된 변사또는 무지막지하게 세금을 올리고, 지방 부녀자들에게 수청을 요구했다. 춘향은 줄곧 전 사또의 아들인 이몽룡에게 충절을 보였고, 또한 이몽룡에게만 충절하겠다는 욕망때문에(이는 가부장적 일부일처제의 반영이다) 변사또의 수청을 거부하였다. 변사또는 춘향의 완강한 반항에 대한 벌로 춘향에게 계속 매질을 가했고, 춘향을 거의 죽을 지경으로 몰아갔다. 춘향은 변사또의 생일 잔치날에 처형될 참이었는데, 이몽룡이 은밀히 전라도로 돌아왔다. 이몽룡은 변사또가 그렇게도 순진하고 아름다운 연인인 춘향을 고문하는 것에 놀라고 분노하여, 관군을 조직하여 사악한 사또를 축출하고, 전라도에 평온을 되찾아 주었다. 이러한 춘향의 이야기는 전라도의 순결을 대표하면서 이 지역의 독특한 판소리로 가장 많이 불려져 왔다.

춘향에 대한 일반적인 해석은 춘향이 조선시대 남성들에 대한 여인들의 순종을 대표한다는 것이다. 이 관점에 따른다면, 춘향전보다 더 반페미니스트적인 이야기는 없을 것이다. 조선시대 중 한동안은 가부장적 일부일처제로 말미암아 한 남성이 부인 이외에 첩을 들일 수 있는 것으로 바뀐 적이 있었다(설령 첩의 자식들의 지위는 낮았지만). 이런 경우에 이상적인 아내는 정절을 지키고 남편과 가정을 위해 자신을 계속해서 희생해야 했다. 글을 배우기에는 여성들의 지적 능력이 너무 낮다고 평가되었고(종종 여성들은 지적능력이 전혀 없는 것으로 여겨지기도 했다) 따라서 여성들은 글을 거의 배우지 못했다. 사실 1930년까지도 92%의 여성들이 문맹이었다(Chung 1997, 21).

춘향은 "신분이 천한" 첩의 자식인 반면에 그녀의 연인은 양반 출신으로, 극심한 계급 격차를 이야기 구성에서 찾아볼 수 있다. 춘향의 어머니는 결혼하지 않은 기생이었고, 이몽룡의 아버지는 권세 있는 양반이었으니, 춘향과 이몽룡은 절대 함께 할 수 없는 사이였다. 이몽룡은 춘향을 사랑했지만 한양에서 과거시험을 준비하는 동안에 부유한 양반집 여식과 결혼을 했다. 춘향전에서는 부유한(그러면서 남성인) 자는 자유롭게 즐기고 가난한(그러면서 여성인) 자는 뒤에 처지는 상황을 되풀이하고 있다. 춘향의 연인은 자유롭게 그녀를 뒤로한 채 부유한 가문의 여자와 결혼하지만, 반면에 춘향은 혼자서 이몽룡에게 줄곧 충절할 것이 기대되는 것이다.

비록 춘향전에는 보수적인 의미들이 얽혀져 있긴 하지만, 나에게는 또 다른 해석도 가능하게 보인다. 춘향의 불공정한 중앙권위에 대한 개인적인 저항은 그 이유가 얼마나 보수적이든 간에, 개인이 자신의 운명을 선택할 수 있는 권리를 주장하는 하나의 예로 볼 수 있다. 임권택 감독의 영화 <춘향뎐>에서 춘향의 완강한 거부와 희생은 자기결정에 대한 더 큰 요구를 촉발시키도록 도움을 주었다. 즉, 지역항쟁은 이몽룡의 지도 하에 관변항쟁과 결합되었고, 춘향이 석방되고 회복된 이후에 왕은 수년 동안 이 지방에 면세혜택을 주도록 공포했던 것이다.

이런 관점에서 보면, 춘향은 민주적인 역할의 모델로 해석될 수 있다. 왜냐하면 그녀의 저항행위가 정부의 관원과 정책의 변화를 가져왔기 때문이다. 춘향은 비록 첩의 신분이긴 했지만 자신의 남자를 얻었고, 그보다 더 중요한 것은 외부세력이 지역주민들의 생활세계로 침범하려 했을 때 춘향이 공동체 생활방식에 대한 선택을 주장했다는 점이다. 우리는 1980년 광주항쟁과정에서 나타난 여성 운동가들을 현대의 춘향들로 해석할 수는 없을까? 광주가 해방된 동안에도 여성들은 종속적인 역할에 국한되긴 했으나, 이 여성들은 불공정한 중앙정권을 완강히 거부했다(전두환 쿠데타와 군인들의 잔혹성은 종종 여성들에 대한 성폭력으로 자행되었다). 여성들은 신변안전에의 위협을 무릅쓰고 전라도의 공동체적 생활방식을 지켰다. 이몽룡이 춘향을 보호하기 위해서 변사또를 축출한 것처럼, 윤상원과 시민군은 계엄군의 공격이 가져올 폭력으로부터 여성들을 보호하기 위해 여성들로 하여금 도청을 떠나게 했던 것이다.

Ⅴ. 한국 사회운동의 미래에 대한 고찰

전통적인 문화형태가 해방적인 사회운동에 동원될 수 있는 자원일까 아니면 그러한 운동이 일어나는데 있어 장애가 될까? 아마 둘 다 일 것이다. 광주의 공동체주의는 광주에서의 일상적인 삶의 단면으로서 내게는 너무나 소중하게 여겨지기는 하지만, 이러한 공동체주의가 풍부한 일상경험의 차원에서 집합행동을 조직하는데 있어서 풍부한 자원을 제공할 수 있을지, 아니면 개인의 해방(한 예로서 성적 해방 같은)을 가로막고 종종 나이 어린 사람들과 여성들의 가치를 축소시키는 사회적 공간을 만들어내는 사회적 초자아일지는 확실치 않아 보인다. 미국, 특히 대부분의 미국 서부에서 발생하는 집단행동은 점차 진전되어가고 있는 사회적 원자화(social atomization)의 경향에 의해 저지당하고 경쟁, 개인주의 그리고 남성이기주의라는 뿌리 깊은 형태들에 의해 방해받고 있다. 이와는 대조적으로, 한국의 공동체주의는 위계적이고 때로는 권위적이긴 하지만 집단행동을 촉진시킨다.

만일 우리가 유럽과 미국의 사회운동에서 관찰할 수 있는 형태들을 참고하면서 한국의 사회운동들이 가지고 있는 문제들을 살펴본다면, 확실히 두 가지 점을 이야기할 수 있다.

1. 문화의 전통적인 형식은 세계화의 진전으로 빠르게 사라져 가고 있다.
2. 자율적인 여성조직들이 지속적으로 미래를 이끌어 갈 것이다.

혹자의 눈에는 단합되었던 운동들이 "정체성의 정치학"이라든가 "새로운 사회운동"으로 분열되어 가는 듯한 일들이 이미 한국에서 일어나고 있는 것 같아 보인다. 이러한 차이화와 전문화의 과정은 사회 전반에 걸쳐서 동일한 양상을 보이고 있고, 이에 대해서는 더 깊은 연구와 이론화를 필요로 한다. 이 점에서 있어서 나는 하나의 관점을 제시해 보고자 한다. 보편적 이해가 분열된 "새로운 사회운동"의 부상으로 상실되었다고 흔히 여겨지긴 하지만, 이는 사실상 정체성 운동의 특징이라고 볼 수 있다. 예를 들어 여성운동은 처음 보기에는 단지 사회 절반만의 이해에 기반을 두고 있는 것 같지만, 사실 그 안에는 억압적인 가부장적 관계들로부터 모든 인간을 해방하고자 하는 약속이 들어있다(Katsiaficas 1997).

일상생활의 탈식민화와 민주화는 복잡한 과정을 내포하고 있다. 내 경험에 따르면, 이전에는 전혀 문제 삼지 않았던 일상적 생활양식들이 점점 정치화되어 가고 있는 뚜렷한 경향을 서구사회에서 찾아볼 수 있다. 독일인들의 대다수는 과잉인구가 지구의 생존에 위협을 준다는 확신 때문에 절대 아이들을 갖지 않겠다는 정치적인 결정을 의식적으로 내린다. 그래서 많은 남성들이 정관절제수술을 한다. 왜냐하면 피임이 단지 여성만의 문제여서는 안 된다고 생각하기 때문이다. 적지 않는 수의 여성들도 가부장제의 간교한 특성 때문에 의식적으로 남성들과 더 이상 성적 관계를 가지려고 하지 않는다. 대신 여성들은 공공연하게 레즈비언과 게이 관계를 옹호한다. 미국의 많은 도시에서 사회운동은 동성연애자들과 레즈비언들에 의해서, 그리고 그들의 요구에 맞추어 이끌어지고 있다. 필리핀에서는 이미 레즈비언들이 이러한 운동을 통해서 공개적으로 자기 목소리를 높이고 있다.

앞으로 다가올 시기에는 의식적인 일상생활 양식의 개조(문화혁명)와 정부 및 경제의 억압구조 쇄신(전통적으로 혁명의 영역이라고 간주된)이라는 변증법적인 상호작용이 커다란 주목을 받게 될 것이다. 운동가들과 학자들이 어떻게 결론을 내리든지, 민주주의를 위한 전지구적 투쟁이 훨씬 더 활발해 짐에 따라, 여성들이 최전선에 서게 될 것이라는 것은 분명하다.

□ 참고문헌 □

Cleaver, Kathleen, and Katsiaficas, George(eds.). 2001. Liberation, Imagination and the Black Panther Party. New York: Routledge.

Chung, Hyun—back. 1997. "Together and Separately: The New Women's Movement After the 1980s in South Korea." Asian Women Fall 5.

Katsiaficas, George. 1997. The Subversion of Politics: European Autonomous Social Movements and the Decolonization of Everyday Life. Humanities Press International.

Kim, Mun—cho. 1998. "Informatization and the Transformation of Women's Social Status in Korea." Asian Women December 7.

Louie, Miriam Ching Yoon. 1995. "Minjung Feminism: Korean Women's Movement for Gender and Class Liberation." Women's Studies International Forum 18(4). pp. 417—430.

Nam, Jeong—Lim. 2002. "Women's Labor Movement, State Suppression, and Democratization in South Korea." Asian Journal of Women's Studies 8(1): pp. 71—79.

Research Institute of Asian Women. 1997. Asian Women Spring 4.

Tannen, Deborah. 1995. You Just Don't Understand: Men and Women in Conversation. Quill.

인도네시아의 개혁과 민주화, 그리고 여성들의 권리신장

스리 단티(Sri Danti)*

Ⅰ. 서 론

1. 인도네시아의 지리적 특징과 여성들의 현재 상황

인도네시아는 동남아시아에 위치하고 있는데, 북으로는 중앙아시아 대륙 그리고 남으로는 호주 사이에 위치해 있고, 영토는 동서로 5,000Km, 남북으로 1,750Km에 달한다. 인도네시아의 해군 수력 – 해양학사무국(Indonesian Naval Hydro – Oceanographic Office)에 따르면, 인도네시아는 총 17,508개의 섬으로 구성된 제도국(諸島國)이다. 군도는 태평양과 인도 사이에 있는 여러 개의 대양과 바다 사이에 흩어져 있고 아시아와 호주 두 대륙을 잇고 있다.

---

* 인도네시아 여권신장부(Ministry of Women Empowerment)내에 있는 기획 및 대외협력국(Bureau of Planning and Foreign Cooperation)의 대외협력부장(Chief of the Foreign Cooperation Division).

인도네시아의 인구는 현재 약 2억 2천만 명으로 중국, 인도, 미국 다음으로 세계 4위를 차지하며, 전체 인구의 50% 이상이 여성들이다. 이렇게 많은 수의 인구는 그 자질이 향상된다면 국가발전에 중요한 기여를 할 수 있는 잠재적인 인적 자원 및 자산이 될 것이다. 그러나 일반적으로 국민들의 자질은 그 수준이 낮으며, 여성들은 이렇게 낮은 수준의 집단 가운데서 대다수를 차지한다. 인도네시아인들의 전반적인 삶의 질은 대체로 인간개발지수(Human Development Index 혹은 HDI)로 살펴볼 수 있다. 국제연합개발계획(UNDP)과 국가개발계획청(National Development Planning Agency 혹은 BAPPENAS)의 2001년 보고서에 따르면, 인도네시아의 인간개발지수는 1996년의 68에서 1999년에는 64로 크게 하락했다. 성개발지수(Gender Development Index) 또한 1996년의 58.9에서 1999년에는 55.9로 하락했으며, 이러한 경향은 여권신장지수(Gender Empowerment Measure)에서도 나타나는데, 1996년의 55.8에서 1999년에는 49.5로 하락했다. 인도네시아의 전체적인 삶의 질을 향상시키기 위해서는 여성들이 국가발전에 참여하는 것을 가로막는 남성과 여성 사이에 만연되어 있는 불평등을 감소시키는 것 이외에도, 여성들의 삶의 질이 더욱 더 증진되어야 한다.

여성들은 삶의 모든 측면에서 남성들과 동등한 지위를 가져보고자 하는 과정에서 많은 문제들에 부딪힌다. 여성들에 대한 차별, 억압, 주변화, 폭력이 여전히 존재하고 있다. 이러한 현상은 공동체 내에서의 전통적인 가부장제적 가치들에서 유래하는데, 이러한 가치들은 국가의 공식규범들을 포함한 구조적이고 체계적인 환경에 이르기까지 뿌리깊게 박혀 있다. 구조화된 남녀 역할의 정형화는 앞으로 나아가려는 여성들에게 요지부동한 장벽으로 작용하고 있고, 삶의 모든 측면에서 여성들을 뒤처지게 만들었다. 하지만 여권신장을 다짐하면서, 여성들의 자질을 향상시키고 가족, 공동체, 국가 내의 성 불평등을 감소시키려는 국민들의 노력은 더욱 체계적인 방식으로 지속되고 있다. 국가정책에 관한 광범위한 지침서(Broad Guidelines of the State Policy)가 분명하게 밝히고 있듯이, 그리고 여권신장부(State Ministry of Women Empowerment)가 존재한다는 것 자체가 바로 이러한 의지를 보여준다. 국가개발법(National Development Law 혹은 Propenas)에 여성문제가 포함되었고, 이는 후에 국가법령(National Regulation) 아래 법제화되었으며, 또한 다양한 여성단체들이 관련 여성들의 열망을 반영하여 지지를 보냈던 점 역시 이러한 의지를 보여준다. 만일 구체적인 행동이 정부에 의해서, 더욱 중요하게는 공동체 전체에 의해서, 그리고 성, 민족, 인종, 나이, 종교와 상관없이 사회 각계각층의 남성과 여성들에 의해서 일어나지 않는다면, 이러한 의지 자체가 여성들에게 더 나은 상황을 가져다주지는 못할 것이다. 많은 문제가 존재하지만, 이런 노력은 계속되어야 한다.

1997년 중반에 경제·금융 위기가 인도네시아를 포함하여 동남아시아를 강타했다. 1976년에서 1996년 사이에, 빈곤 속에서 살아가는 사람들의 수는 1976년 5,420만 명에서 1996년에는 2,250만 명으로, 다시 말해 그 비율이 40.8%에서 11.34%로 낮아졌다. 그러나 1997년 경제 위기와 함께 빈곤 속에서 살아가는 사람들의 수는 1998년 12월 4,950만 명, 다시 말해 24.2%까지 치솟았는데(CBS 1998), 그들 중 대다수는 여성들이다. 1971년 가난한 여성가장의 수는 430만 명이었는데, 1995년 이 수는 580만 명, 즉 35%로 증가했다. 경제 위기는 농촌지역에서 보다는 도시지역에서 살고 있는 빈민들의 수에서 더 잘 드러난다. 1996년에서 1998년 사이에 농촌지역에 살고 있는 빈민 수는 108%, 즉 1,530만 명에서 3,190만 명으로 증가했는데, 이것은 도시 지역에 살고 있는 빈민의 수가

144%, 다시 말해 720만 명에서 1,760만 명으로 증가한 비율보다는 낮다. 그리고 빈곤 발생률은 지방마다 다르다. 술라웨시(Sulawesi)가 가장 가난한 지역이고, 수마테라(Sumatera), 자바, 발리가 그 뒤를 잇는다(CBS 1998).

여성들이 어떤 측면에서는 진보했지만, 다른 여러 측면에서는 남성들에 비해 여전히 뒤처져 있다. 교육에 있어서, 초등학교와 중학교에 다니는 남학생과 여학생 간에는 평등이 이루어졌다고 볼 수 있다. 하지만 학년이 높아짐에 따라 학교에 진학하는 여학생의 비율은 낮아진다. 현재 초등 및 중등 교육에 진학하는 비율은 남학생 39.2%, 여학생 31.4%에 이른다. 1997년까지 기혼여성들의 교육수준은 종전의 교육수준과 비교할 때 증가했다. 1994년 중학교를 마친 기혼여성의 비율이 24.1%였던 반면, 1997년 그 비율은 28.5%에 이르렀다. 게다가 1996년 전혀 학교에 다니지 않았거나 문맹인 여성의 비율이 7.6%였던 반면, 1997년에 이 집단의 비율은 3.9%로 낮아졌다.

보건영역에 있어서, 모성사망률(Maternal Mortality Rate 혹은 MMR)은 1986년 신생아 10만 명 당 549명에서 1994년 신생아 10만 명 당 약 390명으로 감소했다. 그러나 1998년 이 비율은 신생아 10만 명 당 450명으로 다시 증가했다. 여성들은 영양상태에 있어서 종전에 비해 나아졌다고 볼 수 있다. 만성적인 열량 부족으로 고통을 받는 가임기 여성들은 1994년 35.6%에서 1995년 24%로 낮아졌다. 임신 여성의 빈혈증은 1986년 70%에서 1995년 51.9%로 낮아졌다. 1990년 신생아 기대수명이 남자는 62세, 여자는 63세였다. 1995년까지 신생아 기대수명은 남자 62세, 여자 65세로 증가했다. 1998년 신생아 기대수명은 남자 63세, 여자 67세로 다시 증가했고, 2001년 남자 65세, 여자 70세로 증가했다. 인도네시아의 총 출산율은 1950년대 6명 이상에서 1995년에서 1997년 사이에는 약 2.57명으로 감소했지만, 2001년에는 2.7명으로 다시 증가했다. 유아사망률은 1967년 1,000명 당 145명이던 것이 1995년 1,000명 당 51명으로 감소했다. 2001년 유아사망률은 1,000명 당 46명으로 다시 감소했다. 5세 이하 사망률도 1993년 1,000명 당 111명에서 1996년 1,000명 당 81명으로 감소했다.

경제면에 있어서도 전보다 더 많은 여성들이 경제활동에 참가하고 있다. 여성의 취업률은 1996년 49.3%에서 1998년 51.2%로 증가했다. 여성들의 상황이 나아진 것은 그들의 1차 부문(농업, 노동, 임업, 어업) 참여에서 나타나는데, 참여율이 1994년 50.04%에서 1996년 56.55%로 증가했다. 2차 부문(광업, 발굴사업, 제조업, 전기, 가스, 수도, 건설)에서의 여성들의 참여는 1994년 13.40%에서 1996년 14.06%로 증가했다. 3차 부문(무역, 요식업, 숙박업, 통신, 금융, 보험, 지역사회봉사, 여타의 개인사업)에서, 여성들의 참여는 1994년 36.56%에서 1996년 39.56%로 증가했다. 여성들은 교육과 기술 수준이 낮고, 공식 부문보다 오히려 비공식 부문에 더 많이 종사하고 있다. 결과적으로 여성취업이 증가한다 하더라도 고용의 측면에 있어서는 여성들의 지위와 역할이 반드시 향상된다고 볼 수 없다. 여성들의 소득은 남성들보다 더 적다. 가족계획을 수용한 사람들을 중심으로 해서 조직된 소득창출집단들(family planning acceptor income generation groups)을 통해서 1979년에 시작된 가족소득 창출 프로그램은 1998년에 750,000개의 집단을 포함했다. 그들 중 10,000개의 집단이 상업은행들로부터 신용대부를 받을 수 있는 자격을 얻었다. 하지만 차별은 여전히 존재하는데, 이를테면 임금과 보호에 있어서 그렇다. 여성들의 재생산권은 빈번히 무시되고 있어서 여성들이 가사노동 및 가족보살핌의 이중부담을 지게 된다.

정치영역에서 여성 스스로의 권리에 대한 각성이 증가했다. 의회 내 여성대표의 수는 1999년을 제외하고 1977년에서 1997년까지 증가했다. 1997년 의회 내 여성대표는 11.6%였는데 1999년에는 8.8%로 하락했다. 다른 한편으로, 여성 유권자의 비율은(57.0%) 남성 유권자 비율(51.0%)보다 더 높다. 고위 관직을 차지하고 있는 여성들의 수도 증가했다. 제3부문(echelon Ⅲ)의 직종에서 제1부문(echelon Ⅰ)의 직종에 이르기까지 여성들의 숫자는 1995년 1,211명에서 1997년 37,679명으로 증가했으나, 1999년에는 34,691명으로 감소했다. 비록 수적으로는 감소했지만 여성의 비율은 1997년 14.0%에서 1999년 15.2%로 증가했다.

사법부문에서 여성들의 참여가 증가했다. 1991년 여성 판사의 비율은 23.1%, 다시 말해 130명의 판사 중 34명이었다. 법과 정의 실천에 있어서, 성평등을 뒷받침하는 몇몇 법률과 조례가 발효됐다. 하지만 다른 많은 법률과 조례들은 여전히 성 편견적이다.

환경부문에 있어서, 비록 어떤 사람들은 여성들이 환경파괴를 유발하고 있다고 주장하지만, 여성들은 유지가능하고 건강한 소비 및 생산 양식을 개발하는데 있어서, 그리고 줄어들고 있는 자원들의 관리나 생태계 파괴를 저지하는데 있어서 적극적인 역할을 하고 있다. 농촌여성들 역시 약초밭을 가꾸고 대안적인 기초식품을 가공하는데 적극적이라고 알려져 있다. 그러나 자료가 여기 저기 흩어져 있어서, 농촌여성들이 공헌하고 있는 수준을 전반적으로 의미 있게 설명할 수 있을 만큼 자료들을 한데 모으기가 어렵다.

국방과 치안 분야에서는, 여성들에게 국방부뿐 아니라 군대, 경찰에 들어가서 일할 수 있도록 호소함으로써 여성들의 공헌을 장려하고 있다.

정보 및 통신 분야에서는, 여성 편집자 및 여성 편집장뿐만 아니라 여성기자와 여성 저널리스트의 수를 늘리려는 노력을 통해서 여성들의 지위향상을 꾀하려는 지속적인 노력이 이루어지고 있다. 여성들은 또한 자기소유의 대중매체 회사를 설립하고 방송 검열위원회의 위원뿐만 아니라 정보서비스 제공자들이 되도록 장려 받는다. 수많은 프로그램들이 텔레비전, 라디오, 여타의 매체를 통해서 여권신장에 대한 대중들의 각성을 촉구하도록 개발되고 있다. 이러한 프로그램들의 목적은 성평등 및 성공평을 이루어내는데 우호적인 사회·문화적 환경을 창조해 내기 위해서 여론을 형성하고 또 확대해나가고자 하는 데 있다. 이런 프로그램들은 상업적인 이득을 위해서 여성들의 특성을 착취하는 것, 특히 여성들의 신체적 매력을 보여주는 것에 대한 우려를 제기할 것으로 기대된다. 또한 이러한 개입을 통해서 여성들의 정형화된 역할과 특성을 묘사하는 일반적인 관행을 깨고자 한다.

2. 인도네시아의 민주화

인도네시아는 32년 동안 중앙집권화된 정책결정을 수행하면서 복지, 교육, 사회정의와 같은 것보다는 경제성장을 우선시하는 군사적 접근체제(a militaristic – approach regime) 아래 놓여 있었다. 중앙집권화된 정책결정은 상이한 공동체 집단들 간의 숨겨진 갈등, 사회불안 그리고 분리주의 운동을 유발했는데, 이는 현 체제 내에서 극단적으로 표출됐다. 1997년 경제위기와 1998년 5월 폭동은 인도네시아 전(前)대통령 수하르토(Soeharto)의 32년간의 집권을 무너뜨렸다. 수하르토의 지위는 부통령 하비비(Mr. B. J. Habibie)에게 자동적으로 넘어갔다. 하지만, 하비비가 수하르토의 훌륭한 학생으로 묘사되면서 대통령직을 물러나라는 사회전체 구성원들의 쇄도하는 압력 때문에 그의 정권은 그리 오래가지 못했다. 하비비는 1999년 총선을 앞당겼고 총선 결과 와히드(Mr. Abdurrahman Wahid)

와 메가와티(Ms. Megawati Soekamopoetri)가 새로운 대통령과 부통령으로 각각 선출됐다. 하지만, 이것도 그리 오래가지 못했다. 의회와 와히드 간의 정치적인 갈등으로 말미암아 일반회기(General Session)가 서둘러서 진행되었고 결국 와히드는 2000년 하야할 수밖에 없었다. 이후로 메가와티가 부통령 함자 하즈(Mr. Hamzah Haz)와 함께 2004년까지 인도네시아 공화국의 대통령으로서 행정부 내 최고의 지위를 차지하고 있다.

인도네시아 사람들은 1998년을 인도네시아가 민주화를 위해 봉기했던, 지난 20세기에 가장 극적인 사건이 일어났던 해로 생각한다. 변화와 이행은 그 자체로 불안정하다. 우리는 이 새로운 민주주의의 탄생과 관련하여 너무나도 많은 고통이 있었다는 것을 알고 있다. 그럼에도 불구하고, 놀랄 만한 정치적 공간의 개방, 시민사회의 부활, 매체의 자유화, 정부에 대해서 보다 큰 책임을 요구하는 긍정적인 정신 등 모든 것들이 나타났다. 오늘날 광범위한 여러 부류의 시민들은 자신들이 인도네시아 정부의 동반자이면서 정부를 적극적으로 믿고 따르는 사람들이라고 느끼고 있다.

민주주의적 관행들을 뒷받침하는 제도 및 정치 문화를 창조하는 일은 장기간의 노력이 필요하다. 민주주의적 관행들은 모든 영역에 있어서 국가와 사회의 상호작용에 침투해야 한다. 또한 민주주의적 관행들은 종교, 민족, 지역, 성(gender) 공동체들 및 여타의 공동체적 관계들 속에도 퍼져야 한다. 이러한 상호작용의 과정에서 드러나는 중요한 사안들은 정치적으로 민감한 것들이다. 그러나 그러한 사안들은 인도네시아 공동체에 의해 반드시 언급되어야 하는 것들이며, 그러한 사안들이 없으면 민주주의로의 이행을 위한 기초가 흔들리게 될 터이기에, 처음부터 분명하게 지적되었다. 이러한 사안들에는 개헌을 통하여 지역적 자율성을 부여함으로써 인도네시아 국민들의 다양한 정치적, 경제적 욕구들을 효율

적으로 다룰 수 있고, 시민사회를 강화하며, 참여민주주의를 활성
화하기 위해서 성(gender) 관련 사안들을 제기하는 것 등이 들어
있다. 또한 개혁적인 의제들은 인본주의적이고 자연을 파괴하지
않으며 공평한 사회경제적 발전을 요구해 왔다. 민주적으로 선출
된 시민정부와 군부간의 관계를 거론하는 것이 우선적으로 중요
한 일임이 지적되었고, 종교적 다원주의를 인도네시아 민주주의
기반의 필수적인 부분으로 포함시키겠다는 도전적인 시도도 중요
한 일로 지적되었다.

　여권신장 및 여성단체들의 활동과 관련하여 언급하자면, 여성들
의 의사결정에의 참여는 현재 시작되고 있는 민주정치뿐만 아니
라 기존의 민주정치에서도 굉장히 낮다고 볼 수 있다. 앞에서도
지적했듯이, 여성들은 전체 인구의 절반 이상을 구성한다. 하지만
그들은 영향력을 행사하거나 의사결정을 하는 등에 있어서 대표
성이 너무나도 낮다. 그리고 여성들은 자원이나 이득에 대해서도
남성들과 동등하게 접근할 수 있는 기회를 갖지 못하고 있다.

Ⅱ. 신질서정부에서 개혁질서정부에 이르기까지

　인도네시아의 여성조직/운동 및 그들의 투쟁은 1997년에 발생한
사회·경제적인 격변과 밀접한 관계를 가지고 있다. 그 해 신질서
정부(New Order Government)체제는 민주주의와 개혁을 위한 학생들
의 시위에 의해 종말을 맞았던 것이다.

1. 신질서정부

수하르토 전(前)대통령에 의해 세워진 권위주의적이고 중앙집권적인 정치체제는 1997년까지 거의 32년 동안 존재했었다. 그런데 이 체제는 여전히 신질서(New Order)—수카르노(Soekarno)시대의 구질서(Old Order)와 구분되는 명칭으로서—라고 불린다. 신질서정부의 집권 동안에 정치적·사회적·경제적 기관들은 군부의 지지를 받는 중앙정부에 의해 관리되고 운영됐다. 사회·정치적인 삶에 군부가 연루된 사실은, 군부에게 의사결정자로서의 역할을 부여한 국가개발이사회(National Development Board) 법률 80조(Law No. 80/1958)와 법률 20조(Law No. 20/1982)를 보면 잘 알 수 있다. 법률 20조는 군부를 "자신의 의무를 수행하면서, 동시에 여타의 사회적인 힘들(social forces)과 함께 경제개발과 국민들의 생활수준을 높이고자 하는 국가적인 노력을 성공으로 이끌 수 있는 동력장치이자 안정장치 역할을 하는 사회적인 힘"으로 정의내리고 있다. 이 시기 동안에 인도네시아 군대는 스스로를 국가를 보호하는 보호자로 간주하면서 국가와 사회의 모든 차원을 지배했다.

법률 5조(Law No. 5/1974)는 중앙정부와 지방정부 간의 관계 및 지방관료의 선거절차들을 명시하고 있다. 신질서정부는 지방의 자율성을 가질 수 있는 여지를 남겨놓지 않았고 지방의 수입은 중앙정부에 의해 통제되고 독점됐다. 총선에 참여할 수 있는 정당은 골카르당(GOLKAR), 개발통일당(Development Unity Party 혹은 PPP), 인도네시아 민주당(Indonesian Democratic Party 혹은 PDI) 등 세 개뿐이었다. 5년마다 열리는 총선기간에, 군대를 포함한 모든 공무원들은(농촌지역에서는 그 고위여부를 불문하고, 그리고 농촌뿐만 아니라 중앙에 이르기까지) 자신들의 정치적인 열망을 표현하면서 골카르당을 선택했고, 또한 시민사회가 이 여당을 선택하도록 이끌기도 하였다. 모든 공무원들과 전역장병들은 전국, 지방, 지역전 수준에 걸쳐서 골카르당의 우두머리로 임명되었다. 의회와 국민자문의회(People's Consultative Assembly 혹은 MPR)는 허약하고 무력했다. 매체와 사회단체들은 정부의 통제를 받았다. 이를테면, 매체와 사회단체들의 활동내용은 치밀하게 감시당하고 조사를 받았다. 정부가 승인하지 않은 내용들은 영원히 금지 당했다. 요약하면, 권위주의적 정부는 공개적이고 참여적인 의사결정과정이 국가의 안정을 해칠 것이라는 믿음으로 권위 있는 사람들의 독자적인 힘과 목소리를 약화시키면서 시민사회 발전의 토대를 파괴했다. 달리 말해, 신질서는 시민사회를 약화시킴으로써 강력한 정부를 세우려고 했다.

이 시기 동안에 여성단체들은 중앙정부가 관리했고 중앙정부의 요구와 명령에 따라야 했다. 예를 들어, 가족복지운동(Family Welfare Movement 혹은 PKK), 공무원부인협회(Association of Wives of Civil Servants 혹은 Dharma Wanita), 군인부인협회(Association of Wives of the Armed Forces 혹은 Dharma Pertiwi)와 같은 준정부 여성단체들은 부인들의 행동을 통해 남편들을 통제하려고 하는 정부기관의 필요성에 따라 '국가통제협회'로서 설립되었다. 남편들이 수행하는 일이나 기능들을 통해 그들의 수행능력을 평가하기보다는 오히려 그들의 부인들이 얼마나 적극적으로 단체활동에 참여하는가가 그들 남편들의 지위를 이미 결정해 버렸을 수도 있다. 명령체계는 남편의 지위에 따라 세워졌다(예를 들어, A 부인의 남편이 고위직에 있다면, A 부인은 자신의 배경이나 능력에 상관없이 PKK나 다른 두 조직들의 우두머리로 자동적으로 임명될 것이다). 이것은 전국이나 지방수준에서뿐만 아니라 말단지역에 이르기까지 전역에 걸쳐 일어나는 동일한 현상이다.

여성조직들의 대부분은 가족복지 증진과 관련된 문제들을 다룬다. 전반적으로 인도네시아 여성들이 개발의 동인이면서 동시에 수혜자로 참여할 때, 그들은 모든 수준의 의사결정에서 제한을 받았고, 그들이 남성들과 동등한 권리와 기회를 갖는데 있어서, 그리고 자원과 이득에 대하여 동등하게 접근할 수 있도록 보장받는데 있어서 제한을 받았다. 달리 말해, 신질서정부 집권 동안에 여성들은 규정된 아내와 어머니로서의 역할 내에서 공식적인 정책들에 대한 지지를 요구받을 때를 제외하고는 정치로부터 소외되어 있었다. 여성들을 이와 같이 취급하는 것은, 권력이 상부에 집중되어 있는 신질서 정부의 가족주의적, 가부장제적 통치양식과 남성들을 가정과 국가의 우두머리로 간주하는 것에서 나타난다. 권위주의적인 지배기간 동안에 형성된 정부형태는 여성들에게 도움이 되는 정치적 공간을 제공하지 않았고, 반면에 여성들의 사회적인 역할은 국가지원단체들을 통해 상세하게 규정되었다. 요약하여 말한다면, 신질서기간 동안에 여성조직, 여성협회, 여성운동은 대부분 국가의 통제 아래 있었고, 그런 것들을 시민사회의 일부로 간주하는 것은 옳지 않을 것이다.

경제개발은 신질서정권 및 대통령의 지위를 유지하는 효과적인 수단이었다. 경제개발을 촉진하기 위해서 관료제가 강화됐다. 즉 국가개발계획, 식량분배, 가족계획, 농업, 교육, 건강, 산업, 연구 및 기술을 내용으로 하는 정부기구들은 강화되었으나, 소수민족집단들과 종교집단들에 대한 관심과 배려는 간과되었다. 자연자원이 풍부한 지역들을 포함하여 많은 집단들과 지역들이 개발의 결여로 인해 고통을 받았다. 지역에서 항의가 일어나면 종종 폭력으로 제압했다. 신질서 기간 동안에 인도네시아가 경험한 급속한 경제 성장은 안정적이고 강력한 토대를 가지지 못했다. 아시아 금융위기가 발생하자, 이 체제에 내재해 있던 허약한 기반, 심각한 국가 부채, 만연된 부패 등의 문제들이 드러났다. 정부도 투명성을 갖고 있지 않았고, 의회, 언론 혹은 특별히 법령에 의해 만들어진 위원회들을 통해서 공적인 책임을 지도록 한 그 어떤 기제들에서도 투명성은 전혀 찾아볼 수 없었다. 따라서 의심스러운 사법관행들은 계속되었고 오랜 동안 쌓여온 부채는 더해만 갔다. 결국, 인도네시아 경제는 자국 국민들을 희생시킨 채 붕괴하고 말았다.

2. 개혁질서정부

인도네시아는 1998년 수하르토 대통령의 하야로 말미암아 민주주의적 개혁을 위한 기회를 가질 수 있었다. 민주화에 추진력을 갖기 위한 일련의 잠정적인 조치들을 통해서 몇몇 근본적인 정치 체계의 변화가 일어났다. 이러한 조치들은 의회의 역할을 강화시킨 헌법개정, 정치참여의 범주를 지방수준으로 좀 더 확대하여 지역의 자율성을 보장하고 대통령이 재선될 수 있는 횟수를 제한하는 새로운 법률, 그리고 총선방법의 개정, 즉 단지 3개였던 정당수가 100개 이상으로 늘어난(이 숫자는 후에 선별과정을 통해서 48개로 줄었다) 복수정당제도 등을 포함한다. 이러한 변화들은 신질서의 붕괴를 야기하는데 기여한 개혁(reformasi)과 민주주의(demokrasi)에 대한 요구가 정권변화에 대한 요구였을 뿐만 아니라 체제의 변화에 대한 요구이기도 했다는 것을 말해준다.

1) 지역적 자율성

신질서체제의 종말과 함께 민주주의와 권리신장에 대한 광범한 요구들이 제기되었는데, 이러한 요구들 중에서 자바 밖의 지역에서 나온 요구들은 지역문제들에 대해서는 지역 스스로가 더 많이 통제할 수 있기를 바라는 것이 포함되었다. 이러한 요구들은 자연자원이 풍부한 미개발 지역들(예를 들어, 아쩨, 리아우)에서 거의 끊임없이 제기되었다. 그리고 그 지역들은 만일 자신들이 더 많은 자율성을 부여받지 못한다면 인도네시아는 분리주의 운동의 압력 아래 분열될지 모른다고 중앙정부를 위협했다. 1999년 의회는 탈중앙화(혹은 지방화)에 관한 두 가지 법률, 즉 지역의 자율성에 관한 법률 22조(Law No. 22/1999)와 중앙정부와 지방간의 재정적인 균형에 관한 법률 25조(Law No. 25/1999)를 인준했다. 이 두 가지 법률은 중앙정부 측에서 민주주의적 탈집중화에 대하여 새롭고 심각하게 생각하고 있음을 나타내 준다.

2) 시민과 군부의 관계

개혁질서체제 동안에 이른바 인도네시아 공화군(Armed Forces of the Republic of Indonesia 혹은 ABRI)이 인도네시아 국민군(Indonesian National Army 혹은 TNI)이라는 명칭으로 대체되었다. 이러한 명칭의 변경은 인도네시아 군대를 자신의 주요 기능인 방위군으로서의 본연의 모습으로 되돌리려는 것으로써, 이는 경찰을 포함하여 무기를 사용할 수 있는 정당한 권위를 가진 모든 기관들을 포함하는 “군대” 조직이라는 의미에 반대되는 것이었다. 이러한 군대에 대한 이해는 군대를 시민주권 패러다임 내에 위치시키는 것이다. 수하르토 신질서정권이 종말을 고하고 대통령 하비비 및 와히드 아래 문민정권이 회복된 이래로 인도네시아 국민군은 어려운 상황에 놓이게 되었다. 군부는 자신을 국민의 보호자로 간주하지만, 일반인들이 갖는 군부에 대한 이미지는 수하르토 정권을 지지했던 그들의 역할 때문에 악화되어 있었다. 몇몇 지역에서는 군부가 국민분열의 위협에 대한 해결책이기보다는 오히려 원인으로 간주한다. 그리고 국민군 내에서는 독재체제에서 민주주의체제로의 이행과정에 있어서 국민군이 인도네시아 사회 내에서 할 수 있는 적합한 역할이 무엇인가에 대한 입장에 있어서 갈등을 보였다. 이와 같은 상황들을 고려해볼 때, 군대를 정치적인 개입으로부터 차단시키는 일은 헌법과 법령들을 체계적으로 변경해야하는 필요성이 있음을 알 수 있다. 민주주의체제 내에서의 헌법과 법령들은 군대의 정치적인 역할에 대하여 단순히 법적인 억제책으로 작용하기보다는 오히려 건설적이고 분명한 역할을 군대에게 부여하도록 변경되어야 한다.

3) 시민사회

이러한 의미에서 시민사회는 시민사회 기관들과 시민사회 단체들이라는 두 가지 구성요소를 갖는다고 볼 수 있다.

신질서정부의 몰락과 더불어 종종 "새로운 인도네시아"라고 불리는 현 시대의 도래와 함께, 온갖 종류의 시민단체들이 이전의 구속에서 벗어나서 조직되기 시작했다. 그 조직 중의 첫 번째가 학생운동집단들이다. 그리고 이전에 정부의 묵인 아래 존재했던 비정부단체들과 아다트(adat) 조직, 새로운 촌락통치구조, 독립노동조합 등도 부활했다. 이 모든 시민조직들은 중요한 역할을 수행하였는데, 국가와 정부가 정책을 지휘하는데 있어서 갖는 권위에 대한 견제의 역할도 하였다. 정책지휘는 지금까지는 국가만이 해왔던 영역이다.

신질서체제가 붕괴될 때까지, 정부는 시민사회(예를 들어, 이익집단들 중에서 청년조직들과 여성조직들) 내부의 연계망들을 끊어놓음으로써 모든 수준에서 인도네시아 시민사회를 무력하게 만드는데 성공했다. 지방 수준의 전통적인 의사결정기제와 같은 비공식적 제도들조차도 국가체제에 흡수되어 그 영향력과 기능의 대부분을 잃어버렸다.

시민사회에 대한 이러한 체계적인 거세작업으로 말미암아 정부에 영향력을 미치고 정부를 신뢰하게 만들 수 있는 시민사회의 능력이 약화되었다. 그 결과, 부상하는 시민조직과 정치조직들은 기층에서가 아니라 학생들, 학자들, 지식인들, 그리고 여성운동을 포함하여 여타의 사회·정치운동에 헌신적인 사람들이 시작하게 되었다. 이러한 집단들의 구성원들은 인도네시아 사람들의 약점을 이해하려고 했고, 그들의 관심사 및 의지력에 대해서 주지시키면서 그들을 대신해 발언하려고 했다.

인도네시아의 현재 상황은 시민사회의 발전에 훨씬 더 긍정적으로 기여하고 있다. 인도네시아 사람들은 새로운 민주적인 정치환경이 가져다준 기회들과 이전에는 명목상으로만 존재했던 시민사회기관들의 기능을 향상시킬 수 있는 기회를 환영하고 있다.

현재 시민사회조직들이 할 수 있는 가장 가치 있는 역할은 국민들에게 권한을 부여하여 그들이 민주주의와 좋은 정부를 만들어내도록 서로 연합할 수 있게 하는 것이다. 이러한 과도기에 여성운동, 여성단체, 여성재단들이 할 수 있는 가장 유용한 기능은 시민들을 도와 그들이 가지고 있는 열망이 민주주의와 좋은 정부 만들기를 촉진시킬 수 있도록 유도하는 일이다. 뿐만 아니라 이 나라의 지도자들이 시민들의 열망에 주목할 수 있는 방법들을 시민들 스스로가 개발할 수 있도록 도와주는 일이다. 지금 현 시점에서는, 소수의 인도네시아 민중들만이 권한을 가지고 있다. 즉 소수의 사람들만이 자신들의 개인적, 공동체적 혹은 여타의 이해관계를 대변하기 위한 자활적인 사회집단, 직업집단, 권리집단을 조직할 수 있는 능력을 지니고 있다. 그러나 이제는 시민사회조직들이 발전할 수 있는 공간이 존재한다.

협회들과 비정부단체들은 시민사회를 발전시키고 강화하는데 있어서 필요한 도구이기는 하나, 그 조직들이 작동되는 방식에는 많은 문제들이 내재해 있다. 이러한 문제들은 신질서체제 하에서 집단들이 당면했던 역사적인 요인들과 조건들을 반영한다.

매체는 민주주의의 가장 중요한 제도 중 하나이자 시민사회의 일부이다. 매체는 신질서체제 하에서 엄격하게 통제되었었다. 따라서 1998년 언론자유법에서부터 비롯된 현재의 언론자유는 종종 새로운 문제들을 일으키기도 하는 새로운 경험이다. 과거에, 정부는 민중에 대한 언론의 책임을 강조하면서 언론을 통제했다. 오늘날, 언론은 스스로 이러한 책임성의 문제를 규정해야 한다.

4) 사회 · 경제적 개발

1997년 말 이래로 인도네시아가 경험한 위기들은 경제적인 것만큼이나 정치적인 것들이고, 그리고 인도네시아는 그 위기들을 동시에 극복해 보려는 시도를 할 수밖에 없었다. 인도네시아는 지난 30년에 걸쳐 작동한 독단적이고 부패한 세습체계가 존재하는 곳에 법에 기초한 경제체계를 구축해보려고 분투하고 있다. 인도네시아는 또한 경제체계를 강화하기 위해서 다원적 민주주의를 세우려고 시도하고 있고 동시에 다원적 민주주의 그 자체를 하나의 목적으로 하고 있다.

경제회복은 인도네시아의 우선과제이고, 정부개혁은 경제회복과 사회·경제적 개발이라는 문제와 함께 이야기되어야 하는 것으로 생각되어 왔다. 정부개혁에 초점을 맞춘다는 것은, 개발 정책에 있어서 정부의 경제적인 측면에만 초점을 맞추었던 과거의 프로그램들로부터 경제적, 정치적 측면들을 동시에 검토하는 프로그램들로 그 강조점이 이동하는 것을 의미한다.

'좋은 정부'라는 개념이 현재는 하나의 개혁 개념으로 유행하고는 있지만, 그것은 여전히 수수께끼로 남아 있다. 정부기관들이 경제적인 실적을 올리는데 정확하게 얼마나 많은 공헌을 하는가는 미지수이다. 좋은 기관들 자체가 성장을 도모하는지가 분명치 않고, 혹은 이것이 정부기관들의 속성에 달려 있는 문제인지 아니면 국가와 시민사회와의 상호작용에 달려 있는 문제인지도 확실하지 않다.

3. 민주주의로의 전환과정에서 발생하는 문제들

전환기 동안에 생겨나는 권력공백은 공공연하게 부패관행을 일삼으면서 국가의 힘을 약화시킬 수 있는 지역 엘리트들을 양산해 낸다. 또한 수하르토 정권의 몰락으로 말미암아 갑자기 정치적인 공간이 열려지자, 정치지도자의 견해를 순순히 받아들이던 대중들은 종전에 비해 더 많은 논쟁과 토론을 하기 시작했고, 전반적으로 정치지도자들의 견해를 거부하는 태도마저 생겨났다. 그 결과, 국가정책들이 도전을 받고 있으며 행정부는 정책들을 수행하기에 매우 어렵게 되었다. 정치지도자들은 이러한 새로운 현실에 적응을 해야만 한다. 비록 이러한 상황이 종종 무정부적으로 보이기도 하지만, 결국 이것은 의사결정에 있어서 보다 폭넓은 민주주의의 실천을 의미한다.

붕괴된 경제는 실업과 빈곤을 가중시켰다. 이와 관련하여, 영양부족과 기아라는 빈곤과 관련된 문제들이 증가했고, 건강문제가 늘어났으며, 학교 입학생 수가 감소했다. 이러한 이차적인 문제들은 장기간에 걸쳐 사회·경제적으로 부정적인 결과를 가져온다.

경제 붕괴는 또한 대다수의 인도네시아 사람들, 특히 산업경제 부문에 의존하는 도시인구의 취약성을 드러냈다. 지속적으로 일자리를 구하지 못한 많은 사람들은 생활필수품을 구입할 여유가 없었고, 국가가 사회복지보호를 제공해 주리라고 기대할 수도 없었다. 인도네시아 인구가 주로 농촌과 농업지역에 살고 있기 때문에 피폐화의 강도는 완화되고, 그 규모는 축소될 수 있었다. 즉 농촌은 도시로부터 되돌아오는 많은 사람들을 흡수할 수 있었다. 비록 그러한 현상이 농촌지역의 상태를 약화시키기는 했지만, 도시지역의 문제를 개선하는데는 일시적으로나마 기여했다.

인도네시아의 위기는 신질서시대 동안에 확립된 경제적 의사결정기관 및 과정들과 관련하여 뿌리 깊은 구조적인 문제에 바탕을 두고 있다. 그 당시 기업경영은 사업적인 능력보다는 오히려 정치적 보호에 의존하는 소수의 부유하고 유명한 집안 출신의 엘리트들의 수중에 집중되어 있었다. 벤처사업가들은 현실 시장의 요인들에 따라 작동하지 않았고, 경제는 기업가들에 의해서라기보다는 오히려 불로소득자들에 의해서 추진되었다. 부패와 무역장벽으로 말미암아 광범위한 분야에서 고용창출을 해낼 수 있는 활동을 하는 기업가층이 발전할 수 있었고, 인도네시아는 자원을 효율적으로 사용할 수 있는 다양한 경제활동에 기초한 시장의 부재라는 어려움을 겪었다. 실제로, 편애 받는 사업가들에 대한 노골적인 지원이 이루어지면서 기업가 정신은 박탈당해 버렸다.

경제위기의 긍정적인 측면은 그것이 정치적인 변화를 낳았다는 점이다. 경제위기는 인도네시아 사람들에게 그들의 경제적, 정치적 하부구조를 재형성하고 재설계할 기회를 제공했다. 이는 경영관행에서뿐만 아니라 중앙정부 수준과 지방정부 수준의 국가기관들과 정책결정 과정들을 재형성하고 재설계하는 것을 의미한다. 이러한 변화들은 만일 기획이 잘 되고 성공적으로 실현된다면, 인도네시아 경제의 모든 측면에서 더 넓은 범주의 사람들이 참여할 수 있게 되고, 더 많은 사회적인 포용과 단합을 가져올 것이다.

성 관계(gender relations)는 민주주의적 전환기 동안에 흔히 변화한다. 모든 분야에 있어서 남녀평등이 이루어져야 한다는 주장은 대다수 성 문제에 민감한(gender-sensitive) 사회활동가들에게는 "자연적이고" 필수적인 요구이다. 성 친화적인 헌법과 국가 예산은 그러한 변화를 위해서 필수적인 요소들이다. 국가법들은 모든 관계되는 집단들을 고려하여 불평등의 여지를 남겨놓지 않도록 고안될 것이고 국가의 자원들도 그렇게 할당될 것이라고 보장하고 있다.

인도네시아의 전환기는 여성들을 위해 "기회의 문"을 열어주었다. 여성들은 더욱 강력한 힘과 확신에 찬 목소리로 이전에는 무시되었던 요구들을 할 수 있게 되었다. 여성, 남성 모두에게 더 많은 정치적인 공간이 허용되고 있으며, 민주화 과정에서 여권신장 및 여성들의 참여를 증진시키기 위하여 기금 및 프로그램 등의 측면에서 국제적인 지원이 증가하고 있다. 그러나 성 관계는 여전히 민감한 문제로 남아있으며 사회적, 종교적, 문화적 관계의 핵심에 위치하고 있다. 그러나 성 관계들을 변화시킨다는 것은 사회 깊숙이 자리잡고 있는, 그래서 쉽게 도달하기 어려운 기득권과의 대결을 의미한다. 이런 이유 때문에 성 관계 개혁을 우선적으로 받아들인다는 것은 어려운 일이다.

거의 어디에서나 정치적인 이분법이 존재하고, 이 이분법이 어떤 맥락에서는 다른 맥락에서보다 더욱 더 두드러지게 나타나는데, 소위 "여성문제"를 "부드러운 정치"(soft politics)의 문제와 연결시키는 맥락이 바로 그렇다. 이러한 문제의 예는 건강, 복지, 가족과 어린이와 관련되는 일들, 노인을 보살피는 일 등 간단히 말해서, 보살핌의 정치(politics of care) 부문이다. 이분법에 있어서 또 다른 면은 국방, 군대, 외교정책, 국가 예산과 같은 문제로서 이러한 문제들이 "진정한 정치"(real politics)를 나타내는 것으로 이해된다.

이러한 이분법은 그릇되고 오해를 불러일으킨다. 그것은 거짓이다. 왜냐하면 여성들은 전쟁, 기근 혹은 자원부족이 가져다주는 충격으로부터 남성들과 동일하게 고통을 받기 때문이며, 또한 남성들도 가족, 육아, 노인들의 문제와 불가분의 관계를 맺고 있기 때문이다. 그것은 오해를 낳는다. 왜냐하면 그것은 인류 공동체의 진보를 위해 중요한 성문제가 한 나라의 정치적인 의제에서 우선순위를 차지하지 못하게 됨으로 인해 사람들이 갖는 정치적인 인식에 영향을 미치기 때문이다.

인도네시아는 현재 경제적인 어려움과 정치적인 불확실성을 당면하고 있으며, 이로 말미암아 성평등에 대한 요구가 현실적인 "국가이익"과 관련된 "진정한" 문제들에 비하여 주변적인 것으로 취급될 것이라는 깊은 우려가 존재한다. 전환은 권력구조와 권력소유자들의 변화를 포함하므로, 그들은 어떠한 대가를 치르더라도 자신들이 누리고 있는 가부장적인 특권을 유지하느라 여념이 없을 것이다. 그러므로 "시대가 더욱 안정되거나 나아질 때"까지 성문제는 중요치 않은 것으로 취급될 수 있는 진정한 의미의 위험성이 존재한다.

이러한 문제의식을 가진 저명한 사회운동가들, 학자들, 정치가들은 '성(gender)과 민주화'를 추구하는 운동집단을 조직하고, 여성들이 민주화 과정의 한 부분이고 동시에 수익자이라는 점을 보장하기 위해서 가장 중요하게 생각되는 주제들이 무엇인가를 논의하기 시작했다. 이 단체는 토론과 토론을 거듭하면서 문제해결을 위한 권고들을 제시했으나 자신들의 권고가 '성' 문제보다는 '여성'에게 초점이 맞추어져 있음을 인정했다. 그러나 이들은 실제로 성 편견이 남성들보다는 여성들에게 편향되어 있고, 여성들의 권리, 지위, 그리고 권력과 자원에의 접근여부가 체계적으로 제기될 필요가 있다고 보고 그대로 채택했다. 그것은 남성들의 권리 혹은 특권을 제거하려는 시도가 아니며, 가부장제를 모권제로 대체하려는 것도 아니다. 오히려, 민주화의 맥락 내에서 평등한 성 관계를 주요 흐름으로 만들려는 노력이다.

Ⅲ. 개혁질서체제기의 여성운동의 역할

신질서 속에서, 여성단체들은 조직이 잘 되었고, 이를테면 공무원부인협회, 군인부인협회, 그리고 가족복지운동 등과 같은 단체들의 설립은 정부가 그 조직구조를 제공하기도 했다. 권위주의 정부에 의해 형성된 여성단체들은 성에 대한 관점을 갖지 않으며 성적 요구들(gender needs)에 귀를 기울이지도 않는다. 이런 종류의 단체들은 체제순응적이고 관리가 쉬우며, 어떠한 문제제기나 저항 없이 기꺼이 정부의 지침에 복종하려 했다. 전국적, 지방적 그리고 지역적 수준에 이르기까지 여성들에게 의무적으로 실시한 가족계획의 사례에서 그러한 모습들을 찾아볼 수 있다. 그리고 여성 노동자들을 해외에 내보내고, 성 문제를 염두에 두지 않으며 여성들 스스로와 어린이들에게 미치는 영향들에 대한 고려 없이 여성들로 하여금 여타의 활동을 하게 하는 것에서도 나타난다. 여성들을 어머니로, 가정주부로 그리고 남편의 부속물로 간주하는 것이다.

신질서정부의 기초가 붕괴됐을 때 신질서정부는 산산이 부서졌고, 여성들은 자신들의 지위와 위치에 대해서, 자신들에 대한 불공정한 대우에 대해서, 자신들에 대한 폭력, 성희롱, 강간에 대해서, 그리고 가정폭력과 같은 역기능을 불러일으키는 해고 등 다양한 차별에 대해서 인식하게 되었다.

이러한 상황에서 성 문제들에 대해 관심을 가지고 있고, 여성들에 관해 현명한 견해들을 가지고 있는 보다 진보적인 여성운동과 여성조직은 매우 중요하게 요구되어진다. 이러한 집단들은 정부를 견제하고 균형을 이룰 수 있는 집단이 될 것이고, 성평등과 성공평성을 이룩하는데 있어서 정부의 동반자가 될 것이다. 여성들은 남성들과 동등한 접근 기회들을 통해서 사회의 다양한 전략적 사안들을 제기하고 토론할 수 있다.

전환기 동안에는 여성 노동자들의 보호, 여성들에 대한 폭력의 근절, 모든 수준에서의 여성들에 대한 차별, 여성들과 어린이들의 매매와 같이 여성 특유의 사안들과 관련하여 다양한 여성운동 및 여성단체들이 조직되고 설립되었다. 이러한 조직의 회원들은 여성 지식인들, 여성 학자들, 여성 지도자들, 가정주부들, 그리고 여학생들로 구성되어 있다. 공무원부인협회와 가족복지운동과 같이 현존하는 여성단체들도 자신들의 패러다임과 임원선출 기제들을 좀 더 민주적인 방식으로 바꾸었다. 위원회 의장 및 회원들은 재능과 능력에 기초해서 임명된다.

다음은 성 문제 및 여권 신장과 관련하여 중요한 여성운동과 여성단체들 중에서 잘 알려져 있고 활동이 활발한 몇몇 사례들을 소개하기로 한다.

1. 관심 갖는 어머니들의 목소리
(Suara Ibu Peduli)

SIP(Suara Ibu Peduli)는 신질서정부가 붕괴한 1998년에 한 공동체가 기초가 되어 설립된 조직이다. 이 조직의 회원들은 식품 가격의 상승, 특히 유아용 우유가격의 상승(그 당시 유아용 우유는 400%까지 급상승했다)에 주목하고 있던 어머니들/여성들이다. 그들은 우유 및 유아용 기본 생필품의 가격들을 인하해 달라고 정부에 압력을 가하는 시위를 했다. 그들은 또한 여성들에 대한 폭력을 없애도록 정부에 압력을 가하는 시위를 하기도 했다. 한때 이 단체의 회장과 간사는 공적 침입을 이유로 경찰에 체포되기도 했는데, 후에 증거 불충분으로 풀려났다. SIP는 현재 [인도네시아가 처해 있는: 편역자 주]상황에 많은 관심을 갖고 있으며 다음과 같은 기구들을 설립해왔다.

① 어머니들이 조직한 기본적인 가정용품들을 파는 작은 상점. 여성들은 이 상점을 통해서 소액대출에 관한 정보와 사업개발을 위한 협동조합에 관한 정보를 얻는 방법에 대해서 교육을 받았다.

② 회원들에게 건강진료를 제공하는 작은 진료시설. 학생들이 수하르토의 하야를 요구하면서 국민자문의회(People's Consultative Assembly) 건물을 점거했던 5월 사건(May event) 동안에 이 진료진은 학생들에게 매우 적극적으로 의료지원을 했다.

③ 경영조직에 대한 훈련을 통한 어머니 학습 센터.

④ 가정폭력에 시달리는 어머니들을 위한 트라우마 상담.

SIP는 유아용 우유 및 유아용 기본 생필품의 가격인상에 반대하는 도덕적 운동이다. 어머니가 아니면 누가 아기와 어린이들의 우는 소리를 듣겠는가. 장기적으로 서칼리만탄(West Kalimantan)과 아쩨(Aceh)에서 민족갈등이 폭발하자, SIP는 피난민들의 기본 생필품을 공급하는 데도 참가했다. 그리고 SIP은 서칼리만탄과 아쩨와 같은 지역의 지방정부에 위와 같은 활동을 하기 위해서 지부들을 개원하기도 했다.

2. 여성폭력국가위원회

여성폭력국가위원회(National Commission on Violence against Women 혹은 Komnas Perempuan)는 신질서정부가 도전을 받고 붕괴되었던 1998년 5월 폭동(May riot)때 구성되었다. 그 당시 수많은 여성들, 특히 화교 여성들이 강간과 성폭행을 당했다는 소문이 돌았다. 폭동의 원인과 여성들에게 자행된 폭력의 원인들을 밝혀내기 위해서 진상조사단이 구성되었다. 나중에 피해여성들의 수가 과장되었다는 것이 밝혀지기는 했으나 여성폭력국가위원회를 포함하여 여성운동과 여성단체들은 이러한 보도에 대해서 확신을 갖기 어려웠고 진실을 스스로 밝혀내려고 시도했다. 매체와 여성단체들은 100명 이상의 여성들이 강간을 당했다고 발표했다. 하지만 우리는 그 이후로 현재까지 이 사태에 관하여, 희생자에 관한 자료나 증거 등에 대하여 더 이상 아무 것도 듣지 못하고 있다. 여성들에 대한 폭력의 문제는 여전히 개인적인 문제이고, 피해자에게 굴욕적인 일로 취급되고 있다. 그러한 사실이 공개적으로 거론되는 경우는 말할 것도 없다. 지금은, 여성운동과 여성단체들이 여성에 대한 폭력의 결과에 대하여 관여하고 참여함으로써 가정폭력을 비롯하여 모든 종류의 폭력과 관련되는 문제들이 공개되고 자유롭게 토론되고 있다.

따라서 인도네시아 여성에 대한 폭력에 맞서는 대응으로써 1998년 대통령령 181호에 근거하여 위원회가 설립되었던 것이다. 여성폭력국가위원회의 목적은 ① 출판물과 전략적인 대화들을 통해서 여성들에 대한 모든 형태의 폭력에 관해 일반대중들의 이해를 높이는 것, ② 법과 정책의 개혁을 통해서 여성들에 대한 모든 형태의 폭력을 근절하는데 이바지할 수 있는 환경을 조성하는 것, ③ 전국적, 지역적, 국제적 네트워크를 통해서 생존자들에 대한 서비스 능력을 향상시키는 것 등이다. 위원회는 이러한 목적을 달성하기 위해서 집행부 내에 3개의 분과, 즉 법 개혁 분과, 피해자들을 위한 서비스 능력 강화 분과, 그리고 교육·훈련·기록 분과를 만들었다. 하지만, 위원회는 여성들에 대한 폭력은 직접 다루지 않았다. 국가위원회로의 역할은 여성들에 대한 폭력의 사례들을 자세하게 다루는 비정부단체들 및 여성단체들을 지원하는 것으로 국한했다. 위원회는 여성에 대한 폭력의 사례들과 관련하여 법 개혁 운동을 강화하기 위해서, 몇몇 비정부단체, 인도네시아 여성들에 대한 폭력에 관한 정책개발에 특히 관심이 있는 법률지원단체, 그리고 여성단체들로 구성된 하나의 네크워크를 주도했다. 위원회는 자카르타, 서 자바, 중앙 자바, 요갸카르타(Yogyakarta), 아쩨, 남 수마테라, 잠비, 벵쿠루(Benkulu), 북 술라웨시, 남 술라웨시, 동 누사 텡가라, 마루쿠, 서 칼리만탄 지방에서 일어난 총 3,167건의 가정폭력, 강간, 고문, 성희롱, 살해/살인 등과 관련하여 일어난 여성폭력에 대하여 자세한 상황을 파악하는 일을 해 왔다.

위원회는 인도네시아 곳곳에 있는, 특히 여성들에 대한 폭력의 문제에 관심을 갖고 있는 여타의 여성운동 및 여성단체들과 긴밀하게 연계하여 활동한다. 위원회는 이러한 연계망을 바탕으로, 전국, 지방 그리고 지역 수준에 이르기까지 여성 폭력피해자들에 대한 서비스에 관해 학습하는 전국적인 공동체 네트워크를 설립했다. 전국적인 학습공동체의 목표는 ① 여성 폭력피해자들을 위한 서비스 구조에 있어서 지방적 수준의 서비스 공급자들의 능력을 강화하는 것, ② 지방정부의 정책결정에 영향을 미치는 것, ③ 피해자들을 위한 지역 특수적인 서비스 모델 개발을 지원하기 위해서 지역에 기초한 학습교류를 촉진시키는 것 등이다.

네트워크의 회원단체들 중에서 잘 알려진 여성운동 및 여성단체들은 중앙 자바에 있는 Rifka Annisa, Kalyanamitra, LBH APIK, Flower Aceh, 국가인권위원회(National Commision on Human Rights), Derapwarasari, 그리고 경찰본부의 특수부 등이다.

공무원부인협회, 군인부인협회, 가족복지운동과 같이 현존하는 단체들은 개혁의 시대 이후 낡은 패러다임을 좀더 민주주의적인 형태로 변환하기 위해서 최선의 노력을 다해 왔다. 그들은 여성의 인권신장과 여성에 대한 차별 및 폭력의 근절문제를 다룰 수 있도록 구조적 기제, 정책, 그리고 프로그램들을 변화시켰다. 이 단체들은 여성을 독립적인 개인으로, 여성 그 자체로, 그리고 결혼생활에 있어서는 남편의 친구이자 동반자로 보고 있다.

Ⅳ. 여권신장부의 역할

1. 여권신장부의 행동강령

1999년 국가정책일반지침서(Broad Guidelines of State Policy)는 성평등 및 공평성의 중요성을 명시하고 있고, 이를 실현하기 위해 여권신장에 관한 국가정책은 이를 수행할 수 있는 기관[즉, 여권신장부: 편역자 주]를 통해서 한다고 명시하고 있다. 이 국가정책은 인도네시아 국민을 대표하는 이 나라 최고의 기관인 국민자문의회(People's Consultative Assembly)에 의해 만들어졌고, 따라서 이 정책은 개인 및 기관들이 그에 따라 실천할 것을 지시하고 있다. 이러한 국가정책의 책임을 맡은 기관을 여권신장부(State Ministry of the Women Empowerment)라고 부른다. 이 부처는 1978년에 여성역할청년부(Youth Minister of State for the Role of Women)라는 이름으로 처음 설립됐고, 1983년에 여성역할부(State Minister of the Role of Women)로 승격되었다. 신질서정부의 몰락과 새로운 개혁의 도입과 함께 새로운 패러다임이 등장했고, 이 부처의 명칭은 여성들의 지위와 역할보다는 오히려 여성들의 잠재력을 강조하는 여권신장부로 즉각 변경됐다. 이 부처는 국가정책의 고안 및 조율, 그리고 지지를 담당한다. 이 임무의 실제적인 이행자체는 다양한 실무담당 부처들의 책임이다. 이러한 임무들을 실행하는데 있어서, 여권신장부는 비정부단체, 여성단체, 여성운동, 그리고 관련된 정부 부처들과 긴밀하게 일한다.

여권신장에 관한 정책을 수행해 나가는 일은 공동체, 국가, 국민들의 삶을 형성해나가기 위한 전반적인 국가개발의 추진에 있어서 필수적인 부분이다. 이러한 사고에 기초한다면 여권신장에 관한 전망은 1999년 국가정책일반지침서가 명시하고 있는 국가개발에 관한 전망과 분리되어 생각할 수 없다. 여권신장의 전망, 즉 "가족, 사회, 국가, 국민의 삶에서 성평등 및 공평성을 실현하는 것"은 전반적인 국가개발에 관한 전망의 일부가 되는 것이다. 이에 기초해서 여권신장부의 임무는 다음과 같다. ① 전략적 영역에서 여성들의 삶의 질을 향상시키는 것, ② 성평등 및 공평성의 개념에 대한 정보를 보다 더 적극적으로 홍보하는 것, ③ 여성들에 대한 모든 형태의 폭력을 근절하는 것, ④ 여성들의 인권을 보호하는 것, ⑤ 어린이들의 복지 및 보호를 증진하는 것, ⑥ 여성단체들의 질을 향상시키고 그 유지존속을 강화하는 것 등이다. 대통령령 163호(No. 163/2000)의 통과로 여권신장부는 그 권한이 늘어나서 어린이들의 복지 및 보호문제까지 다루게 되었다.

인도네시아는 국가개발의 모든 수준과 영역에서 남성들과 여성들에 대한 차별을 폐지하기 위해서, 여성들에 대한 모든 형태의 차별폐지에 관한 UN협약을 비준했다(법률 7조: Law No. 7/1984). 모든 정부 부문에 있어서 성(gender)을 주요 의제로 다루고자 하는 전략은 2000년 12월 19일에 통과된 국가개발에 있어서 성 주류화 (Gender Mainstreaming in National Development)에 관한 대통령령 9조 (No. 9/2000)로 다루어졌다. 이 법령은 여권신장부가 정부 각 부문들로 하여금 그들이 가지고 있는 정책 및 프로그램들 내에 성 (gender)을 주요 의제로 포함시키도록 요구하고 장려할 수 있는 법적 기초이다.

성 주류화(gender mainstreaming) 전략은 인도네시아 공화국의 경찰총장 및 군사령관을 포함하여 중앙과 지방에 있는 모든 정부 부서와 기관들의 기능에 있어서 필수적인 부분으로써 따로 분리될 수 없다. 이들 부서와 기관들이 가지고 있는 정책과 프로그램의 계획에서부터 감시와 평가까지 전 과정에 적용되는 것이다. 관련 정부 부처의 정책과 프로그램 내에 이 전략을 포함하는 것뿐만 아니라, 각 정부 부서들은 남성들과 여성들의 욕구에 민감한 정책과 프로그램들을 만들어서 그 실행에 필요한 예산을 정부에 건의할 수 있으리라고 예상된다.

2. 여권신장을 지원하는 국가개발 프로그램

1994년에서 1998년 사이에 인도네시아는 교육의 영역에서, 9년간의 의무교육, 중등교육, 직업교육, 방과 후 교육, 교사 및 보조교사들의 직무교육, 교육과정 개선, 교재 및 교육 기자재의 개선 등에 초점을 맞춘 정책들을 포함하여 다양한 프로그램들을 실시했다. 학교 밖에서 이루어지는 교육은 세 가지 종류의 문맹률을 낮추려는 것이었다. 즉, 기술교육, 학교 밖의 교육 프로그램, 도제 프로그램 등을 포함한다. 여권신장부는 성적 감수성(gender sensitivity)에 관하여 교과과정을 기획하고, 교과서를 새로 쓰고, 교사들을 훈련시키는 등에 대하여 특별한 노력을 기울였다.

보건 영역에서, 정부는 건강에 관한 법률 23조(Law No. 23/1992)를 공포했는데, 이 법은 건강정책, 건강계획, 그리고 건강 프로그램을 만드는데 기초가 된다. 비록 이 법이 성(gender)을 명시적으로 언급하고 있지는 않지만, 이 법은 개개인이 최상의 건강을 누리고 일반적인 건강 서비스를 받을 수 있는 동등한 권리를 지니고 있으며, 자신과 가족의 건강, 그리고 건강한 환경을 보호하고 개선하는 데 참여할 책임이 있다고 강조하고 있다.

또 하나의 전략은 1996년에 시작된 모성친화운동(Mother Friendly

Movement)과 남편경고캠페인(Alert Husband Campaign)이다. 이러한 전략들의 목적은 산모의 사망률을 낮추고 산모 건강과 관련하여 남편들과 공동체의 성적 감수성을 증진시키는데 있다.

가족계획과 관련하여서, 인도네시아는 인구와 개발에 관한 국제회의가 있기 오래 전부터 가족계획의 문제를 전체 산모건강보호 프로그램의 필수적인 부분으로 제기해 왔다. 그리고 가족계획 문제는 여성들의 일생 전체에 걸쳐서 포괄적인 산모건강이라는 차원에서 전반적으로 이야기되었다. 1998년에서 2003년까지의 5개년 프로그램으로 만들어진 주요 사안들은 다음과 같다. ① 산모건강서비스에 있어서 보살핌의 질, ② 수요충족 접근방법(demand – fulfillment approach), ③ 산모건강/가족계획의 틀 안에서 에이즈 예방, ④ 산모건강과 가족복지와 관련한 청소년 교육, ⑤ 산모건강에 관한 연구와 자료수집, ⑥ 여권신장 증진 등이다. 또 다른 진일보한 변화의 양상은 전국가족계획조정위원회 내에 2개 부서, 즉, 가족계획에의 남성참여이사회(Directorate of Male Participation in Family Planning)와 성 훈련센터(Center of Gender Training)가 설립된 점이다. 정부는 에이즈 유행에 대해서 홍보하는 한편, 에이즈국가위원회(AIDS National Committee)를 설립했고, 여성종교단체들과 공동으로 마약과 에이즈 직통전화 서비스(Hotline Service)를 시작했다. 공동체 수준에서 활동하는 매체와 비정부단체들을 통해서 대중 캠페인과 같이 에이즈 예방을 위한 수많은 활동들이 이루어져 왔다.

정치 영역에서는, 의회의 여성의원들로만 구성된 모임(Caucus)이 1999년 초에 구성되어 여성들의 인권증진을 지지하는 법안을 통과시키기 위한 압력단체로 작용하였다. 여성들에 대한 폭력과 여성인권에 관한 사안들에 대하여 관심을 갖는 여성단체들이 급속하게 성장했고, 이 단체들은 해외이주여성노동자, 여성 및 아동 매매, 성평등 및 성 정의 등의 여성문제들에 관하여 보다 많은 관심을 촉구하기 위해서 정부와 의회에 압력을 가하는 중요한 역할을 했다.

또 하나의 중요한 전략은 2000년 11월 24일에 비정부단체들, 여성운동, 여성단체들, 그리고 사회와 공동으로 여성폭력근절 국가행동계획(National Plan of Action on the Elimination of Violence against Women 혹은 NPA-EVAW)을 출범시킨 일이다. 이것은 1998년 5월 폭동이 드러내고자 했던 사안들에 대한 조치로써 1999년 11월 여성폭력근절을 위한 국가와 사회의 이행선언(Declaration of Commitment by the Nation and Society to Eliminate Violence against Women)에 뒤따른 행동이었다. 이 선언에는 불관용주의(Zero Tolerance Policy) 개념의 실천을 통해서 여성들에 대한 폭력을 근절하겠다는 강력한 의지가 나타나 있으며, 여러 지역사람들, 여성 운동가들, 폭력의 피해자들뿐만 아니라 부통령 메가와티, 장관들, 국민자문의회 및 국회의 지도자들을 포함하여 다양한 집단의 사람들이 서명했다. NPA-EVAW의 행동강령은 여성들과 공동체는 어떤 수준의 폭력도 받아들일 수 없고 여성들의 평등과 안전이 우선이라는 점에 기초하고 있다. 이 행동강령의 7개 주요 부문을 우선순위에 따라 살펴보면, ① 국가와 군대, ② 사법과 입법, ③ 건강, ④ 사회·문화, ⑤ 고용, ⑥ 교육, ⑦ 매체 등이다. 여권신장부는 여성들에 대한 폭력과 차별문제를 다루기 위하여 여성단체들, 시민사회, 종교지도자들과 긴밀하게 협조한다.

현재 여권신장부는 새로운 법안들을 만들기 위한 자료를 수집하면서 학문적인 연구를 하고 있는데, 이 법안들은 국회에 계류 중이며, 성평등 및 공평성에 민감하게 반응하는 법안들이 될 것이다. 이 법안들 중에는 공민권법(Citizenship Bill), 증인/피해자보호법(Witness/Victim Protection Bill), 가정폭력법(Domestic Violence Bill), 이주노동자보호법(Migrant Worker Protection Bill), 혼인법(Marriage Bill), 그리고 강간법(Rape Bill) 등이 포함되어 있다. 하지만, 국회는 정치적인 관심사에 치우친 채, 법안 및 법규 등을 만들어 내야 하는 책임을 방기해 왔다.

해외이주노동자들(남성들과 여성들 모두)에 대한 보호와 관련하여, 정부는 이에 필요한 체제와 기구들을 발전시켜 왔다. 노동자 배치제도의 개발은 국내·외 노동자 배치에 관한 노동부장관령 2조(No. 02/Men/1994)와 해외이주노동자들의 배치 및 보호에 관한 노동부장관령 204조(No. 204/Men/1999)의 개정과 함께 법제화됐다. 여성 이주노동자들을 위한 정보단(Unit of Information)은 귀국하는 여성 이주노동자들을 위한 원조와 서비스를 제공하기 위해서 국제공항에 설치되었다.

"국민교육제도"에 관한 교육법 2조 7항(No. 2/1989 article 7)은 어떠한 교육기관에서도 교육 참여자들의 입학을 성, 종교, 민족성, 인종, 그리고 사회·경제적인 지위에 따라 불평등하게 처리할 수 없다는 점을 강조한다. 하지만 성적 불균형(gender imbalances)은 교육의 거의 모든 측면, 즉 교육과정에 있어서 학교 참여의 기회, 그리고 교육의 이득획득뿐만 아니라 교육 성취감을 얻는 것에 이르기까지 여전히 존재한다.

정부는 1998년에 '인권에 관한 국가행동계획 1998-2003'을 만들었는데, 이것은 나중에 1999년의 29조의 법(Law No. 29/1999)으로 규정되었고, 국민자문의회는 이를 17조(No. ⅩⅦ/MPR/1998)로 재규정하였다. 이 법의 목적 중의 하나는 국민들, 특히 여성들이나 어린이들과 같이 공격당하기 쉬운 사람들의 인권을 증진하고 보호하는 것이다. 정부는 인권침해 사례가 도처에서 발견되고 가해자에게 부과되는 처벌이 점점 더 관대하게 처리되고 있는 점으로 보아 인권에 관한 인도네시아 행동계획의 실천이 아직 기대에 미치지 못하고 있다는 점 또한 알고 있다.

V. 남아있는 문제들과 장애물들

그동안 인도네시아에서는 사적, 공적인 영역에서 성불평등이라는 문제를 제기해 보려는 중요한 노력들이 있어 왔지만, 아직 해결해야 할 많은 사안들과 장애물들이 남아있다.

1) 정부부처들은 각각의 권한 내에서 성 문제를 주류화하려는 정치적인 의지와 헌신이 부족하다. 이는 다음과 같은 요인들에 의해서 야기된 것으로 파악할 수 있다. ① 효과적이지 못한 훈련과 도구의 사용 탓으로 성 지식이 부족함, ② 관련된 협력체들로부터 지원을 얻는 데의 어려움, ③ 예산 부족, ④ 과중한 업무, ⑤ 이 문제를 진정으로 우선적으로 생각하지 않고 관심을 쏟지 않는 것, ⑥ 부처간의 오만한 태도, ⑦ 자원과 고위층 관료들로부터의 지원 부족, ⑧ 여성들의 지위향상을 위한 국가기구 능력의 부족 등이다.

2) 계속해서 뿌리깊게 존재해 온 가부장적 사회로 말미암아 정부는 보다 성에 민감하고 성문제에 대해서 즉각적인 반응을 보이는 사회를 만들어 가도록 더욱 열심히 노력할 것이 요구된다.

3) 자료들이 산재되어 있어서 성 문제를 다루는데 들어가는 비용과 얻어질 수 있는 이익에 대한 분석이 어렵다. 그러므로 사람들에게 여성들이 처해있는 상황과 조건에 대하여 확신을 갖게 하고, 성 문제에 대해 반응하게 하는 것이 어렵다.

4) 정부가 다양한 국제회의의 협약들을 비준하는 것은 여성들에 대한 차별을 없애고 여성들의 인권을 신장시키려는 국제적인 연대가 형성되어 가고 있음을 보여주는 긍정적 증거이다. 하지만 정부는 비준된/승인된 회의내용을 대중에게 확산시킬 만한 능력을 갖지 못하고 있고, 인적 자원, 예산, 기반시설, 그리고 여타 다른 시설들의 지원과 뒷받침을 제공하지 못하고 있다.

5) 비정부단체들과 전략적 협력체들 간의 긴밀한 협력은 여권신장과 여성차별을 일소하는데 있어서 핵심적인 요소이지만, 몇몇 비정부단체들은 성평등 및 성공평성에 대한 정부정책을 지지하는데 별 관심을 보이지 않고 있다.

6) 비준된/승인된 회의협약 내용들에 관한 정보를 지속적으로 확산시켜나가는 것이 필요하지만, 대상 집단이 매우 크고 다양하기 때문에 현재처럼 제한된 자원, 능력, 그리고 시설들로는 쉽지 않다.

7) 성적 관점들을 갖는 분위기를 창출하도록 모든 정책의 주류화, 계획, 그리고 조정의 과정 속에 성적 관점을 통합시켜야 하지만, 대다수의 계획자들이나 결정권자들은 여전히 성 문제에 대해서 민감하지 못하다.

8) 고위층과 의사결정을 할 수 있는 지위에 있는 여성들의 수가

충분하지 못하다. 따라서 여성들은 국가나 지역적 수준에서 입법자로서, 수석간부로서 그리고 고위 행정관리로서 정책이나 의사결정에 별 영향을 미치지 못하고 있다.

9) 정책, 계획, 그리고 프로그램들이 확실하게 성적 차원들을 고려하여 개발되고 고안되도록 하기 위해서는, 계획을 수립하는 공무원들에서부터 정책을 결정하는 공무원들까지 모든 정부 공무원들이 성과 개발이라는 사안에 대해서 그 인지 수준을 더욱 더 높여야 할 필요가 있다.

10) 각 정부 부처 내에서 진행되고 있는 개발 과정에서 성적인 쟁점들이 얼마나 성공적으로 통합되어 있는가를 측정할 수 있는 성 지표 체계(gender indicator system)가 부재/결핍되어 있다. 따라서 국가와 지역 수준에서 성과 개발이라는 문제와 관련된 계획과 지지를 뒷받침해 줄 만한 성에 따라 분류된 기초자료 체계가 부족하다. 또한 이러한 현실은 여성들과 그녀들의 역할 및 지위와 관련하여 개발에 개입하는 일이 어떠한 영향을 가져오는지 확인하고 추적해 나갈 수 있는 적절한 정보가 없다.

11) 성 편견적 법률들이 존재하는가의 여부를 확인하기 위하여 현행법들을 평가하고 검토하는 일은 성평등과 성 관점적 문화를 일구어내기 위해서 규칙적으로 행해져야만 한다. 하지만, 제한된 수의 성 전문가, 법률 전문가, 그리고 인원들로 말미암아 그 노력은 큰 효력을 발휘하지 못하고 있다.

12) 폭력을 행사하는 사람들에 대한 제재와 처벌이 그리 엄격하지 않아서 궁극적으로는 여성들에 대한 폭력이 반복되고 그

횟수가 증가하는 것을 부추긴다.

13) 법률/법 조항들을 수정하는데 기나긴 과정과 절차가 따른다.

14) 법을 시행하는 관료들은 성평등 개념에 대한 인식이 부족하고 이와 관련된 사안들을 논할 수 있는 준비가 되어 있지 않다.

15) 사적, 공적, 그리고 제도적인 영역 안에서 성평등의 관행들이 부족하기 때문에 성 문제에 민감한 환경과 분위기가 더디게 창출되고 있다.

16) 대부분의 인도네시아 사람들의 교육수준이 낮아서 성평등 개념들에 둔감하다.

17) 지금 가장 우선적으로 요구되는 것은 공동체 내의 사람들이 가지고 있는 개념의 변화보다는 오히려 사람들의 기본적인 욕구에 관한 것이다.

공적, 사회적 제도 일반과 관련된 사안들을 정리하면 다음과 같다.

1) 여성들은 빈곤 상태에 처해 있다. 경제 및 통화 위기가 여전히 나라를 뒤덮고 있는 상황에서 여성들의 부담은 집에서나 공동체 내에서나 훨씬 더 증가했다. 여성들은 자녀들을 학교에 보내고 가족성원들의 건강을 유지시키는 일 이외에도, 가족복지를 증진시키고 가족수입을 증가시키도록 강요당하고 있다.

2) 성과 관련된 사안들과 관심사에 대해서, 그리고 보다 더 성친화적이고 민감한 환경을 창출하기 위한 성공평성 및 성평

등 개념들에 대한 대중적인 교육과 훈련이 부족하다. 성과 관련된 사안들과 성평등 개념들에 대한 대중적인 이해를 증대시키기 위해서는 강력하고, 합의된, 그리고 포괄적인 지지가 필요하다.

3) 학교에서 성 정형화가 이루어지고 있다. 성 불균형은 교육기회의 가능성에서부터 시작하여 교육과정에의 참여, 교육성과의 획득뿐만 아니라 교육의 이익을 얻어내는 일에 이르기까지 교육의 거의 모든 측면들에 존재한다. 성불평등의 발생은 교과서 내용, 교과과정, 교과목, 그리고 교수 및 학습 과정을 포함하는 교육과정 전반에서 발견된다.

4) 사회적·문화적 가치들의 문제가 존재한다. 이 사회·문화적인 가치들은 인도네시아 사회에 깊이 자리하여 인도네시아 사회를 형성시켰고, 성스러움과 악을 종교적인 가르침이라고 잘못 해석하게 했는데, 이러한 가치들은 사회, 취학률, 그리고 노동현장과 가정에서 발생하는 실제적인 차이를 가져오는 제1의 요인으로 작용한다.

5) 대중매체의 부정적인 영향이 존재한다. 여성들은 대중매체에서 항상 성적 착취물이나 성적 대상 및 상징으로, 그리고 힘없고, 복종적이고, 다루기 쉬운, 성과 폭력의 희생자들로 묘사된다. 점점 더 많은 여성들이 여러 영역에서 유능한 여성사업가나 지도자들이 되고 있는 반면에, 광고나 선전물에서는 계속해서 여성들의 정형화된 역할을 발굴해 내고 착취하고 있다.

□ 참고문헌 □

CBS 혹은 Central Board of Statistics 1997. Indonesian National Survey.

CBS 혹은 Central Board of Statistics. 1998. Female Headed Household.

Democratization in Indonesia—An Assessment. 2000. IDEA. Jakarta.

Emmerson, Donald IC(ed.). 2001. "Indonesia Beyond Soeharto—State." 2001. Economy and Transitional Society. the Asia Foundation, PT.Gramedia, Jakarta.

Law No 22/1999 on Regional Governance. 1999. Jakarta.

Law No 25/1999 on the Fiscal balance between the Central Government and the Regions. 1999. Jakarta.

Manning, Chris(ed.). 2000. Indonesia di Tengah Transisi (Indonesia in the mid of crisis). Pieter Van Diermen, LKIS. Jakarta.

Ministry of Information. 2000. Indonesia 2001. 2000. Official Handbook.

National Commission on Violence against Women. Terorisme Seksual Mencekam Perempuan Indonesia(Sexual Terrorism against Indonesian Women).

Peduli, Catatan Perjalanan Suara Ibu(Notes of Voices of Concern Mothers). 1999. yayasan Jurnal Perempuan, Jakarta.

Perempuan, Jurna. 2000. Negara dan kekerasan terhadap Perempuan(State and the Act of Violence against Women). Asia Foundation.

민주주의와 국가건설: 필리핀 여성운동의 경험

캐롤린 소브리치아
(Carolyn I. Sobritchea)*

I. 서 론

이 글은 필리핀 여성들의 사회적인 지위와 인권을 신장시키는 데 있어서 여성운동이 어떤 역할을 해왔는가를 고찰하고 있다. 나는 많은 여성단체들과 여성 연합체들이 군부정권(1972년～1981년)에 대항하는 운동에 활발하게 참여함으로써 필리핀에 민주적인 제도와 절차가 회복되는 데 커다란 기여를 했다고 주장하고자 한다. 마르코스 정권이 몰락하고 피델 라모스 대통령과 꼬라손 아끼노 대통령이 권력을 이양한 후, 여성 활동가들은 각종 개발사업과 여성들의 인권신장을 주장하는 운동을 통해서 국가재건사업에 참여하는 기회를 가질 수 있었다. 결과적으로 여성들이 개발사업에 참여할 기회가 넓어졌고, 여성들을 각종의 폭력이나 차별적 관행으로부터 보호할 수 있는 여러 중요한 법률들이 제정되었다. 이러

---

* 필리핀대학교 여성연구소 소장.

한 성과에도 불구하고 필리핀에서는 여전히 성평등을 이루어 나가는데 많은 장애물들이 있다. 필리핀에 고질적으로 존재하고 있는 성문제들은, 빈곤의 여성화가 가중되고 있고 해외 계약직 여성 노동자들이 성차별과 성착취에 노출되어 있으며, 성폭력 문제 역시 근절되지 않고 있다는 것 등이다.

지난 25년간 필리핀의 여성단체들은 여성과 어린이들의 인권을 심각하게 침해하는 문제들에 대응하기 위하여 분투해왔다. 시민단체 및 학계 출신의 페미니스트 운동가들은 오직 성평등을 증진시키겠다는 집단의지만을 가지고, 정부와 여러 사회 기구들, 특히 학교, 교회, 미디어 등이 취하고 있는 많은 반여성적인 관념이나 관행들이 존재하는 현실에 대한 무감각한 (노골적으로 부인하지 않는다면 적어도 무감각한) 태도에 대하여 비판을 해 왔다. 이 글은 여성문제들과 관심사들을 인권과 인간개발에 관한 담론의 중심으로 끌어들이려는 페미니즘적인 시도들이 어떻게 이루어져 왔는가를 고찰하며, 특히 민주주의를 고양시키고 국가를 건설하는데 있어서 여성운동이 수행한 역할에 주목할 것이다.

Ⅱ. 필리핀 여성운동의 탄생과 성장

나는 이화여대를 포함하여 아시아의 7개 대학들과 공동으로 책을 출판하기 위해 약 1년 여 전에 기고한 논문(Sobritchea 2001c)에서, 필리핀의 여성운동을 하나의 커다랗고 화려한 융단으로 비유한 페미니스트이면서 수녀인 한 여성의 말을 인용한 적이 있다. 즉, 융단의 디자인과 실, 그리고 색 등은 다양한 여성운동 단체들이 만들어내는 '여성해방'에 다다를 수 있는 수많은 방법과 길을 말해주고 있는데, 각 단체들은 다른 단체들이 어떻게 수를 놓고 있는가를 염두에 두면서 각자 자신의 자리에서 수 놓는 작업에 몰두하고 있는 것과 같다는 것이다(Angeles 1989, 207). 사실상 필리핀의 여성운동은 1970년대 초에 엄청난 사회적, 정치적 불안정 속에서 탄생했다. 그때는 계엄령이 선포되고 전국적으로 강력한 군대가 배치된 상황이었고, 민족주의적 민주화운동은 정부를 불안정하게 할 수 있는 가장 좋은 도덕적, 정치적 입장에 있었다. 군대에 의해 자행된 끔찍한 인권침해 사례들은 시민불복종과 사회적 동요에 불을 붙였다. 고문과 불법적인 감금, 여성 수감자들에 대한 강간, 지하운동을 지원한 지역들에 대한 식량봉쇄 등이 계엄령 선포기간 동안에 자행된 가장 흔한 종류의 범죄들이었다. 수천 명의 학생 운동가들이 군대와의 접전에서 죽거나 정부에 의해 감금되었다.

여성단체를 최초로 설립한 대부분의 여성들은 사실상 민족주의 운동의 결과로 나온 인물들이다. 그들 중 어떤 이들은 사회주의적 민주주의 진영에 소속되어 있었고, 또 다른 이들은 무장투쟁과 광범위한 연합전선 동맹 네트워크의 결성을 지지하는 단체들의 회원들이었다. 결국 이러한 여성 운동가들은 그 당시 민족주의운동이 제공할 수 있었던 것보다는 더 넓은 활동공간을 확보하고 투쟁을 개인적인 차원으로 끌어내리기 위하여 조직을 떠났을 것이다(Angeles 1989).

여성해방운동은 "진보적인 여성들에 의한 자유운동"(the Malayang Kilusan ng Bagong Kababaihan 또는 MAKIBAKA)이라는 단체의 설립과 함께 불법적으로 활동하는 단체들뿐만 아니라 합법적으로 활동하는 모든 개별사안중심으로 조직된 단체들(Cause-Oriented Organization)의 광범위한 연대 속에서 1970년대 초에 형성되기 시작했다. 여성운동의 초기 지도자 중 한 사람인 싼토스(Santos)는 이 조직의 설립이 갖는 중요성에 대해 다음과 같이 말했다.

> MAKIBAKA는 문화적인 상부구조속에서 여성들이 경험하고 있는 삶의 조건을 찾아내는 과정에서 여성들의 관심사를 광범위한 민족 문제들을 다루는 운동에 포함시켜야 한다고 보았다. 이 단체는 계급적인 억압과 성불평등의 역학관계를 규명하고자 노력했다. 여성들만으로 이루어진 조직을 설립함으로써, 이 단체는 여성들 자신의 문화혁명, 즉 남성중심적인 민족주의 운동의 영역 속에서 벌여야만 하는 투쟁의 필요성을 진정으로 강조하고자 했다.(BAI 1988; de Dios 1994, 33쪽에서 재인용)

보다 적극적인 여성의 정치참여를 위해 여성들을 조직하고, 여성들의 절박하고도 장기적인 관심사들을 거론할 필요가 있다는 인식이 있었음에도 불구하고, 성차별주의와 남성주의(machismo) 문화는 여전히 민족주의 운동에 퍼져 있었다. 여성 지도자들은 민족주의 패러다임이 민족주의 이외의 다른 차원의 여성문제들을 다루는데 있어서 무력하다는 점 때문에 점차 실망하기 시작했다. 이로 인해 어떤 여성들은 계급 분석을 뛰어넘는 페미니즘 이론들을 탐구하게 되었다. 그리고 이러한 연구의 결과로 페미니즘 이론화와 정치적 행동이 탄생할 수 있었다. 1981년에 설립된 "필리핀 여성 운동"(the Kilusan ng Kababaihang Pilipina 또는 PILIPINA)과 1982년에 설립된 "자유를 위한 여성조직"(the Katipunan ng Kababaihan Para sa Kalayaan 또는 KALAYAAN)은 민족주의 운동으로부터 여성운동의 자율성을 선언한 최초의 단체들이다. 이 두 단체는 공식적으로 출범하자마자 미디어에서의 성차별주의, 여성 재생산권의 침해, 성폭력, 매춘 등과 같은 여성 특유의 사안들을 다루는 연구 분과들과 캠페인들을 발족시켰다. 이러한 사안들을 천

착해 가는 과정에서 가부장제가 드러나는 여러 가지 형태와 현장
에 대하여 심층분석을 하는 것으로까지 논의가 확장되었다. 또한
개인적인 차원에서 성(gender) 문제들을 해결해 나가는 것을 강조
하였다. 더 나아가 계엄령 선포기간 동안에 군인들에 의해서 성적
학대를 받았거나 남성 동지와의 결혼에서 실패를 한, 운동의 안팎
에 있는 피해자 동지들을 지원했다.

1. 여성운동에 대한 초기의 인식

몇몇 민족주의 운동가들은 1970년대에 이미 여성문제를 계급에
서 발생하는 문제들보다 우위에 두고 생각하는 것이 분열을 초래
할 것이라는 문제제기를 하면서 우려를 표명했다. 그러나 여성운
동에 대한 보다 본격적인 공격은 이 보다 훨씬 뒤인, 정확히 말하
자면 1980년대 중반, 페미니즘 정치학이 어느 정도 진전된 때에
가해졌다. 쌴토스(Santos 1984)는 여성운동에 대한 비판의 논지를
다음과 같이 요약했다.

> 첫째, 여성운동은 분열을 초래한다. 즉 계급간의 갈등을 가중시
> 킬 것이다. 둘째, 여성운동은 중요하지 않다. 계급문제는 연대하고
> 관심을 집중시킬 가치가 있지만 여성문제는 불명확하고 추상적이
> 며 물적 토대를 갖고 있지 않다. 셋째, 민족주의 운동에서 여성들은
> 자신들만의 독자적인 조직이 필요하지 않다. 여성으로서의 그들의
> 문제(그것이 무엇이건 간에)는 항상 보다 큰 운동 속에서 접합될 수
> 있다. 넷째, 여성운동의 필요성은 대다수의 여성들이 동일시 할 수
> 없는 중산계급의 관점에서 비롯된 것이다. 다섯째, 여성해방은 전체
> 민중이 계급갈등으로부터 해방된 후에야 가능한 일이다.

페미니즘과 민족주의 사이의 긴장에 대하여 기록된 자료는 많

지 않다(Angeles 1989, 251). 과거 이 주제에 대한 논쟁은 종종 사적인 토론이나 소모임에서 이루어졌었다. 여성운동 속에서 이러한 긴장은 어떤 쟁점들을 우선순위에 두어야 하며, 그 문제들을 어떻게 분석하고 해결할 것인가라는 문제에서 두드러지게 나타난다.

2. 내적 긴장과 이념적인 차이들

지난 20년 동안 여성단체들은 자신들의 정치적인 견해 차이를 조정하는데 어려움을 겪어 왔다. 여성단체들은 특정 여성문제들에 대해서는 공동의 입장을 취하고 정치 캠페인이나 교육 프로그램, 연구 활동들을 함께 수행해 나가긴 했지만 긴장의 물결들은 내재해 있었다. 자신들을 계속해서 민족주의 민주화운동과 동일시하고 관계를 맺고 있던 운동가들은 무장투쟁과 사회주의혁명이라는 관점을 가지고 활동했다. 반면에 다른 이들은 스스로를 사회주의적 페미니스트라고 선언하고 정부에 비판적으로 참여하는 시민사회 패러다임을 추종했다. 오늘날까지 다양한 시민사회단체들은 정부와의 협력이 갖는 성격과 한계에 대해 많은 논의를 하고 있다(Serrano 1994).

여성단체들 간에 발생하는 이념적인 차이와 논쟁들이 종종 역효과를 낸다고 주장할 수도 있겠지만, 사실상 이러한 차이들은 필리핀에서 여성들의 권리를 개선하기 위해 모두들 보다 열심히 투쟁하고, 소위 모든 전선을 아우를 수 있도록 하는데 촉매가 되었다. 어떤 단체들은 가부장제의 표현방식들과 재생산을 이해하기 위한 중요한 분석도구로써 계속해서 계급과 인종이라는 개념을 이용했다. 그리고 다른 단체들, 특히 젊은 페미니스트들은 성 정치나 정체성의 정치학의 문제, 그리고 언어나 커뮤니케이션, 담론과 지식생산과정에 녹아 있는 성차별주의를 모두 똑같이 중요한 사안들로 탐구했다(Sobritchea 2000).

Ⅲ. 전략의 성문제화(Engendering Strategies)

여성운동의 좌파적인 관점에서 여성문제들을 살펴본다면 초기에 주목을 받았던 여성문제들은 진정한 의미의 농지개혁, 민족주의적인 산업화, 그리고 정의를 동반한 평화 등 민족주의의 의제에 포함되는 것들이었다. 여성들을 조직해 내기 위한 틀 또한 계급이나 직업의 범주화(예를 들면, 농민, 노동자, 원주민 등)를 따랐다. 페미니즘적 분석들은 여성문제들을 합법적인 반대를 억압하고 대중조직을 마비시키는 법과 정책들과 관련지어 설명했다. 정부는 농촌과 도시의 가난한 여성들을 희생시키는 대신에 외국의 자본가들이나 국내 엘리트들에게는 특혜를 주는 존재로 이해되었다. 여성 운동가들은 1970년대와 1980년대 초반에 걸쳐, 지방의 군사주의와 반공산주의 자경단체의 확산 및 전쟁관련 성범죄에 반대하는 캠페인에 많은 시간과 에너지를 투자했다.

1. 페미니즘 운동을 가능케 한 조건들

여러 가지 장애들(예를 들면, 여성단체들 간의 이념 차이나 성차별주의적 관념과 관행의 존속)에도 불구하고 여성운동은 여성들의 지위와 인권을 향상시키는데 크게 기여해 왔다. 나는 물론 그 공로를 강한 동기발현으로 정력적으로 활동해 온 지도자들에게 돌리고 싶다. 그러나 그보다도 몇 가지 다른 요인들이 페미니즘

운동의 활성화에 유리한 풍토를 제공하기도 했다. 그 중 하나가 유엔이 여당과 기부단체, 그리고 시민사회로 하여금 개발에 있어 여성들의 역할을 증진시키도록 압력을 넣은 점이다. 또 피델 라모스 대통령과 꼬라손 아끼노 대통령의 집권기간 동안에 필리핀의 정치·경제적 상황이 나아졌다는 점도 한 요인이 될 수 있다. 이 정권은 친여성적인 법률과 정책들을 통과시키기도 했다. 결과적으로, 여성단체들은 그들의 정치적인 행동주의와 개발사업을 결합하는데 고무되었고, 스스로 비영리 조직과 사안별로 모인 연합체들을 조직하기 시작했다.

의견주장, 조직화 그리고 의식고양을 위한 각고의 노력 끝에, 페미니즘적인 이상과 실천은 점차적으로 시민사회 정치의제의 한 부분을 차지하게 되었다. 1980년대 중반에 이르러 열성적인 페미니즘 운동가들은 이미 상당수에 달했다. 그들은 지역 주민들과 학생, 공무원, 비정부기구(NGO) 활동가들을 위해 성(gender)에 대한 민감성을 일깨우는 세미나들을 개최했다. 이러한 노력들은 결국 여성문제와 여성들의 권리에 대한 대중적인 인식이 증대됨으로써 그 보상을 받은 셈이다. 페미니즘 단체들은 민족주의 운동과 화합하거나 조율될 필요 없이, 혹은 민족의 문제나 계급의 문제에 우선권을 부여할 필요 없이, 다양한 창조적인 방식들을 통해서 그들의 행동주의를 이론적으로 그리고 실천적으로 추구했다. 어떤 이들은 서양의 페미니즘 문헌에 심취하는 것으로 그들의 여정을 시작하기도 했다. 다른 이들은 기층 여성민중과 하나가 되어 고통스러운 그들의 생애사에 귀를 기울이는 좀 더 어려운 길을 택했다.

여성운동은 1970년대 후반 도시를 기반으로 한 초기 여성단체의 수가 12개 미만이었던 것에서 시작하여(Angeles 1989), 1980년대에는 여성단체연합이나 전문가단체뿐만 아니라 수백 개의 민중조직과 여성 비정부기구(NGO)들을 포함하여 양적으로 성장했다.

2. 주요 조직화 운동

　필리핀에는 1980년대 페미니즘 활동가들이 표명하던 담론의 성격과 유형에 영향을 미친 두 개의 주요 여성조직이 있었는데, 이 조직들은 기금조달기구의 성격도 지니고 있었다. 이 조직은 "10개 단체"(Lakas ng Kababaihan 혹은 G－10)와 "개발을 위한 여성행동 네트워크"(Women's Action Network for Development 또는 WAND)라는 조직인데, 이 둘은 DIWATA라는 기금기구아래 합병되었다. 1990년대 중반에 이 두 단체는 30여 개의 여성 네트워크를 포함하여 약 200개의 소속단체들을 가지고 있었다. G－10의 회원단체들 중에는 100개 이상의 농민과 도시 빈민여성들을 위한 회원단체들을 가지고 있는 "개혁, 통합, 지도력, 행동을 위해 여성들을 결합하는 총회"(General Assembly Binding Women for Reform, Integrity, Leadership, and Action 혹은 GABRIELA)와 3만여 명의 회원을 가지고 있는 전국 여성단체인 KABAPA(the Lipunan ng Bagong Pilipina)가 있다. 여성학자, 미디어 실무자 그리고 비정부기구 지도자들로 구성된 최초의 페미니즘연합인 KALAYAAN 역시 G－10의 회원단체이다. 또한 학대받은 여성들을 위한 위기 상담(여성위기 센터, Women's Crisis Center), 대 언론활동, 그리고 과학, 기술, 공동체 조직화 과정에 성 원칙들을 중심 주제로 포함시키기 위한 선전활동 등을 담당하는 여성 비정부기구들도 포함되어 있다(부록 A 참조).

　WAND가 여전히 현재까지도 여성들을 위한 개발사업에 개입하고 있는 반면에, G－10의 회원단체들은 1990년대 중반에 연대활동과 협력을 잠정적으로 중단하기로 결정했다. 회원단체들 중에서 최소 4개 단체는 훨씬 이전에 지향하는 주요목표와 사업의 우선순위에 대한 견해 차이 때문에 연합에서 탈퇴했다. 그러나 특정 사안을 중심으로 형성된 동맹들은 이 두 조직의 주도하에 이루어졌다는 점을 언급할 필요가 있다. 특히 G-10은 법적인 개혁과 여성들의 생물학적 재생산활동과 관련된 건강과 권리의 증진을 꾀하는 수많은 주요 연합 네트워크를 탄생시켰다.

설립된 주요한 전국 연합단체들을 살펴보면, 여성건강연대(Alliance for Women's Health), SIBOL이라는 입법지지 네트워크, 그리고 여성들을 위해 전화상담을 제공하는 7개의 여성조직들이 만든 컨소시엄인 KALAKASAN 등이 있다. 여성건강연대는 재생산과 관련된 여성들의 건강문제에 대해 공동의 입장을 정립하자는 여러 여성단체들의 요청에 따라 설립되었다. 이 연대는 현재 20개의 여성단체 및 개발단체로 구성되어 있는데, 다양한 여성단체들과 개발단체들이 함께 모일 수 있는 장을 제공하고, 여성들의 권리와 지위에 영향을 미치는 개별 사안들에 대해 힘을 모으고 행동한다는 목적을 가지고 있다. 이 연대는 또한 정부의 실무담당기관들과 대화를 모색하고, 여성들의 건강과 출산문제들에 대하여 권고와 관점들을 제공하려고 한다.

여성들의 재생산행위와 관련된 권리들을 보장받기 위한 운동은 성성(sexuality), 성적인 취향이나 성적인 선호 등과 같이 여타의 성(gender)과 관련된 사안들에 대한 관심을 불러일으켜 왔다. 페미니즘 단체들은 동성애와 관련된 문제들을 지원하는 운동들을 조직했다. 지난 몇 년 동안에 레즈비언 모임들이 몇몇 여성단체 안에 결성되기도 했다.

SIBOL은 8개의 여성단체들로 구성되어 있다. SIBOL은 여성관련 법안이 상정되었거나 상정된 법률을 친여성적으로 개정하기 위해 초안을 작성하는 등의 활동을 하고 있다. 몇몇 네트워크 회원들은 형사나 민사소송의 피해자들에게 법적인 도움을 주기도 하고 법리교육 프로그램에 관여하기도 한다.

지역이나 농촌에서 결성된 단체들과 연대모임들은 다음과 같은 지역 문제에 초점을 맞추어왔다. ① 대량 벌목이나 채광으로 인한 환경 파괴문제, ② 토착민의 거주지들을 강제적으로 옮기는 문제, ③ 농촌지역에서 빈곤의 여성화가 가중되고 있는 문제 등이다. 필리핀 남부에서는 수출지향적인 농업과 산업의 도입이 여성의 생존권과 건강에 어떤 영향을 미치는가를 명확하게 밝혀내기 위해 경험적인 연구가 현재 수행되고 있다.

개별 사안들을 중심으로 형성된 연대모임과 네트워크는 가정폭력, 실업 그리고 영양실조와 같이 여성들에게 특수하게 발생하는 문제들에 대응하기 위해서 운동역량을 실제적으로 강화해 왔다. 그러나 사업들의 성격이 점점 특수화되어 가고 있는 추세로 말미암아, 여성운동은 큰 조직들로 하여금 소위 일반적인 문제들에 대해서 신속하고 단호하게 대처하도록 하는 조직력 측면에서는 그 능력이 다소 감소되었다.

이 논문에서는 필리핀 국내에서 지역과 분야에 따라 개발기금을 분배하는 일이 UN후원의 국제협의나 국제회의에서 정한 우선순위에 의해 큰 영향을 받아왔음을 강조하고 싶다. 지난 20년 동안 우리는 전 세계적으로 여성단체들과 시민사회단체들이 정부로 하여금 입법과 개발 프로그램들을 통해서 여성들의 지위와 복지를 증진시키도록 영향력을 행사하는데 있어서 비약적인 발전을 해 온 것을 목격해 왔다. 이는 정부대표들이 작성한 국제규약과 법률문서 초안의 형식과 내용에 대해 시민사회단체들이 영향력을 행사하는 것을 제도화함으로써 가능했다.

1985년에 나이로비 세계여성대회가 열린 이래 여성운동을 선도

해온 여성단체 회원들은 국가평가보고서들을 준비하는데 활발하게 참여해 왔다. 그들은 여성들의 요구나 관심사에 유의하면서 개발계획과 프로그램 전략들을 만들어내는데 있어서 여러 정부기관들과 협력해 왔다. 여성단체의 대표들은 필리핀 대통령 직속 자문위원회 중 한 위원회인 필리핀 여성들의 역할에 관한 국가위원회(National Commission on the Role of Filipino Women)의 정책국에 여러 직책들을 맡고 있다.

Ⅳ. 여성운동과 정부

많은 여성단체들이 순수한 정치 행동주의에서 선회하여 개발지향주의를 받아들이기 시작하자, 그들은 정부와의 관계에 있어 문제에 봉착할 수밖에 없었다.

1. 정부와의 협력형태

필리핀에서 여성운동이 점차적으로 개발사업에 관여하고 정부가 발의한 프로그램에 참여하기 시작한 것은 1986년 마르코스 대통령이 몰락하고 꼬라손 아끼노가 대통령 권력을 인수받은 이후였다. 도시에 기반을 둔 많은 중산층 여성조직들은 아끼노의 입후보를 적극적으로 지원하였고 일련의 가두 캠페인에 그녀와 함께 참가했다. 결과적으로 마르코스로 하여금 대통령직을 포기하도록 압력을 넣을 수 있었고, 따라서 이러한 변화는 어느 정도 예상된 것이었다. 아끼노는 결국 정권을 이양받으면서, 시민사회단체의 많은 여성지도자들을 자신의 각료와 자문위원으로 임명했다. 이 여성들은 여성관련 의제들을 정부 프로그램에 반영하는 데 선봉에 섰고, 시민세력과 정부 사이의 간극을 메우는 역할을 했다.

나는 여기서 여성운동 안에서 몇몇 단체들을 정부와 더욱 가까워지게 한 두 가지의 중요한 사건에 대해 언급하고 싶다. 첫째는 1990년 3월에 열린 제1회 정부·비정부기구 대회(GO-NGO Congress)였다. 이 뒤를 이어 1993년에는 정부기관들과 100여 개의 여성단체, 그리고 비정부기구들로 구성된 네트워크가 공식적으로 창설됐다. 이는 대통령직속 정책자문기구인 필리핀 여성들의 역할에 관한 국가위원회(the National Commission on the Role of Filipino Women 혹은 NCRFW)의 발의로 이루어질 수 있었다. 이 위원회는 여성단체들이 필리핀여성개발계획(Philippine Development Plan for Women 또는 PDPW)을 수립하는데 참여할 것을 요청했다. 그 계획을 만들어 가는 과정에서 일련의 자문들이 이루어지면서 양 집단의 대표들은 여성으로서의 공통된 경험과 어려움을 토론하고 상호작용을 하면서 서로 이해하는 기회를 가질 수 있었다.

국회에서 이 계획을 공식적으로 발표하는 기간 동안에 정부·비정부기구 네트워크(GO-NGO Network)가 발족되었다. 여성의원들은 주최자 역할을 맡았고 다양한 정부 부처들과 시민사회로부터 천 여 명이 넘은 내빈과 참가자들을 초대했다. 한 사전 준비 모임에서 의장은 이 네트워크의 설립이 "비정부 민중조직에서 여성들의 협조, 협동, 그리고 연대라는 새로운 윤리의 출현"을 반영한다고 말했다(UKP 연도 불명).

이 네트워크의 인자회원 중 한 명은 한때 민족주의 운동과 여성계에서 활동한 사람인데, 이 사람은 여성운동조직과 정부가 서로 보다 긴밀한 유대를 유지하는 방향으로 나아가야 한다고 다음과 같이 강조한다.

정부에서 일하고 있는 여성들과 정부는 그들의 권한 내에서 정책과 프로그램들에 대해 이야기한다. 여성들의 비정부기구나 민중조직들(NGO's/PO's)은 때때로 정부의 권한 밖에 있는 관심사나 요구들에 대하여 말한다. 서로의 대화는 정부의 프로그램이나 정책들을 지지, 비판, 감시, 평가를 위해 이루어질 수 있다. 정부가 개발한 접근방법들에서는 나타나지 않았던 의견차이가 페미니즘 운동과정 속에서는 발생할 수도 있다. 그러나 여성들 간의 다양성과 여성단체들과 정부간의 차이가 무엇이든지 간에 그들이 한 포럼으로 모인다는 것은 여성들의 집단적인 사고들을 서로 연결시키고 상호간의 공통점들을 확인할 수 있는 기회를 제공한다. 또한, 정부 프로그램이나 정책의 우선순위를 정하고, 서로간에 역할규정을 하며, 지지하고, 협력을 지속시켜 나가며, 성(gender) 문제에 민감한 발전 전략들과 목표를 모색해 나갈 수 있는 기회를 제공한다(GO – NGO Network 연도 미상).

페미니즘 여성단체들이나 민족주의 여성단체들의 개별회원들을 정부와 더 가깝게 만든 두 번째 계기는 정치와 공공정책에 여성들의 참여를 증대시키려는 목적으로 1992년에 광범위한 여성조직연합이 결성된 일이다. '정치와 공공정책에 참여하는 여성'(Ugnayan ng Kababaihan sa Pulitika 또는 UKP)이라는 이 연합은 부문대표로 여성 후보자들을 국회에 추천하거나 여성관련 10대 정치의제(Women Ten – Point Political Agenda)를 준비하는 등의 활동을 펴왔다. 후자는 1992년 몇몇 대선 후보자들에게 채택을 요구한 의제들이다. 이 연합은 또한 피델 라모스 전 대통령이 구성한 행정부가 최초 100일 동안 입법의제를 마련하는 데에 도움을 주었고, 이에 따르는 "행정부시작 60일~100일 동안의 여성의제"(Women's Agenda for the Administration's 60~100 days in Office)라고 하는 문건을 준비하는 데도 공을 세웠다.

UKP는 또한 라모스 대통령에게 보다 많은 여성들을 정부의 고위 관직에 임명할 것을 요구하는 정책건의서를 제출했다. 정부기관들과 여성단체들과의 대화를 주선하기도 했다. UKP는 '대중매체를 통한 민중의 권한향상: 정부 – 비정부기구의 공조'(People Empowerment thru Mass Media: A GO – NGO Partnership)라는 워크숍을 1992년 10월에 조직한 바 있다. UKP 사무총장은 이 포럼이 여성문제를 환기시키기 위해 정부의 미디어 기관들을 평가하는 것은 물론이고 여성과 미디어에 관한 정책권고에 참여할 수 있는 최고 수준의 토론장을 여성 참가자들에게 제공했다고 자랑스럽게 기록했다(UKP 연도 불명).

기층여성들의 전국 단체인 KABAPA, GABRIELA, 여성건강연대와 같은 진보적인 여성단체의 대표들은 UKP의 창단 멤버들이다. 그들은 UKP 프로그램들을 만들어내는 첫 단계에서 많은 도움을 주었다. 그러나 그들은 일부 지도자들의 무비판적인 태도와 친정부 정서에 대해서 점점 불편함을 느끼게 됨에 따라 UKP에 개입하기를 꺼렸다.

정부 – 비정부기구의 결성에 참여한 단체들은 정부를 운동에 끌어들이는 것이 위험하다는 것, 특히 정부의 페미니즘 담론과 언어 사용이 가져올 위험성을 인식하고 있음에도 불구하고, 정부가 여성단체에게 개발사업에 협력해 줄 것을 요청하는 것에 주목했다. 그러나 다른 단체들은 정부와의 거리를 계속해서 유지하는 쪽을 선택했다. 그들은 여성들이 경제적·정치적·사회적 자원들을 이용할 수 있는 기회를 증진시키기 위해 개발사업에 참여하긴 했지만 정부의 통제나 규제의 범위 밖에서 활동했다. 다음은 여성단체들이 추구하는 협동의 주요 형태들이다.

- 친여성 또는 성평등적 법안과 정책들을 만들어내고 관철시키기 위해 로비활동에 참여하고,

- 가난한 소외계층의 여성과 어린이들에게 직접적인 복지 및 건강 서비스(예를 들면, 모성건강 전문의료원, 위기상담시설, 구타당하거나 인신매매를 당한 여성들과 소녀들을 위한 쉼터, 신용대부시설, 사업개발시설 등)를 제공하고,

- 정부관료와 정책입안자들이 성과 관련된 정책들을 계획하고 중심과제화 하는 등, 성과 관련된 여러 사안들을 다룰 수 있도록 훈련시키고,

- 시·도, 지역 차원의 지역개발위원회에서 대표성을 갖으며,

- 민중조직들, 특히 여성단체들이 정부의 자원과 서비스를 이용하고 정치 및 선거 개혁을 위해 로비를 할 수 있도록 공동체를 조직하고,

- 정부의 프로그램과 프로젝트들을 감시, 평가하고,

- 정책과 프로그램 개발에 영향력을 행사하기 위한 캠페인 운동들을 지원하고,

- 처음에는 여성정당을 결성하여, 그리고 나중에는 비례대표제 (party list law)를 이용하여 여성 입후보자들을 의회에 진출시키고 선거정치에 몇몇 여성단체들을 참여시킨다. 이 법은 여성, 농민집단, 노동자, 도시빈민들과 같이 소외계층을 대표하는 사람들에게도 의석을 차지할 수 있는 기회를 부여한다.

여성운동의 가장 중요한 공헌 중의 하나는 경찰구역 안에 여성담당부서를 설치하는데 페미니즘 상담자들이 도움을 준 일이다. 사실상 비정부 여성기구들은 지방정부 부서들이 여성 가장들, 에이즈에 감염된 사람들, 그리고 매매춘 여성들과 같이 불리한 입장

에 있는 계층을 위해 대안적인 서비스 프로그램을 제공하고 노인 여성들을 위해 호스피스 치료를 제공하는데 있어서 꾸준히 위촉을 의뢰받아 왔다. 111개의 비정부기구와 여성단체들이 실시하고 있는 여성과 어린이들을 위한 프로그램들에 관해 작년에 실시된 조사에 따르면(Sobritchea 2000), 서비스의 직접적인 전달(예를 들면, 가정폭력 피해자를 위한 쉼터)에 있어서, 그리고 정책 지지뿐만 아니라 공동체를 조직하고, 훈련/교육시키는데 있어서 시민사회가 활발하게 참여해 온 것으로 나타났다(부록 B 참조).

지방정부에 참여한 여성단체들의 활동가운데 괄목할만한 것은 지방개발위원회의 참여이다. 지방정부단체들은 비정부기구들이 이 위원회에 참여하면서 개발 프로그램들의 이행을 기획하고 관장하는데 도움을 주고 있다고 하면서 그 공을 치하한다. 게다가 비정부기구들은 점차적으로 지방정책과 지방조례를 만드는 일에도 참여하도록 위촉받고 있다. 필리핀 내 지역들 중에서 적어도 세 지역은 지금 여성들의 권리와 복지를 신장하기 위한 자신들만의 조례를 갖고 있는 상태다. 또한 현재 여성들이 취업하고 신용 대부를 얻을 수 이는 기회를 증진시키고 있는 시(City)와 지방(Municipal) 수준의 조례들도 있다.

전에는 비정부기구들을 위한 개발기금을 국제기구들이 제공하였으나, 현재는 정부기관들을 통해서 제공되고 있다. 이로 인해 시민사회는 보다 더 치밀한 국가의 감시와 지도 하에 놓이게 되었다. 정부기관들은 기부자로서 감시할 수 있는 권력을 갖게 되었고, 이로 말미암아 시민사회가 대안적이고 혁신적인 프로그램들을 착수하는 것을 제한하면서 금융지원자로서의 역할을 하고 있다. 비정부기구들은 국가의 중기발전계획의 방향과 목표에 따라 자신들의 프로그램을 개발해야 하고, 정부기관들과도 좋은 관계를 유지해야 한다. 설상가상으로 그들은 현재 지역 엘리트, 특히 정치인의 부인들이 조직한 단체들과 한정된 자원을 놓고 경쟁해야만 하는 형편이다.

2. 정부와의 협력에 반대하는 사람들의 입장

어떤 여성단체 회원들에게는 정부에 대한 자신들의 변화된 태도와 정부가 발의한 프로그램의 참여도가 높아지는 것을 정당화하는 것이 문제가 되지 않지만, 어떤 이들은 이에 대해 훨씬 비판적인 입장을 취해 왔다. 국가의 민주화운동에 가담한 적이 있는 사람들은 계속해서 자신의 역할을 여성운동 내에서 평가해 왔고, 여성문제 해결의 진전에 대한 전반적인 정부의 수행능력을 비판적으로 보았다. 예를 들어 G-10은 정부의 개발목표와 계획이 여성들의 지위나 복지와 관련하여 갖는 함의, 특히 동아시아와 동남아시아의 소위 신생 산업국가들의 경험을 모방하려는 움직임을 잘 검토해야 한다고 주장했다. 가장 투쟁적인 여성단체들 중의 하나는 한 때, 라모스 전 대통령의 필리핀 2000 프로그램(Philippine 2000 program)에 대하여 매우 비판적인 입장을 견지했다. 그 단체는 오늘날까지도 무역개방의 세계화 노력에 참여하려는 정부정책에 대해 매우 비판적인 입장을 가지고 있다. 또한 구조조정과 개방정책이 도시와 농촌의 빈민여성들에게 미치는 부정적인 영향들을 보여주는 연구들을 끊임없이 발표해 왔다. 어떤 투쟁적인 여성단체들은 현재 필리핀 정부가 무역자유화를 지지하고, 해외에서 노동하는 필리핀사람들의 권리 보호와 빈곤 퇴치에도 실패했다는 점에 대해서 매우 비판적이다. '베이징 행동강령'(the Beijing Platform for Action)의 이행을 강화하기 위한 공동의 프로그램을 채택하기 위해서 2001년에 100여 개의 여성단체들이 회의에 참석했는데, 이 자리에서 필리핀 정부가 필리핀의 성불평등의 근본원인들에 대하여 즉각적으로 대처할 것을 요구했다. 회의 선언문은 다음과 같이 주장하고 있다.

> 우리는 세계무역기구(WTO)와 같은 다변적 기구들이 조장한 세계화라는 발전철학이 필리핀이 받아들이기로 한 베이징과 여타 유엔 대회들에서 채택된 여성의 권익향상과 인간발전이라는 철학과는 양립할 수 없음에 주목한다. 우리는, 이러한 불일치가 존재하는 마당에 정부는 권력을 가지고 있는 소수의 즉각적인 경제적 고려보다는 대다수 민중의 전반적인 발전에 우위를 두어야 함을 요구한다. … 우리는 정부가 지속적인 발전과 안정적인 고용창출을 보장하는 거시적인 경제정책을 채택함과 동시에 필리핀 민중, 특히 필리핀 여성들의 구체적인 관심사들을 증진시킬 것을 요구한다(PANANAW 2000).

이에 덧붙여서, 회의 참가자들은 정부가 여성과 어린이들의 성매매·매매춘·가정폭력, 그리고 여성들이 신용대부나 적절한 생산기술을 습득할 수 있는 기회부족 등의 문제들을 다루기 위해 특단의 조치를 취할 것을 요구했다.

V. 정부에 영향력 행사하기: 성문제화 노력의 결과들

앞에서 언급한 바와 같이 여성운동은 계엄시기 이후에 정부당국이 제공한 민주적인 공간을 최대한 이용했다. 여성운동은 이 공간을 통해 다양한 쟁점들을 기반으로 연합체를 조직하였을 뿐만 아니라, 법개정을 촉구하고 정부로부터 풍부하고 보다 나은 서비스를 받을 수 있는 기회를 요구하기도 했다. 1987년 헌법개정은 지방정부를 강화하고 연줄자본주의 근절을 위한 몇 가지 법 개혁으로 이어졌는데, 이는 여성단체들이 주장한 정책변화와 대안적인 프로그램들을 진척시키는데 어느 정도 도움을 주었다. 특히 정부로 하여금 양성평등을 증진시키도록 명령한 헌법조항은 모든 정부부처가 성 개념과 원칙들을 정부의 정책, 프로그램, 구조 및 과정에 있어서 중심으로 삼도록 하는 '성과 개발'(Gender and Development)이라는 틀을 공식적으로 채택하도록 요구하는 근거가 되었다. 필리핀 사람들은 '여성에 대한 모든 형태의 차별철폐에 관한 협약'(the Convention on the Elimination of All Forms of Discrimination Against Women 또는 CEDAW), '경제·사회·문화적 권리에 관한 국제규약'(the International Covenant on Economic, Social and Cultural Rights 또는 ICESC), 그리고 '아동들의 권리에 관한 협약'(the Convention on the Rights of the Child)과 같은 주요 국제인권 기제들을 비준·승인하고 확실하게 받아들였다(부록 C 참조).
비정부기구에 속한 여성들에 의해 추진된 정부 내 여성들과의 협력은 일반적으로 두 집단 모두가 성(gender)인식 관련 세미나를 열고 정부의 성차별적인 관행을 시정하는 일을 보다 수월하게 하도록 했다. 여성들의 지위를 향상시키기 위해서 정부가 채택한 발의 내용은 다음과 같은 것들을 포함한다.

- 담당부서와 지방정부 예산의 5%를 성과 개발(Gender and Development) 프로그램에 배정하고,

- 현재 모든 정부부처들의 성 주류화 노력에 지침을 제공하고 있는 '성과 개발 (관점) 30년 계획'(30-Year Gender and Development ＜Perspective＞ Plan)을 수립하고,

- 경찰서에 성 관련 범죄들을 담당할 여성부서를 설치한다거나, 위기상담시설을 설치한다거나, 그리고 학대당한 여성과 어린이들을 위한 쉼터와 법적 지원을 하는 것과 같이 여성들을 위한 다양한 서비스와 지원 프로그램을 개발하고,

- 가난한 여성들에게 생계수단과 신용대출 프로그램(예를 들면, 소액금융지원)을 제공하고,

- 교육제도가 성(gender)이라는 주제, 쟁점, 그리고 원칙들을 교과과정에 포함시킬 수 있도록 정책지침을 제공하고,

- 여성에 대한 법적 차별 철폐와 여성의 인권을 보호하고 여성들이 개발에 참여하는 것을 증대시킬 수 있는 법률과 시행령들을 통과시킨다(부록 D 참조).

계엄시기 이후 정부는 여성문제에 대해서 보다 수용적이고 양성평등을 촉진하기 위한 프로그램들을 개발해 왔지만, 여성의 재생산과 관련된 권리라든가 경제권에 대한 민감성에 대해서는 아직 많은 것들이 요구된다. 정부는 근대적인 피임도구의 사용을 장려해서는 안 되고 유지 가능한 인구정책을 개발해서도 안 된다는 카톨릭 교회로부터의 압력을 이겨내지 못해왔다. 1994년 '인구와 개발에 대한 카이로 국제협약'(Cairo International Convention on Population and Development)의 내용을 국가가 비준했음에도 불구하고, 여성들이 원치 않거나 어린 나이에의 임신, 또는 낙태합병증이나 영양실조로 인한 사망으로부터 여성들을 보호하지 못하고 있다. 3분의 1에 가까운 인구가 빈곤 수준이하에서 살고 있는 상황에서, 수백만 명의 여성들은 쥐꼬리만한 수입으로 3명에서 많게는 10명의 자녀를 양육하고 있다.

Ⅵ. 계속되는 도전들

앞에서 언급한 것처럼 여성운동은 정부가 관료제에 성 의식을 불러일으키고, 법적 개혁을 단행하며, 성문제에 대응하는 프로그램들을 이행하려는 시도들을 실로 적극적으로 지지해 왔다. 이러한 여성운동은 후원자들의 활용과 정부기금을 통해서 이뤄졌다. 여성단체들이 정부에 비판적으로 참여함으로써, 몇 개의 친 여성적인 법을 통과시키고 프로그램에 성(gender)관점을 불어넣을 수 있는 기제들을 발전시키는 등의 몇몇 긍정적인 결과들을 가져왔다.

그러나 불행하게도 모든 것들이 그런 긍정적인 결과들을 가져온 것은 아니다. 몇몇 투쟁적인 여성단체들은 정부의 성(gender) 프로그램들이 단지 임시 웅변적이며 겉치레를 위한 노력에 불과하다고 규정해 왔다. 그리고 정부와 함께 일하는 단체들은 정부가 그들 자신을 모방하여 활동가들과 페미니스트들의 언어와 상징을 이용하는 것을 도와주었다는(허용하지 않았다면 최소한 도와주었다는) 비난을 받아왔다. 그들은 정부가 교육받은 중산층 여성들에게 정부주도의 훈련과 절차(예를 들면, 정책자문)에 참여할 수 있는 더 많은 기회를 줌으로써 빈곤과 군사화라는 보다 시급한 문제들로부터 여성의 관심을 빗나가게 하는데 성공해 왔다고 주장했다. 그들은 또한 정부가 산업지구나 발전소들을 건설하려는 목적으로 지역의 주민들, 여성, 남성, 어린이들을 강제로 쫓아내는 것을 그만두라는, 지역 및 국제 인권조직의 권고를 여러 차례 무시했다고 덧붙였다.

이와 같이 여성운동 내에서 페미니즘 단체들은 성장해 왔고, 여성운동은 기존의 단체들과 여러 새로운 여성 시민단체, 사교모임,

종교연대 및 전문가 조직의 결성에 새로운 활기를 불어넣었다는 점을 나는 덧붙이고 싶다. 이러한 단체들은 일반적으로 여성과 성(gender) 관계에 대하여 보수적인 관점을 가지고는 있지만, 지난 10년 동안 여성들의 정치와 정부활동에 참여하는 것을 적극적으로 지지해 온 것도 사실이다. 이런 단체들은 교육받은 상층계급 여성들이 정부의 주요 관직에 임명되도록 하기 위해서 선거정치나 캠페인의 최전선에서 활동해 왔다. 여성단체 회원들은 가족계획이나 외채, 농업개혁, 매매춘 등의 사안들과 관련하여 카톨릭 교회나 정부의 편을 들어왔다. 그들은 페미니즘에 대하여 달변으로 비판하면서 여러 차례에 걸쳐 가난한 여성들의 관심사에 부응하는 법안과 정책들의 통과를 막는데 성공했다. 이러한 부류에 속하는 연합조직은 500개 이상의 등록된 회원단체들과 최소한 800만 명의 회원들을 확보하고 있다고 주장한다.

앞에서 언급한 단체들과 다양한 경제·사회적인 사안들에 대해 가지는 그들의 입장을 정부 관료들이 공공연히 지지하는 것은 시민사회와의 갈등의 원천이 되어왔다. 정부는 프로그램들을 성공적으로 이행할 수 있는 능력이 있는가의 여부에 대한 고려 없이 그들에게 발전기금을 쏟아 붓는다고 종종 비난을 받아왔다.

Ⅶ. 결 론

이 글은 여성운동이 페미니즘적이고 민족주의적인 의제들을 관철시키는 과정에서 자유와 자율성을 경험함으로써, 지난 20년 동안 규모나 영향력 면에서 성장해 왔음을 보여주고자 했다. 여성단체들은 주류 민족주의 운동에서 발생하는 정치적인 긴장에 크게 신경 쓰지 않고, 좌파 내에서, 비정부기구들의 공동체 안에서, 그리고 보다 큰 사회영역 안에서 페미니즘 관점들과 프로그램들을 관철시키는데 있어 괄목할만한 비약을 이루어냈다.

처음에 여성운동의 의제는 계급 불평등의 문제를 다루는 페미니즘 정치를 건설하는데 집중하였으나, 이후에는 여성들의 재생산과 관련된 권리들이나 동성애자들의 인권 옹호, 매매춘과 성매매를 포함한 모든 종류의 성폭력 퇴치 등을 지지하는 것으로 확장됐다. 빈곤, 환경파괴, 외채, 국내에 주둔하고 있는 외군기지의 문제, 그리고 여타의 국가적 사안들은 중요한 여성문제들로, 페미니즘적 입장의 한 부분으로 받아들여졌다.

여성운동의 성격을 규정하는데 도움이 된 몇 가지 요인들을 살펴보면 다음과 같다. 회원들 간의 이념적인 차이, 개발기금의 이용 가능성, 그리고 정부가 민주적인 공간을 제공함으로써 여성단체들이 그 안에서 활동하도록 고무된 정치 환경 등이다. 많은 여성단체들은 개발기금을 이용하여 조직을 강화하고, 회원 수를 늘리고, 의식고양이나 기술연마, 연구 및 생계수단 개발 등을 위해서 여러 가지 다양한 활동들을 벌일 수 있었다. 불행하게도 이러한 프로그램들의 방향과 내용은 자금제공기관들의 우선순위와 요구조건들에 의해서, 그리고 후에는 정부의 개발계획에 의해서 많은 영향을 받았다.

여성운동 내의 심각한 긴장의 원천은 정부와의 협력 문제를 어떻게 풀어갈 것인가 하는 점이다. 어떤 이들은 정부와의 비판적인 협력모델을 통해서 여성들의 권리신장이 가능하다고 보고 실제로 그 가능성들을 이용하는가 하면, 다른 이들은 이를 돈 때문에 하는 배반적인 행동으로 간주한다.

나는 정부가 제공하는 범위 내에서 페미니즘과 타협을 해 나가는 일이 그렇게 쉬운 것이 아님을 주장하고 싶다. 타협은 정치적인 긴장으로 가득하다. 페미니즘 활동가들은 오랫동안 정부와 함께 일하는 것이 정부의 가부장제적인 방식들을 정당화하고 새로운 형태의 성차별적 통제와 규제의 재생산을 도울 수도 있다는 점을 인식해 왔다. 그럼에도 불구하고, 앞에서 언급한 바와 같이 비판적 참여의 성과는 괄목할 만하고 동시에 실질적으로도 의미가 큰 것이었다. 예를 들면 여성단체들이 가정폭력과 실업, 영양실조와 같은 문제들을 다루어야 하는 긴급한 요구가 있을 때 모든 관련 부처와 기관들이 협력하여 추진될 수 있다.

필리핀의 지배적인 상황은 페미니즘 정치학의 재분석을 요구하고 있다. 최근 자료에 따르면 연간 정부예산의 40%가 외채상환에 쓰이는 것으로 나타났다. 이는 필리핀 여성 대다수의 지위와 삶의 질을 증진시키는 각고의 노력을 가로막는 주요한 장애가 될 것이다. 필리핀 가구들의 거의 반이 빈곤선 이하에서 생활하고 있다. 여성들은 자녀양육과 가정관리에 있어 계속해서 우선적인 책임을 맡고 있으면서 경제적으로도 생산적이기를 강요당하기 때문에 빈곤에 의해 가장 심한 타격을 받게 된다. 여성들의 경제적인 권한을 향상시키자는 개념은 광범위한 개입을 필요로 한다. 단기적으로는 취업기회, 생산기술 그리고 자본을 공평하게 제공받을 수 있는 기회를 요구하는 빈곤층들의 시급한 요구들을 수용할 수 있고, 장기적으로는 빈곤의 구조적 근원을 극복하고자 하는 전략적인 관심사에 부응할 수 있어야 하는 것이다. 여성 운동에 있어 가장 어려운 문제는 지구화 및 경제·금융 위기 가운데서도, 새로운 기회를 만들어 내고 동시에 여성들이 이용 가능한 한정된 경제자원들(예를 들면, 식량이나 전통기술)을 보장하고 지켜내는 것이다.

게다가 여성들의 재정상황은 지난 몇 년 동안 악화되어왔다. 여성이 가장인 가정들의 적자지출비율은 남성가장의 가정들보다 높다. 이러한 경제적 어려움 가운데서도 정부는 농지를 산업용지로 전환하고 지역민들을 전통적인 생계수단으로부터 쫓아내어 재배치하는 프로그램을 계속해서 추진하고 있다. 자국을 외국자본과 서비스, 상품에 대하여 계속해서 개방해 나가는 정책은 가족경제와 지역경제가 스스로 유지할 수 있는 능력을 약화시키고 있다.

향후 여성운동은 좌파와 사회에 대해서 성/여성 문제와 국가적 문제들에 대한 페미니즘 분석의 타당성을 계속해서 변호하고 정당화시킬 수 있어야 한다. 여성운동이 사회변혁의 주창자로서의 살아남을 수 있는 가능성과 그 효율성은 크게는 여성운동이 어떻게 구조변화를 추구하면서 동시에 개량주의의 함정에 빠지지 않을 수 있는가에 달려 있다. 많은 여성문제들에 대한 대중적인 호소력과 매력 때문에 페미니즘 의제가 정부 내외의 보수적인 요소들에 의해서 이용되거나 재해석될 위험이 존재한다.

사실상, 민족주의적 여성단체들이 자신들의 입지를 공고히 하고 계급에 기반한 사안들과 국가적인 사안들을 위해 운동에 뛰어들고 있는 반면에, 다른 단체들은 정부가 제공한 공간의 안팎에서 여성들의 특수한 문제를 계속해서 추구하고 있는 한, 미래에는 이념적이고 정치적인 차이가 더욱 더 첨예해 질 수 있다. 여성운동 내의 연대나 분화의 정도를 결정하는 가장 결정적인 요인은 각 여성조직이나 단체가 정부에 대해서 갖는 입장, 특히 어떤 단체가 정부기관들과 어느 정도의 협조를 할 의향을 갖고 있는가가 될 것이다. 여성운동 내에서의 연대는 개발사업들의 가능성과 한계 그리고 정치적 실천의 필요성에 대한 이론적인 이해에 달려 있다.

따라서, 여성운동이 당면한 가장 어려운 문제는 향후 이 운동이 페미니즘적 투쟁의 본질을 훼손하지 않으면서 변화를 위한 가장 창조적인 전략으로 그 규모와 범위를 확장해 나가야 한다는 점이다.

부록 A

<표 1> 필리핀의 주요 여성단체들

단체명(Name)	대상 부문/영역	프로그램/서비스
여성건강연대 (Alliance for 　Women's Health)	모든 여성들: 전국	▶ 재생산과 관련된 　여성건강(Reproductive 　Health)과 권리 옹호 ▶ 정책 – 활동 연구 ▶ 여성건강에 대한 국제적 　지역적 연계
필리핀 여성매매 연합 (Coalition Against Tra –fficking in Women, 　Philippines)	학대받고, 거래되고 성매매되는 여성들; 전국, 그리고 아시아 태평양연합 회원	▶ 훈련과 교육 ▶ 연구와 출판 ▶ 캠페인 운동 ▶ 매매 사례 드러내기 ▶ 그룹 형성하기
채무자유연합, 여성위원회 (Freedom from Debt Coalition, Women's Committee)	산업, 농업과 비공식 영역에서 일하는 여성, 비정부기구들, 정치연합체, 청소년	▶ 정책분석 ▶ 연구 ▶ 집단교육 ▶ 캠페인 운동 ▶ 성(gender)에 대한 훈련
국가여성연맹 (GABRIELA)	도시와 시골의 빈민 여성들; 성(gender) 폭력의 피해자들, 토착(지역) 여성들, 여성 공장노동자들 : 국제지부들과 함께 전국적	▶ 조직화 ▶ 네트워크 형성 ▶ 교육과 훈련 ▶ 정책분석 ▶ 연구 ▶ 캠페인 운동
10개 단체 (Group of 10)	모든 여성들: 전국; 사안중심(Focus)	▶ 조직화 ▶ 교육과 훈련 ▶ 캠페인 운동 ▶ 연구
말라양 킬루산 닝 (Malayang Kilusan ng)	가난한 도시와 시골 거주자들	▶ 조직화

진보여성자유운동 (Bagong Kababaihan)	여성; 토착 여성들; 전국	▶정치 교육 ▶정치적 캠페인
사회주의 페미니스트 (SARILAYA)	도시와 시골의 빈민 여성들; 전국	▶조직화 ▶정치 교육 ▶정치적 캠페인 ▶지원 활동
입법지지 네트워크 (SIBOL;여성 우호적 법률개혁 법안 통과를 위해 일하는 여성 그 룹 네트웍)	모든 여성들; 전국	▶현행법과 의회에 계류중인 법안 분석 ▶대안적인 법안 작성 ▶로비활동 ▶캠페인 운동

정치와 공공정책에 참
여하는 여성
(UKP)
	모든 여성들; 전국	▶정치와 통치영역에
		  여성들의 보다 많은
		  참여 지원
		▶지도자 훈련
		▶연구

개발을 위한 여성행동 네트워크(Women's Action Network for Development)	모든 여성들; 전국	▶훈련과 교육 ▶연구 ▶캠페인 운동

필리핀 여성학회
(여성학을   가르치고
있는 60개의 종합대학
과 단과대학 네트워
크)
	교육자, 교직공무원과
	정책제정자, 학생,
	학생지도 담당자들
		▶여성학 교과과정 개발
		▶연구와 출판
		▶캠페인 운동
		▶페미니스트 상담,
		  교수법 그리고 연구를
		  위한 훈련

부록 B

<표 2> 111개 여성 단체들이 실시하고 있는 프로그램들

프로그램	퍼센트
1. 복지 서비스	
• 가정 방문	17.0
• 학대당한 여성과 어린이들을 위한 쉼터 운영	26.0
• 법률서비스	11.0
2. 성(gender) 훈련과 교육	
• 교육자 훈련	10.0
• 성(gender) 인식 세미나	19.0
• 여성 리더쉽	25.0
• 재생산 관련 건강과 권리	15.0
• 비공식적인(탈문맹) 훈련	8.0
3. 보건과 의료 서비스	
• 위기 상담	20.0
• 의료 서비스	12.0
• 재생산 관련 건강 클리닉	20.0
• 가해자를 위한 치료	2.0
• 정신과 상담	4.0
4. 생계수단과 소규모 사업	
• 소규모 사업/기업 개발	45.0
• 소액 신용대출	31.0
5. 지원(후원)	
• 성(gender)와 개발	11.0
• 여성과 어린이에 대한 폭력	12.0
• 성매매와 매매춘	6.0
• 미디어에서 성차별주의	3.0
• 경제개혁	10.0
6. 연구	
• 여성과 건강	27.0
• 여성, 노동 그리고 경제	18.0
• 성매매와 매매춘	16.0
• 여성에 대한 폭력	16.0
• 여성과 정치	11.0
• 여성과 미디어	2.0

자료: Sobrichea 1999, 여성과 소녀들을 위한 프로그램 조사. 여성학 UP센터와 꼰수엘로 소벨 알제르 재단(Consuelo Zobel Alger Foundation).

부록 C

<표 3> 국가별 국제인권협약인준 현황(2000년 2월 현재)

국가 (동남 아시아)	난민들의 지위에 관한 국제협약	모든 형태의 인종차별 철폐에 관한 국제협약	시민적, 정치적 권리에 관한 국제규약	경제적· 사회적· 문화적 권리에 관한 국제규약	여성에 대한 모든 형태의 차별철폐에 관한 협약	고문 및 비인간적인 대우와 처벌에 대한 협약	아동의 인권에 관한 협약
싱가 포르	+	?	?	?	+	?	+
브루 네이	?	?	?	?	?	?	+
말레이 시아	?	?	?	?	+	?	+
필리핀	+	+	+	+	+	+	+
태국	?	?	+	+	+	?	+
인도네 시아	?	+	?	?	+	+	+
미얀마	?	?	?	?	+	?	+
라오 공화국	?	+	?	?	+	?	+
캄보 디아	+	+	+	+	+	+	+
베트남	?	+	+	+	+	?	+

? : 인준이나 승인이 되지 않음.
* : 1999년 인간개발보고서(Human Development Report)에 기초함.
+ : 확실하게 승인, 비준, 인정, 채택됨.
자료: 1999~2000년 인간개발보고서(Human Development Report). UN 개발
　　프로그램, 옥스퍼드 출판부.

부록 D

<표 4> 여성관련법들 (1990년□현재)

RA 번호 날짜	법률명	핵심점
6955 06/13/90		통신주문이나 다른 유사한 방법들 즉, 광고, 출판,팜플렛이나 전단지 그리고 기타선전물의 배포를 통해 필리핀 여성과 외국 남성간의 결혼을 중매하는 행위를 불법으로 선포하기 위함이다.
6972 11/23/90	어린이들의 총체적인 개발과 보호를 위한 법	어린이들을 총체적으로 개발시키고 보호할 수 있는 어린이집을 모든 바란가이(barangay)에 설립하도록 한다.
7322 02/05/92	민간부문 여성노동자 출산수당 인상을 위한 법	공화국법 제 1161조의 14 – A항(출산휴가 수당)이 수정되고, 또 재차 수정되었다.
7192 02/12/92	개발과 국가 건설에의 여성참여를 위한 법	개발과 국가 건설에서 여성을 남성의 동등하고 완전한 파트너로 통합(조직의 동등한 구성원, 군사학교에의 입학, 자발적인 PAG – IBIG, GSIS 그리고 SSS에의 혜택 등)시킬 것을 도모하고자 한다.
7600 06/02/92	모자동실(Rooming – In)과 수유에 관한 법 (1992)	여성들에게 모자동실과 수유시간을 제공하는 모든 공·사립 보건기관에 인센티브를 제공하는 법. 국가는 수유를 북돋우고 보호·지지하기 위해 국가정책으로 모자동실을 채택한다. 이것은 모자동실과 수유를 통해 엄마와 아기간의 육체적, 감정적 그리고 심리적인 요구들이 충족되는 환경을 만들 것이다.
7655 06/04/93	가사보조자들의 최저임금 인상을 위한 법	대통령령 제 442조의 143조항을 수정한 것이다.

7877 02/14/95	성희롱 방지(1995)	고용, 교육 그리고 훈련의 환경에서 성희롱은 불법임을 선포한다.
7882 02/20/95	소규모사업, 자영업 등을 하는 여성들 지원법	이법의 목적은 스스로가 소규모 단위의 사업장을 소유하거나 경영 관리하고자하는 필리핀 여성들에게 가능한 모든 지원을 제공하는 것이다(대출지원과 기술훈련).
8042 06/07/95	이주노동자와 해외 필리핀 사람들을 위한 법 (1995)	국가는 노동자(국내든 해외이든 조직화되었건 비조직화되었건간에)의 완전한 보호를 위해 노력할 책임을 가지고 있다고 확언하며, 사회에 편재되어 있는 여성과 남성간의 불평등과 불공정을 인식한다. 국가는 무료 법적 지원, 해외 여행에 대한 조언, 관련 재외 필리핀여성들의 본국송환을 알선하고 이주노동자와 해외 필리핀 사람들을 위한 자원 센터를 설립할 것이다.
8171 10/23/95	외국인과의 결혼으로 필리핀 국적을 박탈당한 필리핀 여성들과 재외 필리핀 사람들의 본국송환에 관한 법	외국인과의 결혼으로 필리핀 국적을 상실한 필리핀 여성들과 정치적·경제적인 필요성 때문에 필리핀 국적을 박탈당한 재외 필리핀 사람들은, 그들의 미성년 자녀들을 포함하여, 수정된 국법 제63조의 4항에 따라 본국송환을 통해 필리핀 국적을 재획득할 수 있다.
8187 06/11/96	부성휴가법(1997)	기혼 남성 피고용인은 배우자의 출산이나 유산시 부인의 회복이나 신생아를 돌보는데 효율적으로 지원을 할 수 있도록 7일간 유급휴가를 가질 수 있도록 허용한다.
8353 09/30/97	강간방지에 관한 법 (1997)	강간죄를 인간성에 반한 범죄와 동일한 것으로 재분류함으로써 강간죄의 정의를 확장시켰다.

8505 02/13/98	강간피해자 지원과 보호법(1998)	- 모든 주와 시에 강간위기센터를 설치함으로써 강간 피해자들을 지원하고 보호한다. - 강간위기센터는 다음과 같은 목적을 위해 설립된다: ① 강간 피해자들에게 법의학적 조사를 비롯하여 심리 상담, 의료와 보건 서비스를 제공 ② 필요시 강간 피해자들을 위해 무료 법률지원과 서비스 보장 ③ 가해자의 신속한 체포나 법정 기소를 위한 조사시 강간 피해자를 돕는다 ④ 강간 피해자의 사생활이나 안전 보장 ⑤ 강간 피해자들의 가족을 위해 필요시 심리상담과 의료 서비스 제공 ⑥ 법 집행관, 검사, 법률가, 법의학과 직원, 사회사업가 그리고 인권과 책임, 성(gender)인식과 강간 사건의 법적 관리에 종사하는 바란게이(barangay) 공무원들을 위한 훈련 프로그램의 개발과 수행 ⑦ 강간피해자들의 회복을 위한 프로그램의 수용과 실행. - 강간방패(rape shield): 강간 사건의 기소에 있어서 강간은 원고의 과거 성행위의 증거, 즉 그/그녀의 평판에 대한 의견이나 그것으로부터 나온 견해는 법정이 알아낸 바에 따라 그러한 증거가 구체적이고 그 사건에 관련되는 범위에서만 받아들여지고 그렇지 않으면 기각된다.
8972 11/07/00	편부모를 위한 복지법(2000)	- 편부모와 그 자녀들에게 각종 혜택을 제공하고자 한다. - 정부부처들은 편부모와 그들 가정을 위해서 포괄적인 사회개발을 위한 서비스들과 복지 서비스들을 제공할 것이다. 그 서비스들은 ① 생계수단 개발 서비스 ② 상담 서비스 ③ 부모로서의 효율성을 높이기 위한 서비스 ④ 스트레스 관리 전략을 포함하여 치명적인 사건으로 인한 스트레스에 대한 보고 ⑤ 보호가 필요한 개인들을 위한 특별 프로젝트 마련 등을 포함한다. - 편부모들에게 제공될 또 다른 혜택이나 특혜로는 ① 유연한 노동 스케줄 ② 차별화된 노동 ③ 양육휴가 ④ 교육수당 ⑤ 주택보조금 ⑥ 의료 지원이 있다.

ㅁ 참고문헌 ㅁ

Angeles, Leonora C. 1989. Feminism and Nationalism: The Discourse on the Woman Question and Politics of the Women's Movement in the Philippines. M.A. Thesis, University of the Philippines, Diliman Quezon City.

Anonuevo, Carolyn Medel. 1990~1991. "Possibilities of theorizing in the Women's Movement: The Philippine Experience." Review of Women's Studies, 1(2). pp. 50－56.

De Dios, Aurora J. 1989. "Participation of Women's Groups in the Anti－Dictatorship Struggle: Genesis of a Movement." Women's Role in Philippine History: Papers and Proceedings of the Conference, held on March 89, 1989. Quezon City: University Center for Women's Studies, University of the Philippines.

GABRIELA. 1993. Women's Rights are Human Rights. Quezon City: The Philippines

Gomez, Maita. 1991. "Women's Organizations as Offshoots of National Political Movements." Sr. Mary John Mananzan, ed. Essays on Women. Manila: Institute of Women's Studies.

Pagaduan, Maureen. 1992. "National Liberation and Women's Liberation: The Split View." Diliman Review. 40(4) pp. 26－35.

Santos, Aida F.. 1984. The Philippine Women's Movement: Problems of Perception, Proceedings: Seminar to Prepare the Alternative Philippine Report on the Impact of the Decade for Women. Quezon City: PILIPINA.

______________ and Lynn Lee. 1989. The Debt Crisis: A Treadmill of Poverty for Filipino Women. Quezon City: KALAYAAN.

Serrano, Isagani R. 1994. Civil Society in the Asia－Pacific Region. Washington D.C.: CIVICUS.

Sobritchea, Carolyn. 2000. "Prioritizing the Challenges Before the Countries in Asia and the Pacific." Paper presented during the UN ESCAP Expert Group Meeting to Strategize on the Regional Implementation of the Outcome Document of the Global Review of the Beijing Platform for Action. November 30—December 3, Bangkok.

_______________. 2001a. "Women's Issues and Representations of Women's Rights in Southeast Asia." A. Malay(ed.). Going Global: Asian Societies in the CUSP of Change. pp. 53—73. Quezon City: Asian Center, University of the Philippines.

_______________. 2001b. Women in Southeast Asia: Have They Come a Long Way? Perspectives. 4. Manila: Konrad—Adenauer Stiftung.

_______________. 2001c. "The Second Wave of the Women's Movement in the Philippines and the Evolution of Feminist Politics." Paper read at the International Conference.

□ 자료와 미간행 보고서 □

Alliance of Women's Health. (n.d.). Notes on Its History, Organization Structure, Network Objectives, and Activities. 5 pages.

PANANAW 2000. Diliman Declaration. National Conference on the Beijing +5. U.P. Diliman, February. 10(2).

DIWATA. 1993. Annual Plan. 6 pages.

Group of Ten. Consultation Report for 1993. 4 pages.

Group of Ten. Notes on its History, Policy Concerns, and Membership Profile. (n.d.). 5 pages.

GO—NGO Network. (n.d.). History of Women GO—NGO Network. 10

pages.

National Steering Committee for the Preparation of the NGO Paper for the 4th UN World Conference for Women in 1995. Minutes of Meetings; Report of Activities; Consultation Reports, and Other Documents.

Dayang Women's Center. (n.d.). Women Speak out on Prostitution. Position Paper. GABRIELA Commission on Violence against Women, Women's Education, Development, Productivity and Research Organization (WEDPRO), with the Office of the Vice Mayor of Quezon City. 4 pages.

Philippine (Republic). The Philippine Country Report on Women, 1986— 1995. Preliminary Draft.

Philippine Muslim Women's Association. (n.d.). Notes on its History Organizational Structure, Objectives, and Activities. 24 pages.

Sobritchea, Carolyn. 1999. Survey of Programs for Women and Girls. Quezon City: UP Center for Women's Studies and the Consuelo Zobel Alger Foundations

________________. 2000. Survey of Reproductive Health and Family Planning Programs in the Philippines. Quezon City: UP Center for Women's Studies and the Consuelo Zobel Alger Foundation.

________________. 2000. Prioritizing the Challenges Before Countries in Asia and the Pacific: Remaining Issues, Emerging Concerns and Future Actions. Paper prepared for the Expert Group Meeting to Strategize on the Regional Implementation of the Outcome Document of the Global Review of Beijing Platform for Action, Bangkok, November 30—December 1, 2000.

UKP. (n.d.). Secretary General's Report. 6 pages.

제2장
여성과 국가

독일 이민여성들의 인권현황

강 정 숙*

I. 서 론

2002년 3월에 제정된 독일의 새 이민법은 역사상 처음으로 독일이 이민을 받아들이는 나라임을 인정하고 있다. 이전까지는, 유럽 모든 국가들 중에서 독일에 가장 많은 외국인들이 살고 있었음에도 불구하고 공식적으로 이런 현실을 부인해 왔다. 특히 지난 50년간 많은 이민자들이 노동자, 노동자의 가족, 혹은 난민 등의 지위로 독일에 입국했다. 이와 같은 독일의 공식적인 이민정책은 이들 이민자들이 독일사회에서 처하고 있는 상황과 밀접한 관계를 갖고 있다.

독일 내 (여성)이민자들의 생활조건은 불평등한 권리와 사회적 지위로 특징 지울 수 있다. 그들 대부분은 30년, 40년, 혹은 50년 동안 독일에서 가족들과 살고 있지만 그들의 지위는 여전히 외국인으로 분류되면서 기본적인 권리마저 보장받지 못하고 있다.

게다가 여성 이민자들은 남성 이민자들보다 더욱 불리한 상황

---

* 독일 뮌헨시 다문화프로그램 책임자.

이다. 독일의 법들이나 특별규제들은 여성 이민자들을 부당하게 대우한다. 그들은 또한 독일사회에서 구조적인 폭력으로 인해 차별을 당한다. 성차별과 인종차별이 마치 그물처럼 얽혀 있는 것이다. 독일에서 어느 사회계층에 속하는가는 어떤 민족에 속해 있는지가 중요한 요인으로 작용한다. 따라서 (여성)이민자들 사이에도 사회적, 법적 지위에 따라 위계가 존재한다. 독일인들이 자신들을 이해하는 방법은 문화민족이라는 생각, 그리고 인종적, 문화적 동질성을 갖고 있다는 신화에 기초하고 있는데, 이는 역사적 사실들과는 다르다.

이 신화는 이미 얼마 전에 독일역사상 불행한 결과들을 만들어냈고, 그리고 지금은 이민자들에게 무거운 짐이 되고 있다.

사람들간의 평등과 개별성, 그리고 다양성의 정치학을 인정하는 일은 독일에서 민주주의를 더욱 발전시키고, 나아가 여성 이민자들이 처해 있는 인권 상황을 개선하는데 있어서 불변의 필수조건이다.

독일의 여성 이민자들의 인권 상황과 관련해서는 다음과 같은 점들을 주목해야 한다.

- 외국인으로서 그들의 법적 지위, 그리고

- 민족·문화·민족적 소수집단의 일원이라는 지위 등이다.

여성 이민자들이 가진 중요한 문제점들은:

- 독일 여권이 없는 이민자들(즉, 외국인들)은 시민적 권리(civil rights)가 없다.

- 모든 이민자들, 심지어 독일 국적을 얻은 이민자들도 '동질적

인 게르만 문화민족'이라는 신화 때문에 자유롭지 못한 생활을
한다.

여기서는 우선 시민적 권리의 문제를 논의하고 나서 인종적, 문
화적 측면들을 논의해 보고자 한다.

Ⅱ. 외국인들의 집단적 자기결정권의 부인

독일 헌법은 다음과 같이 규정하고 있다. "인간의 존엄성은 훼
손될 수 없으며"(§ 1), "아무도 그/그녀의 성, 태생, 인종, 언어, 출
생지, 종교나 정치적 견해로 인하여 불이익을 당하거나 특혜를 누
리지 못한다"(§ 3.3). 이것은 많은 이민자들에게 있어서 한갓 우스
개 소리로 밖에는 들리지 않을 것이다.

헌법은 시민적 권리와 인권을 구별하고 있다. 시민권(citizenship)
은 차별을 금하는 기본 조항들 중에 언급되어 있지도 않다. 비시
민권자들에 대한 차별은 순전히 법리 원칙적인 태도에 기초한다.
그들에게는 집회의 자유, 여행과 거주의 자유, 노동시장에 자유로
이 접근하는 것과 같은 기본적인 시민적 권리들이 없다. 다른 시
민적 권리들은 제한적으로 적용된다.

이민자들의 법적 지위는 많은 경우에 그들의 실제 생활조건들
과는 정반대이다. 독일에 살고 있는 7백만 외국인들의 70% 이상
이 독일에서 10년 이상 살고 있다. 외국인 자녀들의 80% 이상이
독일에서 태어났으며, 이들은 독일을 자기 고국으로 생각하고 있
다. 법리 원칙주의자들이 시각으로 보면 그들은 '외국인들'이지만,
사실상 그리고 사회학적으로 보아도 그들은 '토박이들'인 것이다.

‘외국인들’은 민주주의 절차에 참여할 권리조차 갖고 있지 못하다. 연방 선거와 주 선거에 있어서 그들은 선거권을 행사할 수 없다. 마스트리히트 조약(Maastricht Treaty) 이후 시 수준의 선거권은 주어졌으나, 그것은 유럽연합국가의 시민권자들에게만 주어졌다. 그래서 모든 외국인들의 75%는 이런 기본적인 참정권마저 누리지 못하고 있다.

의회규칙은 예전에 "대표권 없이는 세금을 낼 수 없다!"라는 인식에서 출발하여 발달되었다. 이런 맥락에서 보면 독일의 외국인들은 아직 의회정치 이전 상태에 살고 있는 것이다. 외국인 여성들은 훨씬 더 나쁜 상황에 처해 있다. 그들은 날마다 인종차별 및 가부장적 구조들과 단단히 맞물려 있는 성차별에 직면하고 있다. 외국인 여성들은 특별한 법적 제약들에 얽매어 있다. 다음에는 외국인 여성들을 대상으로 한 야비하면서 전형적인 인권유린의 사례들을 살펴보자.

Ⅲ. 가족보호의 부재와 배우자 선택의 부자유

오로지 노동력 증강만을 목표로 삼던 독일회사들의 이해관계가 외국인들의 이주를 부추긴 탓으로, 처음에는 가족중 한 사람만이 배우자와 자녀들은 본국에 남겨둔 채 이주노동자로 고용되어 독일에 왔다. 가족들은 서로 헤어질 수밖에 없었다. 그래서 여성 외국인들 중 압도적인 다수는 독일 당국자들이 가족재결합정책을 채택한 후에야 남편들을 따라 올 수 있었다. 여성 외국인들의 약 25%만이 혼자 이주노동자로 독일에 왔다. 이와 같이 외국인 가족들을 이산시키는 것은 흔히 외국인들에 관한 법률(예를 들면,

Aliens Act)과 관련되어 있다.

1981년 이래로 사회민주당(SPD)과 자유민주당(FDP)의 연립정부 기간 동안에 가족 재결합에 관한 정책은 크게 축소되었다. 독일 헌법에서 누구에게나 부여하는 기본 인권들, 예를 들면 가정과 결혼생활의 보호와 같은 것들은 유럽연합국가 출신이 아닌 외국인들에게는 모두 부인되거나 제한된 형태로만 부여되었다.

외국인 법에 따르면 배우자와 자녀들은 다음의 조건들 하에서만 그들의 배우자와 부모들을 따라 독일에 올 수 있다.

- 배우자가 합법적으로 독일에 거주할 자격이 있어야 한다.

- 배우자가 정규 수입과/이나 자신의 자산으로 온 가족을 보통 수준의 생활을 할 수 있도록 부양능력이 있어야 한다.

- 가족 전체를 위해 (각 가족성원마다 최소한의 공간을 가질 수 있는) 적합한 주거시설을 확보해야 한다.

이 중에서 특히 마지막 요구 조건 때문에 충분한 공간이 있는 아파트를 확보 할 수가 없어서 15년이 지났는데도 아직 헤어져서 (한 배우자는 독일에, 그리고 다른 한 배우자는 코소보에) 사는 부부들도 있다.

일정 기간동안에 주거가 확실치 않으면 추방당할 수 있는 사유가 되므로 주거공간을 충분히 확보하지 못하게 되면 심각한 문제를 일으킬 수 있다. 충분한 공간을 가진 아파트를 구하지 못하고 좁은 아파트에 많은 식구들이 모여 살거나 당국의 지시에 따라 비우게 되어있는 아파트에 살면 주거부정자로 간주된다.

'수용인원 초과'현상은 자녀의 출생 때문에 일어날 수도 있다. 따라서 이민자들이 좀더 넓은 공간의 아파트를 얻어 살만큼 여유가 없을 경우에 유일한 해결 방법은 종종 낙태가 되기도 한다.

Ⅳ. 남편에게 종속되는 여성

남편을 따라 독일에 온 외국인 여성들은 처음 몇 년간은 거의 전적으로 남편들에게 의존한다. 대부분의 여성들은 오로지 결혼을 근거로 해서만이 거주허가를 받을 수 있다. 여성들이 배우자들의 법적, 경제적 지위에 이렇게 의존하는 것은 남편들이 제한된 거주허가만을 받은 경우에 여성들은 자신의 독자적인 노동허가를 받을 수 없기 때문이다.

어떤 직업에 대해 노동허가를 받는가 하는 것은 오로지 노동시장의 상황과 변화에 달려 있다. 즉, 외국인들이 노동허가를 받는 경우는 독일인들이나 유럽연합국가 출신자들, 혹은 독일에서 장기간 고용된 외국인들 중에서 그 누구도 그 직종에서 일하려고 하지 않는 경우에만 가능하다는 말이다. 유럽연합국가 이외의 나라에서 온 많은 외국여성들은 독일 내에서 고용기회를 갖지 못한다. 그들은 빈번히 보수가 나쁜 집 청소와 같이 사회적으로 경시되는 일에 의지할 수밖에 없다. 그래서 대부분의 외국여성들은 주부나 어머니의 역할에만 국한되어 있다. 그들은 새로운 환경에서 살아가는데 필요한 생활경험을 할 수가 없는 것이다.

남편을 따라온 외국여성들이 결혼생활에 문제가 생기면 그들의 거주에 관한 법적 지위 때문에 불리한 입장에 있게 된다. 별거나 이혼을 하게 되는 시점에서 남편이 무제한의 거주허가를 갖고 있는 경우에만 외국여성들은 (한정된 기간 동안의) 거주허가를 받을 수 있는데, 그것도 최소한 2년의 결혼생활을 한 경우에만 해당된다. 남편이 죽은 경우나 특별한 경우, 예를 들면 가정폭력의 경우에만 예외로 허가를 받을 수 있다. 이러한 특별한 경우에는 문제가 더욱 복잡하다. 폭력이란 증명하기가 매우 어렵고, 신체상해나 영구적인 장애가 증명되어야 하기 때문이다.

그러나 이러한 제한된 거주허가도 노동허가, 적합한 주거가 마련되었다는 증명, 정규수입과(혹은 정규수입이나) 자신의 자산으로 일정한 수준의 생활을 유지할 수 있다는 증거가 없이는 연장해주지 않는다. 노동시장에 대한 접근조건들이 까다롭기 때문에 유럽연합국가 출신이 아닌 외국인들이 그러한 노동허가를 받는다는 것은 매우 어려운 일이다.

결혼생활에 실패한 외국여성들은 1년 이내에 스스로 생활을 꾸려나가야 한다. 그 후로는 거주허가 상태를 유지하기가 어렵게 된다. 사회보장제도에 의존하여 1년 이상 지내는 것은 거주허가 상태를 유지하는데 장애가 되며, 이것은 정말 위험한 일이다. 이와 같이 이혼을 했거나 별거중인 여성들은 종종 편부모로 일하면서 동시에 자녀들을 기를 수 있는 조건이 상대적으로 열악하므로 직장을 잡을 수도 없다. 이혼 후 자녀들의 아버지는 자녀양육비를 보내지 않거나 부족하게 보내주기 때문에, 결국 이들 여성의 25% 이상이 사회보장제도에 의존하여 살면서 추방될 위험에 처하게 되는 것이다.

단순히 전업주부이거나 혹은 법적 보장이 없거나(예를 들면, 자영업자이거나 가족성원을 돕는 일) 사회보장 혜택이 없는 일(즉 사회보장혜택이 적용되지 않는 주당 18시간 미만의 시간제 일)을 하는 여성들은 확실한 거주허가를 얻을 기회가 없다. 그래서 사회복지제도에 의존하게 되는데 이것이 추방 사유가 되는 것이다. 영주허가를 받은 후라고 해도 그 외국여성이 사회복지의 혜택에 의존해서 살고 있으며 자기가 일해서 살아갈 수 없다면 영주허가는 제한된 거주허가로 축소될 수 있다.

외국인 법은 여성들이 자기결정권을 갖는데 방해가 된다. 남편을 따라와 남편의 거주허가에 법적으로 의존해서 살고 있는 여성들의 상황은 복잡한데, 남편과 그 가족들은 이러한 여성들의 의존성을 여성을 억압하는 수단으로 종종 삼는다. 여성들은 폭행과 모욕까지도 견뎌야 한다. 사실상 남편들이 외국인 법을 이용해서 아내를 버리는 일들이 일어나기도 했다.

이런 남편들은(특히 신부를 돈을 주고 산 경우에) 외국인 등록사무소 당국자들과 한 통속이 되어 아내를 추방시키는 일에 가담하고 이렇게 함으로써 이혼이나 부양에 필요한 경비를 절약하기도 한다. 많은 외국여성들은 거주허가를 잃을까 두려워서 견딜 수 없는 결혼생활을 포기하지 못한다. 최악의 경우에 자신의 독자적인 수단을 갖고 있지 못한 이런 여성들 중 다수는 참을 수 없는 결혼생활이나 추방, 혹은 자살 중에 하나를 택할 수밖에 없는 것이다.

V. 사소한 범죄로 여겨지는 여성매매

독일에 사는 많은 여성들은 국제적으로 조직되어 있는 인신매매의 피해자들이다. 국제적인 여성매매는 매춘부들에게만 해당되는 것이 아니라, 부인들과 불법여성노동자들도 포함한다. 소위 '제3세계'가 경제적으로 강도 높게 착취되면서 빈곤, 교육기회의 부족, 그리고 실업문제가 야기되고 점점 더 많은 수의 여성들은 강제결혼, 불법노동 혹은 매춘을 할 수밖에 없다. 흔히 이런 여성들은 여러 자녀를 둔 어머니로서 자녀들의 생존을 위해서 의도적으로 독일로 향한다.

외국여성 매매와 매춘관광은 대개 소위 '제1세계' 남성들의 성차별과 인종차별적인 태도에 의해 부추겨지는데, 그들이 '제3세계'에서 온 여성들을 원하는 것은 외국여성들이 '순종적이고 온순하고 충직하며 겸손하다'는 낡은 사고방식에 기초한다. 많은 중매업자나 매춘관광을 전문으로 하는 여행사들의 광고와 영업방침들은 구역질이 날 정도이고, 인권과 여성의 존엄성을 심하게 모독하고 있다.

'아내 매매자들'(wife–traffickers)은 여성들을 마치 상품처럼 취급하여 '써본 후 반품'할 권리라든지 '써본 후에 사라'는 등의 문구를 넣은 카탈로그를 만들어 선전한다. 비뚤어진 가부장적 사고의 절정은 벙어리 여성들을 아내로서 선호하는 것인데, 이들은 보통 아내들처럼 '종알거리지' 않는다는 것이다. 관광비자로 입국해서 3개월 이내에 남편과 '짝지어지지' 못한 여성들은 중매업자의 '특별 할인 품목'이 된다. 이 품목으로도 해결이 안되면 대부분은 불법에 빠져든다. '식모'나 매춘부가 되는 것이다.

이러한 여성매매의 범죄를 대개 경범죄로 처리해버리는 처벌관행은 여행사나 중매업자, 혹은 포르노 잡지 출판업자들에게 별다른 타격을 주지 못한다. 대부분의 여성매매는 합법적이다. 여성인신매매업자들은 큰 어려움 없이 근로조건, 고용교환, 세금, 영업 등을 조정하는 공무원들로부터 필요한 서류들을 얻어낸다. 많은 협정문서들이 공증인들에 의해서 작성되고 인증된다.

독일에는 외국여성 성 종사자들에 대한 수요가 상당히 있다. 주요 도시들에서 매춘부의 반 이상은 외국여성들이다. 이들은 인신매매를 하는 국제적인 조직의 알선책들에게 고용되어 있다. 여성 한 사람을 '배치'해 주는 대가로 이 알선책들은 3000 내지 5000 유로화를 받는다. 여성들 또한 이 알선책들에게 빚을 지게 되는데,

소개비 명목으로 이들이 5000 내지 9000 유로화를 여성들로부터 받아내기 때문이다.

외국여성들은 또한 개인 집이나 식당에서 일하도록 불법적으로 보내지는데, 이들은 종종 끔찍한 조건에서 일하도록 강요받는다. 그들은 '주인들'이 집에 없는 때는 화장실을 사용할 수 있는 권리마저 인정되지 않는데, 이는 그들의 존재가 이웃에 알려질까 봐서 그렇다는 것이다. 이러한 여성들의 일에는 그들의 남자 고용주들을 위한 성적인 봉사가 포함되는 경우도 종종 있다. 애당초 합의되었던 임금이 지불되지 않는 경우도 흔히 있다. 이 여성들은 불법 근로자들이기 때문에 고용주를 고소할 수도 없다. 그들의 법적지위는 고용주들에 의해서 무참히 착취되는 것이다.

필리핀과 태국에서 오는 사람들에게 비자를 요구한다고 해서 여성매매가 줄어들지 않는다. 오히려 외국여성들을 국제적인 인신매매 조직에 더욱 더 의존하게 만들고 이 여성들을 범죄로 더 끌어들인다. 독일에는 여성들에 대한 많은 수요가 있기 때문에, 인신매매업자들은 여성들을 국내로 들여오는 방법을 어떻게 해서든지 찾아낸다. 업자들은 상품을 싣는 컨테이너에 여성들을 실어서 국경을 넘어 몰래 들여오는 일도 마다하지 않는다.

독일의 외국인 법은 매매춘을 의도적으로 저지르는 성범죄라고 비난하며 추방의 사유로 규정하고 있다. 대부분의 매춘부들은 그들이 입국하기 전에 독일에서 불법으로 일해야한다는 사실을 모른다. 경찰이 완전소탕작전을 벌일 때에는 그들은 종종 구금되거나 즉시 추방되기도 한다.

이 여성들은 불안정한 거주지위를 갖고 있기 때문에 쉽게 갈취의 피해자가 된다. 이 여성들 중에 누가 병들거나 임신하거나 사고를 당하면 그 순간 그 사람은 자신의 불법적인 방패막이를 버려

야만 한다. 즉, 금방 추방당할 것이 두려워서 그들은 종종 의사의 치료를 받지 않으려고 한다. 많은 여성들에게 있어서 본국으로 돌아간다는 것은 말할 수 없는 물질적 손실을 의미한다. 항공권을 사고 중개업자들에게 준 소개비를 내느라 그들의 가족들은 대개 빚을 많이 졌기 때문이다. 외국인 법이 그들에게 부여한 법적 지위는 강요된 매춘과 갈취가 번창하는 바탕이 되는 것이다.

이런 법적 상황은 여성들을 보호하기는커녕, 여성들을 업자들과 포주들, 그리고 '고객들'의 처분대로 방치해 둔 채, 속수무책으로 갈취와 성폭행에 노출시키고 있다. 외국여성들은 대개 독일 여성들보다 더 열심히 일해야 한다. 즉 더 많은 남자들을 '받아야'하고 '고객들'의 변태적인 요구에도 더 잘 따라야 한다. 그들은 흔히 콘돔 없이 일해야 한다. 포주나 매음굴의 주인들이 약속한 임금을 주지 않아도 그들은 불평할 수가 없다. 경찰의 소탕작전은 여성매매를 억제하거나 매매업자들을 처벌하는데도 기여한 바가 없다.

경찰에 체포된 여성들은 추방되며 그래서 이중으로 피해를 받게된다. 반면에 여성 인신매매업자들이나 배후에서 일을 조종하는 사람들은 그들의 불법행위에 대한 증거가 없기 때문에 붙잡히는 일은 거의 없다. 현행 법률이 인신매매업자들의 처벌에 적용된 적도 거의 없다. 인신매매를 금지하는 법은 여성들이 '양도되기' 이전에 매춘부로 일한 적이 없는 경우에만 적용된다. 인신매매업자들을 처벌한 몇 가지 판례를 살펴보면 독일에서 여성매매는 사소한 범죄로 취급되고 있다는 것을 알 수 있다.

Ⅵ. 여성 난민들에 대한 성적 학대

여성들은 전 세계 2천만 명의 난민들 중에서 대다수를 차지한다. 남자들과 달리 여성들은 여성이라는 성 때문에 학대당하는 일이 잦으며 그것도 성 차별적인 방법으로 당하게 된다. 그들 다수가 정치적인 압제에 맞서 싸우다가 조국을 탈출해 나왔는데, 이러한 저항에 대한 대가로 이국에서 탄압을 받아야 하는 것이다. 그 예로, 많은 에리트리아(Eritrea) 여성들은 조국의 해방운동에 활발히 참여했다. 그들은 성폭행, 전기고문과 강간을 (이 외에도 질이나 항문에 병이나 달군 쇠막대를 삽입하는 식으로) 당했다고 한다. 강간의 목적은 주로 여성들을 강제로 임신하게 하고 나중에는 적군의 아버지를 둔 자식들을 기르도록 하는 데 있다.

사회규범들(예를 들어 이란의 강제 결혼, 인도의 지참금 제도, 간통에 관한 이슬람법)을 어긴 여성들도 학대를 받고 있다. 여성들은 정치적 활동가의 가족성원이라는 이유로 구금되고, 고문당하며, 죽임을 당하기까지 한다. 일례로 쿠르드족(Kurd) 여성들은 '행방불명인' 식구들을 대신하여 경찰에 볼모로 잡혀가기도 한다.

스리랑카의 타밀족(Tamil), 터키의 기독교인들과 예지디족(Yezidis), 그리고 파키스탄의 아마디야족(Ahmadiyas)과 같이 소수인종에 속한 여성들을 의도적으로 학대하는 목적은 이 소수인종집단들에게 굴욕감과 모욕을 주고자 하는 데 있다. 내란이 일어난 지역에서 세르비아 군인들이 많은 보스니아 여성들을 강간한 것은 이 여성들의 사회적 지위를 파괴하는 일일 뿐만 아니라 보스니아 사회 전체의 존재와 통합성을 모독하는 일이다. 따라서 보스니아 여성들은 그들의 인종과 성 때문에 이중으로 희생당하게 된다.

이들 대부분의 여성들은 이웃나라로 도망하는 데는 성공하지만, 결국 아시아, 아프리카, 라틴 아메리카 등지에 있는 수많은 난민 캠프 중의 한 곳에서 정착하게 된다. 이 여성들은 항공권을 구입할 수 있는 여유도 없고, 인신매매조직의 업자들에게 소개비를 줄 수 있는 형편도 못 된다. 게다가 많은 여성들이 문맹이어서 여행에 필요한 서류들을 마련할 수 없는 경우도 많다. 비행기를 탔다고 해도 여성들은 애들을 돌봐야 하는 책임 때문에 대처능력이 부족할 수밖에 없다. 따라서 이런 여성들은 종종 인신매매업자들이나 적대적인 집단의 성희롱과 성적 학대에 노출되는 것이다.

지금까지 독일법정은 이러한 폭력적인 상황들을 피해온 여성들에게 피난처를 제공한 적이 없다. 예를 들어, 스리랑카 군인들이 타밀족의 여인들을 강간해도 법정은 내란과 관계된 보통 범죄나 보통 있을 수 있는 일이라고 여기지 여성 개개인들에 대한 특정 범죄라고 간주하지 않는다. 새 이민법은 최소한 성과 관련된 학대에 대해서 난민에 관한 제노바 협정(Geneva Convention on Refugees)을 적용할 수 있는(비록 임시피난처 법[the asylum laws]은 적용할 수 없지만) 사유가 된다고 인정하고 있다.

독재권력에 대항해서 조국의 민주화를 위해 싸우다가 결과적으로 그 저항의 대가로 정치적인 박해를 받게 되는 여성들도 피난처를 찾는데 어려움을 겪는다. 그들이 당하는 박해나 탈출문제는 진지하게 여겨지지 않는다. 피난처 관계자들은 피난처 제공에 대한 조건으로 선동적인 대중연설을 하는 것과 같은 천편일률적인 정치 망명자들의 모습을 머리 속에 갖고 접근한다.

야당 당원으로서 정치활동을 하여 (유럽의 기준에 따라) 유명하게 된 몇몇 특출한 여성들만이 이러한 모델에 들어맞는다. 비밀 연락책임자들, 저항운동 투사들에게 숨을 곳과 음식을 제공한 사람들, 혹은 풀뿌리 조직의 일원들이 수행한 활동들은 그 자체가 정치적인 신념을 바탕으로 하는 활동으로 여겨지지 않는다. 그런 활동들은 단지 그리 중요하지 않은 추종자들이 할 수 있는 일반적인 일들로 여겨진다.

임시피난처를 제공받느냐 못 받느냐를 결정하는 재판에서 대부분의 여성들은 자신들이 겪은 수난에 대하여 설명하는데 어려움을 겪는데, 특히 성폭행이 개입되어 있으면 더욱 그렇다. 또 한편으로는 성 문제에 관해 도움을 주고 또 여러 문화에 관해 정통하고 통역능력을 갖춘 전문여성의 지원이 부족하다. 게다가 여성 난민들은 가족의 명예를 훼손하게 되어 자기 친족들로부터도 버림을 받을 위험을 안고 있다. 많은 여성들에게 있어서 이러한 정신적인 압박은 견디기 힘든 것이다.

Ⅶ. 사회적인 불평등

이민자들이(여성이건 남성이건 간에) 겪어야 하는 사회적인 불평등은 독일 국적을 획득했다고 해서 끝나지 않는다. 대부분의 이민자들이 처해 있는 사회·경제적인, 그리고 문화적인 생활조건들을 감안해 볼 때, 이민자의 인종적, 문화적 배경은 적어도 그녀 혹은 그의 법적 지위만큼이나 중요한 역할을 한다고 결론을 내릴 수 있다. 인종적 배경은 사회적 이동에 있어서(혹은 사회적 이동의 결핍에 있어서) 아주 중요한 요소인 것이다.

사회적 불평등과 차별은 이민생활의 초기에 일시적으로 그리고 단기적으로 나타나는 현상이 아니라, 이민자들의 상황에 보다 지속적으로 따라서 결정적으로 작용하게 된다. 그렇게 영향을 받는 것은 비록 이민 1세대뿐만이 아니고 계속해서 그 후 몇 세대도 영향을 받는다.

다음에 제시한 숫자들은 뮌헨(München)시에 존재하는 구조적인 불평등을 보여주는데, 이는 '외국인들'(즉, 독일 국적을 갖지 않은 사람들)에 관한 것이긴 하지만 독일 국적을 가진 이민자 가족들에게도 전적으로 적용된다.

- 유치원에 다니는 이민자 가족들의 자녀수는 적다.

- 젊은 사람들 중에서 '외국인들'은 고작 30%를 차지하는데 반하여 ('능력이 좀 다른' 학생들을 교육하는) '특수 학교' 학생들의 절반은 '외국인들'이다.

- 학교를 중퇴한 '외국' 학생들의 21%는 결국 어떤 학교도 졸업하지 못하게 되며, 중퇴 학생들 중에서 '외국' 학생들의 비율은 46%나 된다.

- '외국' 학생들의 학력도 보통 독일 학생들의 수준보다 훨씬 낮다. '외국' 학생들 중에서 11%만이 중등학교(grammar school)에 다니는 반면에 뮌헨시 학생들의 50%는 이러한 중등학교에 다니고 있다(중등학교를 졸업하면 대학 진학을 할 수 있다).

- 이민자들의 실업률 수치는 독일인들의 그것보다 훨씬 높다. (교외 지역을 포함한) 뮌헨시의 실업자들 가운데서 '외국인들'의 비율은 41.6%로 그들이 차지하고 있는 인구비율의 2배나 된다.

- 뮌헨시의 공직에 '외국인들'을 채용하는 것은 도로공사, 거리 청소, 공원관리, 사무실 청소, 주방일 등과 같은 사회적으로 경시되는 일에 국한되어 있다.

이 외에도 피부색, 태생과 언어에 따른 여러 가지 형태의 사회적인 차별이 존재한다. 많은 이민자들은 날마다 도전적이고 모욕적이며 은근한 혹은 들어 내놓고 하는 차별들을 경험한다. 예를 들면:

- 개인적으로 서비스를 받으려고 할 때(은행구좌를 개설한다든지 자동차보험을 들으려 할 때)

- 기타 서비스를 이용할 때(예를 들면 디스코 장에 갈 때)

- 거처를 구할 때

- 일자리를 신청할 때

Ⅷ. 문화적인 혼성: 새로운 정체성을 찾는 (젊은) 여성 이민자들

젊은 여성 이민자들은 학교에서, 직업 훈련을 받으면서, 혹은 직장에서 날마다 불평등과 차별을 경험한다. 교과과정은 '외국' 여학생들과 그들의 가족이 처해 있는 생활여건에 대해서 아무 것도 가르쳐주지 않는다. 이들 여학생들은 그들의 사회적인 경험이 공론화 되는 것을 보지 못했기 때문에 자신들이 가지고 있는 문제들이 무엇인지 규정할 수 있는 기회조차 갖지 못한다.

그들은 엄연히 존재하는 차별로 말미암아 생활여건에 대한 불만을 계속해서 쌓아간다. 독일로 이민 온지 50년이 넘는 소수인종 출신의 젊은이들도 교육과 노동시장에 접근하는데 있어서 평등한 기회를 갖지 못한다. 더욱 더 많은 이민자들이 점점 더 힘들어져가고 있는 '빵과 일자리'(bread and work)'를 구하는 경쟁에서 실패한다.

성과 관련된 요인들로 말미암아 '외국' 여학생들뿐만 아니라 독일 여학생들도 똑같이 '좋은 직장'을 얻기 힘들다. 그러나 '외국' 여학생들은 인종에 따른 구조적 차별로 인하여 이러한 어려움들을 훨씬 더 심하게 경험한다. '외국' 여학생들은 그들과 국적이 같은 남학생들보다는 졸업성적이라든지 졸업수준의 면에서 더 좋지만, 직업교육을 받는 숫자의 측면에서는 독일 여학생들이나 '외국' 남학생들과 비교해서 상대적으로 줄어들고 있다. 직업교육에 참여하는 여학생들의 수는 42%로 늘어난 반면에, 직업교육을 받고 있는 젊은 '외국인들' 중에서 여학생은 계속 33%에 머물고 있다.

젊은 여성 이민자들이 일자리를 얻는 일은 종종 부모들로부터 충분한 지원을 받지 못하는데, 이는 부모들이 잘못 알고 있거나 자녀들과는 다른 기대를 갖고 있기 때문이다. 부모들은 보통 딸들을 위해서 지위, 높은 수입, 혹은 그들이 멀지 않은 장래에 고국으로 돌아갈 때 괜찮은 결혼을 보장할 수 있는 일자리를 선택한다. 그러나 이러한 부모들의 직업선택은 이 여학생들이 독일의 노동시장에서 현실적으로 차지하는 상황과 관련하여 갖는 취업기회와는 거리가 멀다. 게다가, 직업에 대한 그들 자신의 희망도 주로 서비스 분야의 미용사, 영업사원, 사무실 서무담당, 의사나 약사의 보조원과 같은 몇 가지로 제한되어 있다.

이민자 가정 출신의 많은 젊은 여성들이 겪는 사회·경제적인 어려움은 심리·정서적인 문제들 때문에 가중된다. 그들의 사회화 과정은 복합적이고 고통스러운 이별, 그리고 여러 가지 종류의 소외를 수반한 이주라는 특징을 배경으로 하고 있다. 이들은 자기 정체성을 찾고자하는 노력에 있어서 '타자'로서의 경험과 더불어 많은 갈등 갖는데, 이는 부모, 동포, 친구, 그리고 독일 사회와의 갈등이다.

이 젊은 여성들은 부모들처럼 특권을 제약받으면서 지내는 것을 견딜 수 없어 한다. 그들은 부모들보다 훨씬 더 친구중심의 생활을 하면서 독일 사회에서 받아들여지기 위해 노력한다. 그들의 자기정체성을 위태롭게 하는 것은 가족들과의 문화적 갈등만이 아니라, 주로 독일사회에의 동화에 대한 중압감과 동시에 독일 사회로부터 버림을 받고 있다는 느낌이다.

이런 젊은이들 앞에서 부모들의 권위는 점점 위축되고 있다. 이들은 고국 지향성, 자기 억제, 종교적 헌신, 그리고 성 역할 같이 부모들이 가지고 있는 보편적인 가치와 습관을 점점 더 거부하는 경향이 있다. 이민자들의 가족 구조는 특히 개인주의를 유난히 강조하는 사회적인 분위기에 영향을 받는다. 가족간의 유대관계는 점점 느슨해지고 있는 것이다.

이 젊은 여성들에게 있어서 가족은 안식처를 의미한다. 한편으로 그들은 자율성을 추구하는데 있어서 제한당하는 느낌을 갖는다. 그들은 가족 내에서 독일사회에서는 별로 중요하게 여겨지지도 않고 혹은 부정되기까지 하는 가치나 관념들을 종종 따르도록 기대된다. 이러한 상황은 흔히 부모와 딸 사이에 수많은 갈등들을 초래하는 "이중적 구속의 상황"(double-bind situation)으로 치닫게 된다.

어려운 생활조건은 동전의 한 면에 불과하다. 다른 한 면은 젊은 이민자들이 새로운 정체성을 찾는 일이다. 갈퉁(Galtung)에 의하면 정체성은 중요한 인권의 현안 문제로 떠오르고 있다. 세계화가 이루어지고 있는 마당에 두 나라/두 문화간의 결혼은 수적으로 증가하고 있다. 점점 더 많은 사람들이 이제 더 이상 ('흑인'이니, '터키인'이니 하는) 전통적인 인종분류에 맞지 않는다.

보편적으로 받아들여졌던 생활양식, 가치, 문화적 뿌리, 가족구조, 성 역할, 생활방식 등이 변하고 있다. 경계가 애매해지고 변화하고 혼합된 수많은 정체성들이 나타나고 있다. 전환(transition)이라는 영역이 생겨나고 있다. 다양한 문화적 전통들이 흡수되어 새로운 문화적 혼성체로서 변형되고 있다. 스튜어트 홀(Stuart Hall)은 이러한 현상을 '혼성문화'(culture of hybrids)라고 불렀다.

점점 더 많은 젊은 이민자들이 자신의 태생을 어느 쪽에 고정시킬 수 없게 되었을 뿐만 아니라, 또한 그렇게 하려 하지도 않는다.

> 나는 7살에 이주 노동자의 자녀로 베를린에 왔다. 그러나 나는 이민가족의 제2세대를 두 의자 사이에 빠져서 실종된 격이라고는 생각하지 않는다. 나와 같은 세대의 많은 사람들도 그렇게 생각하지 않을 것이다. 분명 나의 부모님들은 어떤 점에서는 내게 다른 규범들을 물려주셨다. 그러나 내게는 두 문화 영역이 갖고 있는 차이가 서로 배타적으로 작동하기보다는 보탬이 되었다. 그 두 개의 의자 사이에는 제3의 의자가 있고, 바로 그 의자에 우리가 앉아 있다 (Fatos Topac, in Greve/Cinar 1997:37, 강정숙 영역).

분명 이민자들 사이에는 독자적인 새로운 문화형식들이 나타났다. 이 새로운 문화가 차별, 인종차별, 그리고 성차별에 대한 구체적인 답변인 것이다.

IX. 인권에 대한 성찰적 이해를 위한 문화상호주의(inter-culturalism)

18세기에 인권선언이 유럽에서 최초로 문서화되어 선포되면서 역사적으로 모든 인간에게 평등과 정치적인 자유를 주장할 수 있는 권리를 부여했다. 그러나 이러한 권리들을 서구문명을 구성하는 의심할 바 없는 기본 요소라고 여기는 것은 잘못이다. 유대기독교의 성경, 고대 철학, 혹은 로마법 체제 그 어디에서도 이러한 요소들은 전혀 찾아볼 수가 없다. 인권사상은 저절로 생긴 것도 아니고 중세나 근세가 시작될 때도 그리 널리 퍼져있지 않았다. 이 사상은 근대혁명을 통해서 힘겹게 얻어낸 전리품이다.

인도주의란 서양의 전유물이 아니다. 사실상, 모든 종교적인 전통에서 우리는 평화, 관용, 양심의 자유, 개인의 존엄성과 평등, 사회 정의 등을 지지하는 요소들을 찾을 수 있다. 적어도 종교와 인권에 관한 미국의 한 연구조사 결과에 의하면 그렇다(Belefeldt 1998 : Kelsay/Twiss 1994).

이런 맥락에서 보면, 인권이란 거대문화(meta–culture)를 일컫는다. 즉, 다른 문화, 종교적 신념, 생활양식, 희망을 받아들이고 동시에 상호존중을 바탕으로 한 평화공존을 촉진하는 세계적인 규범과 규칙체계이다. 그러므로 인권은 보편적인 윤리체계를 나타내거나 구원받는 방법을 보여주는 것으로 이해해서는 안 된다. 인권은 정치적, 법적, 사회적 발전을 위한 보편적인 조건을 설정할 뿐이다.

그래서 인권은 종교적, 정치적으로 서로 다른 견해들이 대화하고 교환되는 장을 형성한다. 예를 들면 평등사상은 인간의 다양성을 인정하는 사상에서 나온 것이며, 만약에 그렇지 않다면 의미가 없을 것이다.

그러나 중요한 문제는 각기 다른 사람들과 각기 다른 상황에서 어떤 척도로 평등이나 차이를 정해야 하는가 이다. 누가 평등을 주장할 수 있는 권리를 갖고 있고, 무엇을 평등과 차이의 표준으로 삼는가는 정치적인 문제다. 사회적으로 우월한 집단들은 스스로가 이러한 결정을 할 수 있는 권력을 갖고 있다고 주장한다. 그들은 그들 자신의 생활양식과 그들 자신의 이해관계에 따라서 기준을 세우는 경향이 있고, 다른 사회 집단들의 평등에 대한 주장도 이 기준에 따라야 하는 것으로 이해한다.

인권은 그것이 인간 역사의 산물이기 때문에 사회적 계약을 체결하는 정치적 절차에 따라서 달라진다. 인권의 역사는 권력의 분배와 지배에 관한 구체적인 조건들에 따라서 전개되어 왔음을 증명하고 있다. 그러므로 문화상호적 작업(intercultural work)은 소외된 집단에게 유리하도록 현재의 권력분배를 바꾸는 노력을 의미한다.

X. 기회균등 만들기와 문화상호주의

법적, 사회적 불평등은 독일에 살고 있는 이민자들이 처해 있는 인권 상황의 특징이라고 할 수 있다. 평등하고 공평한 상호관계는 이민자들과 독일인들 간에, 그리고 이민자들 간에 존재하는 불평등으로 인하여 상당한 제약을 받고 있다.

독일에서 차이에 관한 정책을 논의하려면 먼저 게르만 '문화민족'의 유래부터 살펴 보아야하는데, 여기에서는 잘 알려진 대로 반유태주의와 '게르만 종족'의 직계 자손이라는 신화가 결정적인 역할을 한다. 지금은 '신 우익'이 문화적 패권주의를 통해서 다시 정치 권력을 잡으려 하고 있다.

독일에 살고 있는 모든 사람들 앞에 길고 험난한 협상과 동의의 과정이 놓여있다. 그 목표는 '사회계약'에 대한 새로운 사회적 동의를 만들어 내는 일, 그 이상도 그 이하도 아니다. 이민자들이 자유롭게 자신들의 정체성을 만들어 가는 일은 독일사회에도 도움이 된다. 그러나 이 과정은 모든 사회영역에서 평등한 기회가 보장되지 않고서는 불가능한, 자유로운 자주결정권을 필요로 한다.

차이를 급진적인 방법으로 수용하는 정책을 통해서 평등에 대한 주장도 수용할 수 있을 것이다. 차이를 받아들이고 아울러 물적 자원과 사회권력을 재분배하는 일은 독일 민주주의의 발전과 관용적인 시민사회의 발전을 위해 필수불가결한 전제조건이다.

30년 전쟁이후 캄보디아 여성들의 실태

찬톨 옹(Changthol Oung)*

Ⅰ. 30년 전쟁 후 캄보디아의 여성문제

캄보디아는 30년 전쟁과 이전 정부의 억압적인 정책 때문에 1970년대와 1980년대에는 여성들의 권리투쟁을 위한 국제운동에 참여할 수가 없었다. 그러나 1992년 이래로 캄보디아는 모든 사람들의 기본권과 기본적인 자유를 보장하기 위해서 CEDAW, CRC, ICCPCR, ICESCR, CAT 등과 같은 거의 모든 중요한 국제인권기구들과 조약을 비준해왔다.

1993년 UN 후원의 선거를 통해서 출범한 정부는 캄보디아 사회에서 가장 취약하고 위험에 처해 있는 여성들에게 특별한 관심과 도움을 제공하기 위해서 여성업무국(Secretariat of State for Women's Affairs)을 새로 만들었다(이 사무국은 1999년에 여성·참전군업무부<Ministry for Women's and Veteran's Affairs 혹은 MoWVA>로 승격되었다). 여성업무국은 비록 자원은 없어도 연구, 쉼터, 훈련과

---

* 캄보디아 여성위기센터(Cambodian Women's Crisis Center, CWCC) 소장.

강습회, 신용대출, 그리고 여타 활동들을 통해서 여성들을 돕기 위해 주목할 만한 노력을 했다. 사무국은 1995년에 베이징에서 열린 제4차 세계여성대회와 같은 국제회의에서 캄보디아를 대표할 수 있었다. 정부는 베이징회의에 이은 행동강령과 스톡홀름 선언에 따를 것을 약속해 왔다.

따라서, 캄보디아는 차별철폐, 폭력과 성적 착취로부터의 자유, 보건, 적절한 생활수준을 유지할 수 있는 권리 등과 같은 기본권과 기본적인 자유들을 보장하기 위해서 모든 타당한 절차를 밟을 책임이 있음을 인식했다. 이와 같은 것들은 세계인권선언, 국제회의 및 협약에 들어있는 내용들이다.

우리는 최근에 여성업무국이 여성·참전군업무부라는 행정부처로 승격된 것을 환영하며, 특히 헌신적이고 유능한 여성장관이 그 부처에 임명된 것에 박수갈채를 보내고 싶다. 이는 캄보디아 여성들이 점하고 있는 사회적인 지위에 문제를 제기하고 개선하기 위해 노력하겠다는 정부의 강한 의지를 보여준다. 최근에 여성·참전군업무부는 "여성은 귀중한 보석입니다"(Neary Rattanak)라는 5개년 전략계획을 발표했는데, 이는 여성들의 발전을 꾀하고 여성폭력이라는 중요한 사안을 다루겠다는 의도로 보인다.

1990년대 초기 이후로, 여성들의 권리를 포함한 인권문제들을 다루기 위해서 비정부기구들이 만들어졌고 또 그러한 목적으로 운영되어 왔다. 그러한 기구들은 직접적인 서비스 제공, 지원정책, 경제개발, 교육, 그리고 여성들의 권리 보호와 증진을 통해서 여성문제들을 다루어 보려는 정부의 노력에 크게 기여해왔다.

그러나 캄보디아는 30여 년 동안의 전쟁으로 인해 많은 문제들이 산적해 있고, 가부장제와 성 정형화, 그리고 정부가 희생자들을 보호하는데 실패한 탓으로 여성들은 여전히 다음과 같은 문제들 및 장벽들에 직면해 있다.

1. 가 난

1998년 캄보디아 총인구에서 여성은 51.8%를 차지한다. 그리고 총인구의 84.3%가 농촌에서 살고 있다. 캄보디아는 사회적인 척도로 볼 때 세계에서 가장 가난한 나라들 중의 하나로 1996년에는 전세계 174개국에서 156번째로 가난한 나라였다. 1999년에 캄보디아인의 약 36%가 빈곤선 이하의 생활을 했다. 1999년 국민총생산(GNP)은 276달러이다. 1997년 7월에 있었던 정치 위기 이전까지는 꾸준히 7%의 GNP 성장률을 지켜왔으나, 그 이후로 GNP 성장률은 3%미만으로 떨어졌고, 2000년에는 5%로 점차 나아지고 있다.

캄보디아 네 가구 당 한 가구는 여성이 가장이다. 1995년 아시아 개발은행 보고서에 따르면 과부가 가장인 가족들은 농촌에서 가장 가난하다. 여성·참전군업무부에 할당된 국가예산 배당은 1998년 0.35%에서 1999년에는 0.095%로 감소했다. 이러한 사실은 농촌개발부로에 할당된 국가예산이 1999년에 0.23%이었던 것과 비교해야 하는데, 1998년에는 총 예산의 1.63%가 농촌개발부에 할당되었다. 1998년 국방부에 할당된 예산은 전체예산의 19.44%를 차지했었고, 1999년에는 1998년에 비해 2.63%가 증가했다.

국방부에는 높은 예산이 할당된 반면에 여성·참전군업무부와 농촌개발부에는 아주 최소한의 예산이 할당된 사실은 다음과 같은 문제들만을 불러일으킬 뿐이다. 즉, 불법적인 삼림벌채와 자연재해 그리고 1997년에 일어난 정치적 내부싸움의 부정적인 영향을 여성들과 어린이들, 특히 그들의 교육, 건강, 안전, 그리고 경제적 위상에 확대하여 미칠 뿐이다.

다른 요소들도 여성과 어린이들의 취약성과 무능력을 증가시킬 뿐이었고, 그러한 요인들은 직·간접적으로 수년 동안 계속되어 온 무장투쟁 및 강제이주와 관련되어 있다. 토지소유권에 있어서의 심한 불균형은 1990년대 초에 토지민영화와 사유권의 개념이 출현하고 권력을 가진 사람들이 토지를 갈취한 이래로 벌어진 혼란과 부패의 직접적인 결과이다. 예를 들어, 프놈펜 시에 약 3만5천 가구가 빈민촌을 형성하고 있다는 것은 도시빈곤의 한 특징을 말해준다. 프놈펜에는 합법적으로 혹은 비합법적으로 살고 있는 빈민촌 거주자들이 대략 17만 명 정도 있는데, 그들 중에서 50%이상이 어린이들이다. 현재 프놈펜에 있는 거리의 아이들은 어림잡아 만 명에서 2만 명 정도이다. 그리고 1993년에 36만 명의 귀환자들과 3만5천 명의 난민들이 살고 있다. 그들 중 15%(그들 중 79%는 농촌인구이다)만이 땅을 경작하여 살았다. 그러나 그들이 경작한 주인 없는 땅의 70%는 군대와 지방 공무원들, 그리고 마을 사람들에 의해서 몰수당했다. 그렇게 많은 수의 난민들과 농민들에게 의료와 교육시설을 제공한다는 것은 정부가 당면하고 있는 예산부족을 감안할 때 거의 불가능할 수밖에 없다.

캄보디아 사람들을 더욱 어렵게 만들고 있고 제한된 자원을 더욱 고갈시키고 있는 것은 매일 그 수가 증가하고 있는, 많은 고통을 받고 있는 장애인들이다. 지뢰폭발로 인해 사지를 절단당하는 것은 여전히 캄보디아 사람들을 빈곤하게 만드는 아주 큰 요소로 작용하고 있다. 캄보디아에는 4만 명의 상이군인들이 있다.

2. 인신매매와 매매춘

수십만 명의 여성들과 어린이들이 매매춘을 위해 농촌지역과 인근국가에서 프놈펜과 같은 도시로 불법매매 되어 유입되고 있다.

국회의 캄보디아 인권과 불만 접수위원회(Cambodian Commission on Human Rights and Reception of Complaints of the National Assembly)는 프놈펜시에만 해도 매음굴, 술집, 안마 시술소, 개인적으로 빌려주는 숙박시설과 호텔들에서 매매춘으로 일하는 여성과 어린이들의 숫자가 14,000명이 넘는다고 추정한다. CWDA가 알아낸 바로는 캄보디아에 대략 5만 명 내지 5만5천 명의 매춘부들이 있다.

캄보디아의 인권감시(Human Rights Vigilance of Cambodia)기관은 신속하게 이러한 상황에 대해 신속한 평가를 수행한 결과 매춘부의 35%가 18세 미만이고 40%는 베트남인이라는 것을 밝혀냈다. 캄보디아 여성위기센터(Cambodian Women's Crisis Center)는 센터를 찾아오는 사람들의 사례들을 기초로 하여 64.55%의 여성들이 매매춘을 강요받았고, 이 중에서 52.9%가 고임금 직종에 취업시켜주겠다는 것에 속았다는 통계를 얻어낼 수 있었다. 좀 더 자세히 살펴보자면 이들 중에서 11.04%가 부모나 친척, 혹은 친구에 의해 팔렸고, 0.58%는 유괴된 경우이다. 그리고 35.45%는 가난 때문에 매매춘을 하게 되었다. 대다수의 매춘부들은 의류공장 노동자나 가정부와 같은 직업을 알선해 주겠다는 사람들이나 그들에게 "도시구경"을 시켜 주겠다고 한 사람들에게 팔리거나 속아서, 또는 자신이나 가족 구성원들이 의료치료를 위해 빌린 빚 때문에 속거나 팔렸다.

보통 매음굴에 팔리면 여성들과 어린이들은 방에 감금되거나 손님들에게 서비스하는 것에 "동의"할 때까지 방에서 꼼짝 못하고 위협당하거나, 매를 맞거나, 굶기거나, 전기고문을 당한다. 모든 수입은 주인들이 갖고 여성들과 어린이들은 음식과 화장품만 제공받는다. 그들은 보통 오전 9시부터 다음날 오전 3시까지 일하고,

아프거나 생리중일 때조차도 일을 한다. 그들은 평균 하루에 3명 내지 4명의 손님을 받는다. 많은 매음굴들이 무장한 남성들의 소유이거나 그들의 지원을 받고 있다. 손님들 중의 약 90%가 캄보디아 남성들이다. 어떤 손님들은 콘돔 사용을 거부하는데 이것은 성병과 HIV가 만연되는 직접적인 이유가 되며, 계속되는 불안전한 낙태의 원인이 될 수도 있다. HIV/AIDS 퇴치국가위원회(National Committee Against HIV/AIDS)가 실시한 조사에 따르면, 최근 캄보디아에서 HIV 양성 반응을 보이는 가족 구성원 한 명씩을 갖고 있는 가정이 대략 7만-8만이나 되는 것으로 나타났다.

다른 수천 명의 캄보디아 여성들과 어린이들은 매춘부, 거지, 건설 노동자, 가정부 혹은 짐꾼으로 일하기 위해서 태국, 말레이시아, 대만으로 불법매매된다. 1998년 상반기동안 1만3천 명의 캄보디아인들이 태국에서 추방되었다. 그들 중 약 50%가 여성들과 어린이들이었고, 그들 중 대다수는 속거나 노예 같은 조건에서 일하도록 강요받았다.

인신매매자들은 그들의 희생양들에게 태국으로 가면 돈을 많이 벌 수 있다고 확신시킨다. 이렇게 돈을 많이 벌 수 있게 된다는 특권 때문에 그들은 인신매매자들에게 방콕까지의 길안내와 교통비 명목으로 100달러가 넘는 돈을 지불해야만 한다. 이 많은 돈을 구하기 위해서 사람들은 가지고 있는 논, 재산, 토지를 팔게 된다. 그래서 만일 그들이 태국 당국에 잡혀서 추방되면, 그들은 돌아갈 곳도 없이 캄보디아의 노숙자가 되는 것이다.

동남아시아 경제위기로 말미암아 노동이주, 특히 매매춘을 위한 여성과 어린이들의 불법매매가 늘고 있다. 그러나 불법매매는 다음과 같은 이유로도 발생한다.

1) "남성은 금이고 여성은 헝겊 조각"이라는 믿음. 즉, 금은 진

흙에 떨어뜨려도 금방 깨끗이 닦을 수 있지만, 흰 천은 한 번 진흙에 떨어지면 영원히 더렵혀진다. 남성들은 결혼 전이나 혼외로 성관계를 갖는 것이 인정된다. 이러한 허용은 남성들로 하여금 매춘부들과 성관계를 갖도록 조장하고, 이것은 다시 상업적인 성 노동자들에 대한 높은 수요를 낳는다. 이러한 착취로 이윤을 얻는 탐욕스런 불법 매매자들과 매춘업 주인들은 이 수요에 맞추어 공급할 여성들과 어린이들을 붙잡기 위해 온갖 수단을 가리지 않고 최선을 다하게 된다. 그런데 여기에는 이중적인 기준이 존재한다. 즉 여성은 결혼 전까지 처녀성을 지켜야만 하는데, 만일 그렇지 못하다면 그녀는 사회로부터 비난을 받게 되는 것이다. 따라서 여성들은 매매춘의 수요의 측면에서 보면 고객들이 될 수 없고, 동시에 남성들은 매춘부로서 일하기 위한 불법매매 대상이 못된다. 이러한 칼의 양면성은 심각하게 다루어져야만 하는데 이는 다시 말하면 여성들이 남성들에게 성적인 봉사를 하기 위해 존재한다는 믿음은 변할 수 있다는 것이다.

2) 법 집행과 범행자에 대한 처벌이 이루어지지 않고 있음. 인신매매의 범행자들은 법적조치에 방해받지 않고 자유롭게 사업을 한다. 수천 명의 여성들이 매매춘을 위해 불법매매가 이루어지고 있지만, 100명도 채 안 되는 범행자들만이 기소되었을 뿐이다.

3) 전쟁 후의 이주로 인한 가정폭력이나 가족붕괴. 어린이들은 가출하는 것 이외에 다른 선택의 여지가 없고 일단 가출을 하면 불법 매매자들에게 붙잡히거나 속게 된다.

4) 공동체내의 정보결핍. 앞서 언급되었듯이 불법매매된 소녀들

중의 52%이상이 직업을 알선해 준다는 것에 속았고, 일단 그
들이 공동체라는 안전망을 떠나게 되면 매매춘으로 팔리게
된다.

3. 가정폭력

가정폭력이란 "가족 구성원(들)이 신체적, 성적, 감정적으로 다
른 가족 구성원을 해치거나 괴롭히는 행위(들)"이라고 정의된다.[1]
PADV의 조사에 따르면 여성들은 6명당 한 명 꼴로 가정폭력에 시
달리고 있다. 그러나 CWCC 직원들이 프놈펜과 인접한 8개의 마을
에서 80명의 여성들을 인터뷰하여 조사한 바로는 80명중에서 45
명(56.25%)이 육체적으로 학대를 받았고, 15명(18.75%)은 성적 학
대를, 61명(76.25%)은 감정적인 학대를 받은 것으로 드러났다.

캄보디아에서 가정폭력은 여성들에게 행해지는 교묘하고도 심
각한 형태의 폭력이다. 가정폭력에는 일부다처제, 질투, 감금, 남
편의 결정에 따르도록 하는 강요, 위협, 욕설, 근친상간, 구타, 뺨
때리기, 발로 차기, 벽같이 딱딱한 데로 밀치기, 머리 잡아당기기,
화상, 강제적인 낙태, 부부 강간, 총을 쏘거나 죽이는 등 다양한
형태들이 있다.

가정폭력은 여성들, 어린이들, 그리고 가족들의 삶에 심각한 영
향을 준다. 즉 가족의 행복, 건강, 명예, 재산, 시간, 노동, 경제 등
과 어린이들의 교육에 영향을 주고 다음 세대에게 나쁜 습관이나
역할 모델을 물려준다. 그리고 삶에 대한 권리를 직접적으로 위협

---

1) 가족구성원이란 혈연관계에 있거나 공동거주 하면서 가족과 함께 사는
   사람을 일컫는다. 만약 노동법을 적용한다면, 이러한 정의는 가정부들의
   권리가 노동법에 의해 보호받을 수 있도록 공동거주 하는 비혈연관계의
   사람들 중에서 가사노동을 도와주는 사람에만 한정되어야 한다.

한다. 예를 들어 가정폭력이 일어나면 생활용품이 파손될 수 있고 가족 구성원은 다치거나 죽을 수도 있다. 그 결과로, 가족은 새로운 생활용품을 사야하고 의료치료비용을 지출해야 한다(그런데 가계비에는 이런 지출을 할 여유가 없을 수도 있다). 어떤 가족 구성원들은 감정적, 정신적, 신체적, 혹은 성적 상처들로 말미암아 일을 그만 둘 수도 있고, 또 일부는 다친 가족 구성원을 돌보기 위해 일을 그만두어야할 수도 있다. 이러한 현실들은 그 가족과 국가의 경제적인 발전을 악화시키는 원인이 된다.

게다가, 가정폭력은 이웃에게 폐를 끼치고, 범죄와 매춘이 증가하고, 아이들을 거리로 내몰며, 가난, 공공 무질서, 불안전과 불안정성, 차별대우, 성불평등, 그리고 가정폭력을 다루는 경제·정치·보건·사회 프로그램에 공금의 지출이 발생하는 등 여러 가지 면에서 사회적으로 좋지 않은 결과를 가져온다.

가정폭력은 남성들이 여성들보다 더 우월하고 단순히 생물학적으로 남성이라는 점 때문에 여성들보다 더 가치가 있는 존재라는 캄보디아 사회에 만연되어 있는 믿음에서 발생한다. 남편은 공식 가족등록부(Official Family Registration Book)에 기록되어 있는 것처럼, 취업이나 노동지위에 상관없이 가족의 우두머리이다. 그래서 그 가족의 "우월한" 구성원인 남편은 아내나 다른 가족 구성원을 억누르거나 괴롭힐 권리를 갖는다. 사실상 아내는 "가구주"라는 신분을 갖는 남편에게 종속되어 있다. 화를 내거나 불편한 감정을 표현하는 것이 남편의 권리인 것처럼, 다른 가족 성원들을 "재교육"시키는 것도 남편의 권리로 여겨진다.

캄보디아에서 가정폭력은 다른 사람들이, 심지어 부모들조차도 간섭해선 안 되는 가정 내부의 문제로 여겨진다. 많은 부모들은 딸들에게 만일 남편과 싸움을 하더라도 자신들에게 도움을 요청하지 말라고 말한다. 부모들은 딸의 중매결혼, 아마도 강요된 것이었을 그 결혼에 이미 책임의 소지를 가지고 있을 수 있다. 라디오 프로그램들은 어린이들에게 "예의바르고 도덕적인" 어린이가 되려면 가족 내의 싸움에 간섭하지 말라고 자주 충고한다.

일부다처제나 혼외 성관계는 가정폭력과 가족기능의 상실을 가져온다. 사회 통념상 남성들은 혼외정사를 할 수 있고, 매음굴이나 오락장소를 찾거나 쾌락을 누려도 된다. 많은 남성들이 한 명 이상의 부인을 두고 있는데, 비록 이것이 합법적이지는 않지만 사회적으로 용인되고 있다. 여러 명의 부인을 둔 그 어떤 남성도 법적으로 처벌받은 적이 없다.

문화예술부(Ministry of Culture and Fine Arts)는 일부다처제와 폭력을 조장하는 대중 간행물, 노래, 예술, 공연 등을 감시하는데 실패했다. 예를 들어, 아주 인기 있는 대중가요에 "비록 당신은 결혼했지만 나는 여전히 당신을 사랑해요, 만일 내가 당신의 첫 번째 아내가 될 수 없다면 두 번째 아내가 되겠어요 …"라는 가사가 나온다. 이 노래가사는 결혼계약에 있어서 한 명의 남편과 한 명의 아내라는 원칙을 강조하고 있는 결혼과 가족법(Law on Marriage and Family)의 원칙을 명백히 부정하고 있다. 거의 모든 코미디 프로그램에서는 가족끼리 싸우고 욕하는 것을 농담처럼 다루고 우습게 여긴다.

여성들로 하여금 이혼할 용기를 잃게 만드는 문화 때문에 아내학대를 일삼는 남편은 계속해서 아내를 구타한다. 남성은 여성이 남편에게 경제적으로 의존하기 때문에(단순히 그렇게 여기든 아니면 실제로 그렇든지 간에), 혹은 남편과 이혼하려고 하는 여성은 나쁜 여자로 여겨질 것이라는 믿음 때문에 감히 자기 아내가 자기를 떠나지 못할 것이라고 생각한다. 크메르족 속담에는 "혼자 사는 여성은 꼬리 없는 소 같다"거나, "혼자 사는 여성은 나쁜 소문들을 만들어 내거나 그러한 소문들에 휩싸일 것이다"라는 등 여성이 학대하는 남편을 떠날 용기를 접게 만드는 많은 속담들이 있다. 첫 번째 속담의 의미는 여성이 남편 없이 살려고 선택하면 많은 문제들에 봉착하게 된다는 것이다. 즉 꼬리 없는 소는 물어뜯으려고 달라붙는 벌레들을 쫓을 수가 없다. 꼬리 없는 소는 힘이 없다. 두 번째 속담은 혼자 사는 여성이 다른 남성들과 성 관계를 갖지 않을 수 있지만, 여전히 그에 대한 비난을 면할 수 없다는 것을 말하고 있다. 여성들은 사회로부터 그러한 잠재적인 괴롭힘을 받고 싶지 않기에 폭력을 감수하면서 살게 되는 것이다.

가정폭력은 캄보디아의 모든 사회계급에서 일어난다. 캄보디아에는 자신을 보호하기 위해 정보를 숨기는 문화가 존재하고 있으며 이는 '외부 사람들에게 내부의 불을 가져가지(문제를 말하지) 말라'라는 말을 chbap srei 혹은 여성훈령에 명시하고 있다. 이것은 만일 그녀가 완벽한 여인이라면 다른 사람들에게 자기 가정의 어떠한 문제도 말할 수 없다는 것을 의미한다. 이것은 또한 그녀가 가정내부에서 생긴 문제들에 대해서는 집밖에서 그 해결책을 찾을 수 없다는 것을 의미하기도 한다. 여성들은 문제들을 혼자서만 갖고 있도록 강요받고 있으며, 이 때문에 폭력적인 행동들이 제대로 보고 되지 않고, 주목을 받지 못하고 있으며, 중점적으로 중재가 이루어져야 하는 영역에 중재가 제대로 이루어지지 않는 악순환이 계속되고 있다.

한 여성이 살해된 경우에는(역설적이게도 여성에 대한 정의는 이 여성이 살아있을 때 이루어지는 것이 아니고, 죽은 다음에 즉, 살해된 후에야 뒤늦게 되찾아지곤 한다), 경찰관들은 법적인 도구인 형법에 근거하여 가정폭력에 개입할 수 있다고 이해하고 있다.

아내를 살해한 남편이 지역 당국의 관할권 밖으로 도망친 경우, 지방 경찰관은 그 범행자를 체포하고 처벌을 내리기 위해 서로 협력하지 않는다. 만일 후에 범행자가 집으로 돌아오고 그를 체포할 수 있는 법적 기한이 넘지 않았더라도 보통은 체포되지 않으며 범죄행위에 대해 책임을 지지도 않는다. 구타는 실제로 이혼으로 이어질 수 있으나 구속으로 이어지지는 않는다. 아내를 구타한 남편들은 이와 같이 처벌을 면제받을 수 있는 환경 속에서 자유롭게 계속해서 폭력을 행사하는 것이다. 비록 캄보디아에는 1995년 이래로 가정폭력에 관한 법 초안이 마련되어 있기는 하지만, 오늘날까지 가정폭력을 억누를 수 있는 특별한 별도의 법이 존재하지 않고 있다.

가난과 음주가 가정폭력의 원인은 아니지만, 폭력적 환경들을 촉발시키고 가정폭력의 "원인"이라는 구실을 제공한다.

가정폭력 문제를 제거하기 위해서는 피해자뿐만 아니라 사회의 모든 관계자들이 이 문제에 제동을 걸기 위한 노력에 동참해야 한다. 대부분의 지역사회들은 여전히 가정폭력을 받아들여질 수 있는 행위이며 행동이라고 생각한다. 지역사회들은 사회를 보호하고 평화구축과 발전을 꾀하기 위해서 공동으로 법들을 만들고 그 법들을 집행하도록 해야 한다.

4. 강간과 근친상간

일간신문에는 거의 매일같이 어떤 여성이 낯선 사람이나 친척에게 강간을 당했다는 기사가 실린다. 때때로 어떤 여성은 강간당한 후 살해되기도 한다. 프놈펜에서 인터뷰한 80명의 여성들 중에서 18.75%가 정규적으로 남편들에게 강간당한다고 한다. 그들은 매일 그리고 일부는 최소한 하루에 세 번씩이나 강간에 노출된다고 주장한다.

이 문제는 적절한 처벌이 없는 것과 침묵의 문화 때문에 널리 퍼져있다. 강간한 사람이 낯선 사람인 경우에는 대부분 처벌대신에 그 피해자에게 "댓가가 치루어졌다," 즉 금전적 보상으로 일이 처리된다. 때때로 피해자들은 강간범과 결혼을 강요당하고, 평생을 자신을 강간한 사람과 살게 된다. 근친상간의 경우처럼 강간범이 도망을 칠 수 없으면 보통 처벌을 받는다. 그러나 강간범이 아버지나 형제일 때 피해자가 강간범을 경찰에 신고하기란 매우 어렵다. 강간범들은 아버지나 남자 친척을 가족 내에서 모든 권력을 갖고 있는 사람으로 보는 사회적 규범에 의해 보호되는 것이다. 여성 피해자가 임신한 사실이 발견되지 않는다면 그런 강간 사례들이 일어났었는지조차 알려지지 않는다. 부부강간은 여성이 이미 강간범과 결혼을 했기 때문에 허용된다. 그리고 만일 그녀가 남편을 강간죄로 고소하려한다면 대부분의 경우에 비웃음을 살게 될 것이다. 남편이 아내를 강간한 혐의로 유죄를 선고받은 적은 단 한 번도 없다.

침묵의 문화는 "찢어진 치마는 더 이상 찢어질 게 없다"라는 속담에 내포되어 있다. 이것은 만일 여성들이 강간을 당하면 그것을 다른 사람에게 말하지 말아야 한다는 것을 의미한다. 말한다면 그 상황을 더 악화시킬 것이기 때문이다. 처녀성을 잃었기 때문에 장래에 그녀는 결혼을 하지 못할 수도 있다. 그러나 만일 강간당한 "비밀"을 지킨다면 그녀는 미래에 결혼을 할 기회를 가질 수도 있다.

또 다른 문제는 여성이 강간당한 사실을 경찰에 신고하더라도 가해자는 체포되지 않을 수도 있고, 심지어 혐의조차 안 받을 수도 있다는 것이다. 이렇게 되면 여성은 더 큰 상처를 받게 되고, 처벌을 위해 신고하는 것을 상당부분 포기하게 된다. 따라서 강간범은 처벌받을 위험성을 최소한으로 갖게 되고, 이는 강간이 지속되도록 조장할 뿐이다.

5. 강제결혼

전쟁동안에 발생하는 강제결혼은 전시가 아닌 때보다 훨씬 끔찍한 일이었다. 수 천 명의 여성들이 한번도 본적 없는 크메르 루즈의 상이용사들과의 결혼을 강요받았다. 결혼하지 않으면, 여성들과 그들의 가족들은 살해되었다. 더구나 크메르 루즈 정권의 몰락이후에도 여성들은 강간당하고, 납치되고, 군인들과의 결혼을 강요당했다. 나는 군인과의 결혼을 거부한 한 여성이 수류탄을 맞아 살해되거나, 어떤 여성들은 군인이 동료들의 도움으로 그 여성을 유괴하고 강간한 후, 결국 그 군인과의 결혼에 동의하게 되는 것을 목격했다.

강제결혼은 "케이크는 접시보다 크지 않다"라는 믿음 때문에 여전히 캄보디아에서 벌어지고 있고, 특히 시골에서 더 많이 일어나고 있다. 이 말은 부모들이 딸보다 더 많은 권리들을 갖고 있다는 의미로, 딸은 부모가 좋아하거나 부모에게 뇌물을 주어 부모 마음을 붙잡아 놓은 남자와 결혼을 해야 한다는 것이다. 비록 그 딸이 신랑후보자를 싫거나 결혼하기에는 너무 어려서 결혼할 준비가 되지 않았어도, 이 말은 그녀가 부모들의 뜻에 따라야한다는 것을 정당화시킨다.

이런 경우 여성들은 자신이 싫어하는 배우자와 함께 살 것을 강요받고, 이것은 이혼이나 폭력을 낳을 수 있다. 때때로 여성들은 자살을 시도하여 죽기도 하고, 가출하기도 한다. 그러나 일단 집에서 나오면 여성들은 성 매매의 덫에 걸리기 쉽다.

결혼과 가정법은 강제결혼이나 조혼을 금지하고 있다. 그러나 경찰관은 그 법을 무시하고 부모와 함께 소녀가 결혼하도록 설득하거나 강요하기도 한다. 딸에게 결혼을 강요하고 새 남편과 성행위를 강요한 부모들이 기소된 경우는 한번도 없었다. 비록 이러한 사실이 모든 마을사람들에게 잘 알려졌어도 말이다. 캄보디아 사회에서는 중매결혼과 관련하여 부모들의 뜻을 어긴 딸을 가족의 "나쁜" 구성원으로 간주한다. 그리고 그녀는 다른 남자친구가 생겼다는 더 심한 괴롭힘과 소문들에 휩싸여 캄보디아에서는 결코 받아들여질 수 없게 된다.

6. 노동권 문제

일요신문(Sunday Observer)의 보도에 따르면 최근 프놈펜과 칸달(Kandal) 지방에서는 170개의 의류공장이 가동되고 있다. 그 공장들에는 88,649명의 노동자가 일하고 있는데, 그 중의 79,350명(89.51%)이 젊은 여성들이다. 1999년 상반기의 총 수출액은 2억 7천 5백 50만 달러였다. 만일 노동자 한 명당 한 달 평균 50달러로 임금이 지불된다면 노동자들에게 지급되는 총비용은 2,660만 달러, 즉 총 수출액의 9.65%밖에 되지 않는다.

여성들은 공장의 노동조건이 매우 나쁘다고 이야기한다. 월 50달러를 받으면서 그들은 종종 시간을 초과해서까지 일하도록 강요받고, 그것을 거부하거나 불평하면 해고될 수 있다. 만일 그들이 결근하면 월급에서 일당 5달러가 삭감된다. 어떤 여성이 열악한 노동조건 때문에 근무 중 기절했다는 뉴스보도도 있었다. 노동조건을 점검하고자하는 관리자들조차 종종 노동현장에의 접근을 거절당하기도 한다. 일부 공장 노동자들은 점점 말라가는 만성적인 건강문제를 얻게 되었다고 이야기한다. 어떤 공장노동자들은 피골이 상접하고 창백하게 된다.

노동자들은 공장 관리자들에게 구타를 당하기도 하지만 구타한 그 누구도 법원에 고소당하지 않는다. 구타에 대해 약간의 보상이 주어지는 경우도 있기는 하다. 라즈메이 캄푸체아(Rasmei Kampuchea)의 1999년 8월 6일 보도에 의하면, 한 공장 관리자가 19세 된 여성노동자의 머리를 잡아 공장바닥에 대고 여러 차례 때려서 그 여성은 머리에 상처를 입었다. 게다가 그 남성관리자는 그 여성노동자를 멍이 들 때까지 목을 졸랐다. 다행히 다른 노동자들이 그 관리자를 제지하여 그 여성노동자는 구출되었고 현재 병원에서 치료를 받고 있다. 그녀는 그 관리자가 자신이 하고 있던 작업의 질을 점검해 보라고 할 때 그를 쳐다보았다는 이유만으로 구타당했다. 그러나 관리자가 저지른 범죄에 대해 아무도 명확하게 책임을 밝혀낼 수 없었고, 그 관리자는 여성피해자에게 피해보상금으로 100달러를 주는 것으로 일은 마무리되었다. 그가 바로 같은 날 오후에 또 다른 여성노동자를 심하게 구타했다고 공장노동자들이 말했을 때 왜 경찰이 그 사건을 법정으로 가져가지 않았는지가 의심스럽다. 노동자들은 그 관리자가 매일 규칙적으로 노동자들을 구타하고 동물보다도 못하게 다룬다고 덧붙였다. 노동자들은 그 관리자보다는 공장의 사장이 더 공정하게 행동한다고 이야기했다.

노동자들은 또한 만일 자신들이 다른 대안을 갖고 있다면 당장 공장일을 그만두겠다고 말했다. 그러나 캄보디아에서 실업은 심각하고 복잡한 문제로 노동자들이 자신의 권리를 주장하지 못하게 만든다. 1999년에 캄보디아의 피고용인구 중에서 15%만이 임금노동자이다. 임금노동자들의 평균 월급은 43달러이다. 임금노동자 중 약 46%가 자신을 무보수 가족노동자라고 말한다. 노동자들의 권리보호와 권리증진을 위해서 소수의 노조들이 형성됐으나, 불안전한 노동시장의 상황 때문에 그들의 활동은 매우 제한되어 있다. 1997년에는 의류공장 시위자들에게 수류탄 공격이 퍼부어져서, 이 공격으로 약 20명이 죽고 100명이 크게 다쳤으나 아무도 그 범죄에 대한 책임으로 체포되지 않았다.

7. 건강과 HIV/AIDS

캄보디아는 아시아 – 태평양 지역에서 임산부 사망률이 가장 높다(임산부 10만 명당 500명). 아시아 – 태평양 지역의 평균 사망률은 10만 명당 160명이고, 스웨덴과 같은 선진국의 경우는 5명 안팎이다. 캄보디아에서 5세 미만의 어린이 사망률은 1,000명당 181명이고, 베트남은 36명, 태국은 27명이다. 가족도 국가도 임산부의 건강을 중요한 문제로 생각하지 않는다. 캄보디아에서 1998년 건강관련 국가예산은 총예산의 4.31%(623억 6천 4백만 릴)일 뿐이었다. 이 예산은 1999년에는 5.35%(801억 1천 3백만 릴)로 증가했다. 다행히 1999년에 여성들에게 제공되는 건강 서비스는 종전보다 더 개선될 전망이다.

의사와 보건서비스 제공자들의 약 90%가 도시에 집중되어 있다. 시골 여성들은 돈, 운송수단, 집을 비울 시간 등이 없어서, 그리고 돈을 벌어야 하기 때문에 의료시설, 약, 의료진들을 적절하게 이용할 수 있는 기회를 가질 수가 없다. 의료비용은 점점 더 비싸져서 오늘날 시골과 도시 빈민들이 지게 되는 빚의 가장 첫 번째

원인이 된다. 흔히 발생하는 건강 문제로는 깨끗한 물의 부족, 간염, 장티푸스, 그리고 자궁 감염 등이 있다.

캄보디아의 HIV/AIDS 전염병 발생률은 놀라운 통계수치를 보이고 있는데, 이는 많은 여성들과 어린이들에게 상당한 악영향을 미치고 있다. HIV/AIDS 퇴치국가위원회는 1999년에 HIV 양성반응을 보인 사람이 약 18만 명이라고 예측했다. 1998년에 약 6,689명이 에이즈로 죽었고, 이 수치는 보고된 사례들만을 기초로 한 것이다.

에이즈의 원인인 HIV 바이러스에 감염되는 원인은 주로 매춘부를 찾아 성관계를 갖고 나서 질병을 가족들에게 전염시키는 남성들 때문이다. 캄보디아에서 매춘부의 39.3%, 군인의 7.1%, 경찰의 6%, 그리고 임산부의 3.2%가 HIV/AIDS에 감염되었다. HIV/AIDS 확산의 또 다른 이유는 환자들에게서 많은 돈을 벌어들이고 있는 중국 한의사들과 크루 크메르(Kru Khmer)와 같은 "전통적인" 보건의료업자들이 무제한으로 퍼뜨리고 있는 선전 때문이다. 사람들은 감염 후에 쉽게 치료받을 수 있다고 믿기때문에 우선적으로 자신들을 보호하려고 하지 않는다. HIV/AIDS에 감염된 가난한 환자들은 보건과 약에 접할 수 있는 기회가 전혀 없다.

게다가, 전국의 60%에 비해 시골여성들의 20%미만이 가족계획을 세우고 실행하고 있다. 이러한 상황은 원하지 않는 임신과 낙태로 이어진다. 보통, 전통적인 약이나 약초로 치료하는 전통적인 산파들이 낙태를 수행한다. 이러한 낙태는 위생과 기술부족으로 인하여 안전하지 않을 수도 있다. 병원에서의 낙태시술은 너무 비용이 많이 들어서 받을 수 없다고들 생각한다.

영양실조는 캄보디아에서 심각한 문제이다. 여성들도 지금은 집안일과 육아를 책임지는 것 이외에 집밖에서 노동을 한다. 그러나 이러한 여성들이 처해 있는 상황은 적절한 영양섭취의 결핍을 야기한다. 캄보디아 사회에서 가장 좋은 음식은 남편과 손님을 위해서 준비된다. 그리고 남편이 집에서 식사를 하지 않을 때에는 요리를 하지 않는 경향이 있다. 이 현상은 모든 종류의 음식점에서 분명히 볼 수 있는 것으로, 음식점에 소수의 여성들과 어린이들이 식사를 하고 있는 것을 볼 수 있다.

8. 교육문제

1997년 성인들 중에서 글을 읽고 쓸 수 있는 사람들의 비율은 65.86%인데, 남성들의 경우 그 비율은 78.5%이고, 여성들의 경우 그 비율은 55.34%이다. 소년들과 소녀들이 학교에 진학하는 수는 10살까지는 대략 비슷하지만, 18세에 이르면 남성들이 여성들보다 세배나 많이 진학한다. 대학생들 중에서 여학생은 25%도 못 미친다. 이러한 여학생들의 낮은 진학률이 의미하는 것은 여성들 개개인이 자신의 능력을 펼칠 수 있는 권리를 박탈당하고 있다는 것뿐만 아니라, 사회 전체로 보아도 여성들이 할 수 있는 귀중한 경제적 공헌과 가족을 교육하고 돌보는 보다 나은 어머니 역할을 할 수 없게 만든다는 것이다.

젊은 여성들의 진학률이 낮은 것은 딸이란 어머니를 도와서 집안일을 하는 역할로만 쓸모가 있다는 잘못된 생각 때문이다. 특히 시골에서는 남편이 집안일을 도우면, 다들 그 남자가 불행하다고 생각한다.

아들은 가족의 승계자이고 가족의 여성 구성원들, 특히 누이의 보호자이다. 그래서 가족들은 아들이 강한 지도자와 보호자가 되도록 그의 능력을 키워나가는데 최선을 다한다. 그들은 딸이 지도자가 되리라고는 기대하지 않는다. 만일 부모들이 자녀들의 교육비를 더 이상 지불하지 못하게 되면, 딸이 우선적으로 학교를 그만둬야 한다. 딸은 교육을 받을 필요가 없다. 딸은 부엌주변에서 움직일 수 없을 뿐만 아니라(즉, 경제적인 책임을 질 필요가 없을 뿐만 아니라) 지도자도 될 수 없다. 대신 그녀의 남편이 그녀를 먹여 살릴 것이다. 이게 바로 여성을 의존적이고 열등하게 가르치는 문화이다.

대부분의 여성들, 특히 시골 여성들은 공부하기 위해서라든지, 이웃과 경험을 공유하기 위해서라든지, 사교를 위해서 집 근처나 멀리 여행을 떠날 수조차 없다. 캄보디아 사회는 여성이 결혼할 때까지 지켜야 하는 처녀성을 잃을까봐 우려한다. 많은 사람들은 여전히 딸을 갖는 것이 매우 강한 냄새를 풍기는 캄보디아 반죽인 푸롤 훅(Pror Houk)이 담긴 단지를 갖고 있는 것과 같다고 믿고 있다. 그 단지가 깨지면, 즉 딸이 처녀성을 잃으면 그 냄새는 퍼져나갈 것이고 가족의 명예는 끝장이 날 것이다. 따라서 딸들을 지방도시나 프놈펜에 보내서 더 높은 수준의 교육을 시킬 수 있는 능력을 가진 가족들마저도 그렇게 하지 않는다. 이러한 여성들에 대한 제한은 여성들의 이동의 자유에 영향을 줄뿐만 아니라 여성들이 정신적인 발전을 증강시키고 국가 재건설 참여할 수 있는 기회에도 부정적인 영향을 준다.

가난으로 말미암아 수천 명의 소녀들은, 특히 프놈펜과 칸달(Kandal)에 살고 있는 여학생들은 고등학교를 그만두고 의류공장에서 장식용 꽃 만드는 일을 하는 노동자가 된다. 대부분 공장들은 젊고 미혼인 소녀들만 고용한다. 의류노동자의 89.51%가 어린 소녀들이다. 이것은 소녀들이 중등학교와 대학에 입학하는 비율이 이미 낮아있는 상황을 더욱 악화시키는 새로운 형태의 비극이라고 할 수 있다.

가난뿐만 아니라 불교가 소녀들을 차별하는 것 또한 소녀들이 고등교육을 받는 것을 방해하고 있다. 대학에 진학할 수 있는 대부분의 가난한 남학생들은 절에 머물고 있다. 그러나 여학생들에게는 허용이 안 된다. 그들 여성들이 밤에 절에서 잠을 자면 절에 불행을 가져다준다고 생각된다. 만일 여학생들이 스스로 학비를 조달할 수 있다하더라도 방을 빌리거나 친척집에 머물거나 기숙사에 들어갈 수 없다면 고등교육을 받을 수 없는 것이다.

문화적으로 절은 많은 가난한 사람들이 지도자, 부유한 사업가, 학자, 교수가 되도록 도와주었다. 캄보디아의 수상인 훈센(Hun Sen), 몽 리티(Mong Rithy)씨, 라오 몽 헤이(Lao Mong Hay)박사 등도 이에 포함된다. 이러한 기회는 여학생들에게도 확대되어야만 한다.

정부가 총 국가예산에서 교육예산의 비율을 1998년에 6.69%에서 1999년 8.34%로 증가시킨 것은 갈채를 받을 만한 일이다. 그 증가된 예산은 더 많은 소녀들이 교육을 받을 수 있도록 장려하는 데에 쓰여야 한다.

Ⅱ. 정치참여와 의사결정

여성이 캄보디아 총인구의 51.8%와 총유권자의 58%를 차지하고 있다. 그러나 정치와 의사결정 수준에 참여하는 여성들의 수는 너무 적어서 전체 공동체로서 여성들의 이익을 보호할 수 없다.

정책결정 참여에 있어서, 의회(Congress)에는 61명중 8명, 국회(National Assembly)에는 122명중 13명의 여성이 있으며, 헌법위원회에는 단 한 명의 여성도 없다. 이렇게 작은 숫자 때문에 법률 제

3조를 통과시키는 데에 실패했다. 이 조항은 "여성·참전군업무부(MoWVA)의 수상은 여성이다"라고 명시한 여성·참전군업무부의 조직과 기능에 관한 법 조항이다. 이 조항은 위헌이기보다는 정부가 성평등을 고무시키고자 하는 의지를 보인 유일한 공약이다. 만일 의회가 그 조항이 위헌이라고 생각한다면, 선거가 아니더라도 여성들이 사회적 지위를 남성들과 공평하게 공유할 수 있는 다른 법이 하루빨리 통과되어야 한다.

행정부에서 34명의 국가각료 및 지방각료들 중 2명이 여성이고, 52명의 국가장관 중 4명이, 124명의 국가차관 중 4명이 여성인데, 이 중에서 군대와 경찰 관료 중에서는 여성이 한 명도 없고, 여성 주지사나 시장 역시 한 명도 없다. 사법부에서, 캄보디아를 통틀어서 110명의 판사들 중에서 8명의 여성판사가 있을 뿐이고 40명의 검사들 중에서 여성은 단 한 명도 없다.

행정직과 관리직 종사자들 중에서 13%만이, 그리고 전문직과 기술직 종사자들 중에서 28%가 여성이다. 비록 이러한 직종에 종사하고 있는 여성들의 수가 의사결정 수준에 종사하고 있는 여성들의 수보다 더 많기는 하지만, 총 여성인구와 여성노동인구 수에 비해서 여전히 매우 낮은 수준에 있다.

이러한 현상은 교육기회가 불평등하고 가족과 정치정당 지도자들이 현실을 시정하고자 하는 동기를 충분히 갖고 있지 않기 때문에 생겨난다. 따라서 정책과 실행의 영역에서 이루어지는 어떤 결정들은 여성들의 필요와 관심들을 반영하고 있지 못하다. 예를 들어 노동법은 여성노동자들보다는 남성노동자들에게 더 많은 혜택을 부여하고 있다. 일자리를 갖고 있지 않은 남성노동자의 부인은 고용주나 정부로부터 일부 금전적 지원을 얻을 수 있다. 그러나 실업 상태인 여성노동자의 남편은 자금지원을 받을 수 없다.

남편은 가족기록부(Family Book)에 가장으로 기록되어 있기 때문

에 어떤 가족들은 고통을 당하기도 한다. 콤 풋(Kom Pot)에서 일어
난 많은 토지분쟁들 중에서 한 법정 사례를 예로 들 수 있다. 한
남편이 보증인 자격으로 친구에게 약간의 토지를 비밀리에 빌려
주었다. 그 친구는 빚을 갚을 돈이 없자 도망을 갔다. 채권자는 법
원에 그의 토지와 집을 몰수하게 해달라고 청원했다. 그의 아내는
남편이 빌려 준 사실을 몰랐기 때문에 그 결정을 부인했지만, 결
국 채권자가 승소했다. 판사는 남편이 가장이기 때문에 남편이 한
어떤 결정이든 유효한 것이라고 주장했다. 그 부인은 법원 소송과
절차에 대해 알지 못해서 법원에 항소하지 못했다. 집행관은 그
판결에 따라 부부와 다섯 아이들을 집에서 퇴거시켰다.

　캄보디아에는 정치적 안정과 평화에 대한 갈망이 존재한다. 캄
보디아는 수많은 비극적인 전쟁들과 무장투쟁을 경험해왔기 때문
이다. 여성들은 무력을 사용하기보다는 타협(대화와 논쟁을 통해
서)을 좋아한다고 간주되고, 실제적으로 전쟁을 할 것인가 말 것
인가를 결정하는 과정에 여성의 참여는 부족하다. 서로 말로만 싸
우는 남성은 대게 다른 사람들로부터 약하거나 여성 같다고 비난
을 받았다. 만일 그가 진정한 남성이라면 그는 이미 무력을 사용
했을 것이다. 남성들이 무력을 사용하기를 좋아한다거나 여성들보
다 폭력적이라는 또 다른 증거는 남성들이 저지른 범죄율이 매우
높다는 점이다.

Ⅲ. 평화와 인권 존중을 위한 투쟁

　크메르루즈 강경노선이 1999년 선출된 정부에 패한 후에 전쟁
이 완전히 끝났지만, 그 이전부터 수년 동안 캄보디아인들과 국제

공동체들은 만성적이고 파괴적인 전쟁을 끝내기 위해 꾸준히 노력해왔다. 네 개의 분쟁파벌 모두가 전쟁을 그만두고 나라를 재건하고 인권을 존중하는 것에 동의하면서 1991년 파리평화협정에 서명했다. 그 첫 번째 연립정부가 1993년에 UN이 후원한 선거를 통해 설립되었다.

그 때에 정부, 시민사회, 국제 공동체는 캄보디아를 모든 분야에서 재건하기로 공약했다. 그래서 평화증진, 농촌개발, 하부구조 건설, 보건, 인적자원개발, 경제개발, 그리고 인권과 민주주의 보호 및 증진을 위한 프로그램들이 시작되었다.

우리 캄보디아 여성위기센터(CWCC)의 프로그램들은 권한신장(empowerment)이라는 개념을 추진력으로 삼아 고안된다. 여성폭력 피해자들은 그 어떤 힘도 가지고 있지 못한 채 우리들을 찾아온다. 실제로 이와 같이 아무런 힘이 없다는 것이 피해자라는 용어가 가지고 있는 의미 중의 하나이다. 즉 피해자란 그녀 자신의 현재와 미래, 인생이나 행복을 통제할 수 있는 힘을 갖고 있지 못한 사람을 일컫는다. 학대받은 아내, 노동력으로 팔려간 어린이들, 매춘부, 혹은 강간의 피해자 등 이들 모두가 공통적으로 갖고 있는 특징은 인간의 필수적인 기본권이라고 할 수 있는 통제력과 자기결정권이 부족하다는 점이다.

고객들[즉, 여성피해자들; 편역자 주]의 요구를 충족시키기 위해 권리중심의 접근방법(a rights – approach)을 사용하고 있는 CWCC의 전략은 많은 프로그램 영역을 발전시키는 결과를 낳고 있다. 신체적, 감정적 학대로부터 자유로울 수 있는 권리라는 개념도 종종 피해자/고객과 센터직원이 처음으로 만나게 되는 장소인 CWCC 방문센터에서 처음으로 거론된다. 학대받은 여성들이 스스로 학대와 위협적인 상황에서 벗어나기로 선택을 결정하는 것도 바로 이 첫 대면의 지점에서 이루어진다. 고객의 이 첫 번째 행동결정은 폭력으로부터 자유롭고자하는 그녀의 권리의 표현이자 그녀가 자신의 현재와 미래에 관하여 스스로 결정을 내릴 수 있는 권리의 표현이기도 하다. CWCC의 비밀 쉼터는 그 곳에 들어오기로 선택한 모든 여성들에게 안전과 상담, 그리고 기타 서비스들을 제공함으로써 피해자들이 안전하고 적절한 거처와 후원을 제공받을 수 있는 권리를 행사할 수 있도록 한다. 다시 강조하지만, 이와 같이 피해자 스스로가 행한 개인적인 선택, 즉 독립적인 행동은 그녀가 가지고 있는 개인적인 권리 표현에 있어서 필수적이다. 이 행동은 권한신장을 위한 첫 발걸음이라고 할 수 있다.

CWCC는 상담서비스와 의료보건 서비스를 통해서 여성들이 신체적, 정신적, 감정적 건강에 대한 권리를 행사할 수 있도록 도와준다. 건강한 몸과 건강한 정신을 가질 권리는 기본적인 인권으로, 이것이 없다면 진보는 이루어질 수 없다. 학대, 성적 착취 그리고 다른 형태의 폭력의 피해자들은 많은 신체적이고 감정적인 문제들로 고통을 받는다. 이러한 문제들에 있어서 우선순위는 모든 피해자들의 인간성을 인정하고 모든 상처를 치료하는 것에다 두어야 한다.

CWCC는 여성들이 법적으로 대변해 줄 수 있고 조언과 보호를 받을 수 있는 기회에 대한 권리를 행사할 수 있도록 도와준다. 여성들은 CWCC에서 그들이 가지고 있는 권리, 법적 대응, 법적 행동을 하는 경우에 드는 비용과 이득에 대한 정보를 얻는다. 그리고 CWCC가 직접 법정에서 여성들을 대변하거나, 아니면 법정에서 여성들을 위해 대변할 대변자를 찾아주기도 한다. 다시 한번 말하건대, 법에 접근할 수 있는 권리를 갖고 법적 권리에 대하여 이해한다는 것은 우리 모두가 부여받은 인권이라는 보호막에 있어서 최

우선적인 것이다.

어디서 살 것인지, 어떤 일을 구할 것인지에 대한 자기결정권은 CWCC의 재통합 프로그램(reintegration program)을 통해서 인지되고 제공되고 있다. 이 프로그램은 여성들이 성적으로 불법 매매되거나 착취된 후에 자신들이 속해있는 공동체나 가족에게 되돌아가기를 원할 때, 그리고 취업의 기회를 갖기 원할 때 도움을 제공한다. 이러한 권리는 비탄에 빠진 여성이 미래에 성공하기 위해 꼭 필요하고, 다시 한번 말하지만 이것이 바로 권한신장으로 향하는 첫걸음인 것이다. 더 이상 여성의 남편이나 학대하는 사람 혹은 매춘업 주인이 그녀의 운명을 결정하지 않을 것이다. 여성은 선택의 여지를 갖게 될 것이고, 의사결정 시에 그녀를 도와줄 필요한 모든 지원을 받을 것이다. 이러한 지원들 중에 자유롭게 움직일 수 있는 피해자의 권리를 함께 포함하고 있는데, 이 권리는 과거에는 불행하게도 여성들이 누릴 수 없었던 권리이다. 이러한 권리의 박탈 사례는 바깥세상과 접촉할 수 없고 매음굴에서 빠져 나올 수도 없이 방에 갇힌 채 발견된 수많은 매춘부들의 경우에서 찾아볼 수 있다.

일할 권리, 기술이나 직업 훈련을 받을 권리, 살기에 충분한 임금을 받을 권리는 CWCC이 실시하고 있는 직업훈련프로그램의 필수적인 요소들이다. CWCC가 제공하는 어린이들과 젊은이를 위한 서비스들을 통해서 어린이들을 돌보고 보호하고 치료할 권리가 강조된다. 이 서비스들은 학대받는 어린이들이나 학대를 목격된 어린이들을 상담하고 그들에게 놀이활동을 제공하며 교육기회를 제공한다.

성 매매에 자발적으로 되돌아갈 것인가 아니면 다른 생활방식을 찾을 것인가의 문제와 같이 자신의 신체에 대한 통제권, 사생활에 대한 권리, 일과 가정생활에 대한 선택권, 교육과 훈련에 대한 권리, 공포, 억압, 폭력으로부터 자유로운 생활을 할 수 있는 기회에 대한 권리 등, 이 모든 권리들은 CWCC가 설립된 기초의 초석이라고 할 수 있다.

Ⅳ. 결 론

결론적으로, 여성들이 총 인구의 거의 52%를 이루고 있는 캄보디아 상황에서 어떻게 캄보디아 여성들의 문제를 한 마디로 정리할 수 있겠는가? 여성들은 사회와 경제 발전, 정치적인 안정, 그리고 평화를 위한 핵심 요소인가? 캄보디아에서 이 문제를 다루기 위해서는 협력이 이루어져야만 한다. 정치적인 의지를 다음과 같은 전략들에 모을 필요가 있다. 즉 지속적인 평화 건설, 사람들이 바로 그 평화건설의 문제와 관련하여 광범위하고 장기간의 연구에 참여할 수 있는 권한신장, 개선된 정보 확산, 법 집행관들과 법 관계자들에 대한 훈련, 합동 중재와 소개, 사회망(social net)의 강화, 가난을 완화시키기 위한 농촌개발프로그램의 확립, 건강교육, 그리고 여성들과 어린이들의 성 착취에 반대하는 국가적, 국제적 운동 등이다.

그러나 이런 것들만으로는 충분하지 않다. 여성들에 대한 폭력이나 성적 착취의 모든 형태는 남성과 여성간의 불평등한 권력분배의 증거이기 때문이다. 이 문제에 대한 국제적 그리고 국가적 수준에서의 해결책들은 성불평등과 폭력간의 관계를 고려해야만 한다. 정부와 공동체들은 여성들에게 교육, 보건, 음식, 쉼터, 정치·사회적 참여 그리고 취업기회를 남성들과 똑같이 제공하도록

노력해야만 한다. 우리는 이러한 목표를 성취하고 여성의 권리가
인권의 문제라는 인식을 위해 모두 함께 일해야만 한다.

노력해야만 한다. 우리는 이러한 목표를 성취하고 여성의 권리가
인권의 문제라는 인식을 위해 모두 함께 일해야만 한다.

제3장
여성과 성(Sexuality)

일본의 페미니즘운동과
일본군 성노예 법정

오오코시 아이코(大越愛子)*

Ⅰ. 서 론

　지난 20세기가 전쟁과 폭력의 시대였다는 것을 어느 누구도 부정할 수는 없을 것이다. 전쟁 피해자들의 대부분은 전쟁에 직접 참여하지 않은 사람들, 예를 들어 여성들, 어린이들, 노인들이었다. 얼마 전까지만 해도 남성지배사회에서는 무시되어 왔던 이러한 현실들이 최근에 드러나고 있는데, 이는 전쟁 중에 자행된 폭력으로부터 고통받은 여성들이 이야기를 하기 시작했기 때문이다.

　흔히 듣기 좋은 소리로 '위안부'라고 불리던 전쟁 성노예들이 1991년 일본에서 했던 증언들은 일본 페미니스트들에게 큰 충격으로 받아들여졌다. '위안부'였던 여성들은 오랜 동안 엄청난 고통과 분노의 세월을 살아왔고, 이제 그에 대한 책임을 묻게 되었던 것이다.[1] 그들을 통해서 우리 일본 페미니스트들은 처음으로 전쟁

---

* 일본 긴키대학교(Kinki University) 교수이며, 여성·전쟁·인권학회 (Association for the Studies of Women, War, and Human Rights) 회장.

1) 힉스(Hicks 1995)에 따르면, 일본제국의 군대들은 1938년에 상해에 '위안

피해자들의 실체를 가까이에서 직접 경험하게 되었다. 우리는 그들의 강도 높은 책망을 마주 대함으로써 우리 스스로를 희생을 가한 가해자들로 인식하지 않을 수 없었다.

역사적으로 볼 때, 히라쓰카 라이초(平塚雷鳥)와 다카무라 이쓰에(高群逸枝)와 같은 제국주의 일본의 초기 페미니스트들은 일본이 아시아를 식민지화하고 침략전쟁을 일으킨 것에 대해 적극적으로 동의하고 공모하는 어리석은 실수를 범했다. 이러한 실수들을 반복하지 않기 위해서 우리 전후 페미니스트들은 전쟁에서 여성들이 공모했던 사실을 우리 스스로에게 각성시켜야 했다. 우리는 과거의 실체를 직면해야 하고, 우리가 이전의 성적 노예들로 하여금 고통이라는 감옥과 강요된 침묵 속에 갇혀 살도록 내버려 두었다는 진실을 인식해야한다.

우리는 이들 성노예였던 여성들의 소원신청을 이해해야할 책임감을 느끼고 있으며, 이 문제를 철저히 조사할 필요가 있다고 믿고 있다. 이것은 단순히 식민지배를 당한 사람들의 지나간 고통이라고 역사적으로 다뤄버릴 수 있는 문제가 아니다. 이 문제가 반영하고 있는 태도는 현재까지 문제로 남아 있는데, 일본에 주둔하고 있는 미군들에게 매춘부들을 제공한다든지 일본인들이 아시아지역으로 매춘관광을 가는 등과 같은 성적 모독행위로 이어져서 계속해서 드러나고 있는 것이다. 우리는 이 문제가 현재

소'를 세웠다. 그 이후로 제2차 세계대전 동안 아시아 전역에 걸쳐서 10만 명 이상의 여성들이 일본제국군에 의해서 강제로 매매춘의 희생자들이 되었다. 1991년에는 한국여성, 김학순씨가 처음으로 자신이 이전에 일본군 '위안부'였음을 공개했다. 많은 군'위안부'들이 그녀의 뒤를 따랐다. 한국정신대대책협의회(The Korean Council for Women Drafted for Military Sexual Slavery)는 이전의 성노예였던 여성들을 지원하는데 힘을 모으고 아시아 여성운동에 있어서 주도적인 역할을 하였다(2000년 현재에도 일본정부는 여전히 법적인 책임을 거부하고 있다).

여성들의 기본적인 인권에 관한 것이라는 것을 인지하고 있다(Sajor 1998, 17).

많은 일본 페미니스트들은 이 범죄행위의 본질과 원인을 철저히 밝혀내고, 그 책임자들를 처단하고, 이러한 범죄의 당사자인 일본정부를 기소하고, 그리고 모든 피해자들 한 명 한 명에게 사과를 하고 금전적인 보상을 해줄 것을 요구하려고 한다. 나아가 우리는 이와 같이 조직적이고 체계적인 성폭력이 발생하도록 만든 환경, 문화적 배경, 성도덕, 권력구조, 그리고 여성들을 바라보는 시각을 밝혀내려고 노력하고 있다.

그럼에도 불구하고, 이 비판적인 의식을 회피하고 과거로 돌아가려는 위험한 경향들도 나타나고 있다. '위안부' 여성 문제에 대하여 강력하게 반대하는 태도가 1996년 경 이후에 보수적인 반페미니스트들 사이에서 일어났다. 그 당시 자신들을 "자유주의파"(역사를 자유주의 관점에서 연구하는 그룹)라고 부르는 집단의 사람들이 이 문제에 대해 반대하는 캠페인을 펼쳐나갔다.

그들은 1996년에 UN 인권위원회 특별서기관이었던 코마라스미씨(Ms. Commaraswmy)의 권고로 교과서에 포함되어 왔던 '위안부' 여성들에 대한 내용을 삭제하도록 교육부에 요구했다(Coomaraswamy 1996). 그들은 또한 대동아전쟁이 침략전쟁이 아니라 오히려 서양의 식민지배로부터 아시아 국가들을 해방시켰던 전쟁이라고 해석하는 등 역사에 대해 극우 민족주의적인 입장에서 새로운 교과서를 만들겠다고 선포했다. 이러한 수정주의자들은 대중매체를 통해서 군의 성노예 희생자들을 모욕하는 온갖 언사들을 퍼붓고 있다.

전후 일본지식인들은 일본의 전쟁책임과 관련하여 기나긴 논쟁들을 해왔다. 전후 토쿄(東京) 전범재판에서 천황 히로히토(裕

仁)는 대일본제국의 가장 큰 전쟁책임을 지고 있다고 판정이 났음에도 불구하고 그의 절대적인 왕권 때문에 처벌을 받지 않았다. 따라서 일본사람으로서 이 문제를 전면에 부각시키기는 매우 어려웠고, 결과적으로 우리는 이 문제를 추상적으로 다룰 수밖에 없었다.

일본헌법 제9조의 전쟁포기를 지지했던 평화주의자들은[2], 일본정부가 아시아 국가들에게 정부차원에서 공식사과를 하고, 개인 피해자들에게 보상금을 지급하고, 이러한 역사적 현실에 대해서 학생들에게 가르침으로써 전쟁에 대한 책임을 져야 한다고 주장해 왔다. 이와는 반대로 전쟁은 잘못된 것이 아니었다고 말하는 우파들은 일본정부가 야스쿠니신사에서 전쟁에서 죽은 일본군인을 공식적으로 애도해야 한다고 주장했다.

우익들은 '위안부' 제도의 문제에 대해서는 '위안부'들과 나이 어린 여성들에게 자행한 조직적인 만행에 대한 일본의 책임을 부인하고, 그 여성들은 자원자들이었고 '위안부'의 부도덕성과 일본의 무죄를 주장하기 위하여 계속적으로 그들을 '창녀들' 그리고 '부대를 따라 다니는 사람들'(camp followers)이라고 성격규정을 했다.

안타깝게도 적지 않은 일본지식인들이, 심지어는 몇몇 저명한 페미니스트들까지도 이 문제를 비판적이고 객관적인 방법으로 다루고 있다고들 가장하지만, 실은 이 문제를 적당히 얼버무리려는 의도를 갖고 있다. 이들 주장의 근거는 피해자들보다 가해자들의 변명이 용인되는 애매한 이론이다. 더구나 나는 이 '위안부'문제는 전쟁책임에 대한 문제일 뿐만 아니라, 여성들에 대한 성폭력의 문

---

2) 일본헌법 제9조의 주된 내용은 전쟁반대, 그리고 일본은 자기방어 이외의 어떤 다른 목적으로도 상설군을 유지하지 않겠다는 조항이다.

제임을 강조하고 싶다. 비록 이들은 페미니스트 운동을 지켜보아왔지만, 이 운동이 얼마나 성에 대한 관점을 급진적으로 변화시켰는지는 이해하지 못하고 있다. 나를 더욱 슬프게 만드는 것은 심지어 지금도 많은 일본지식인들이 성폭력을 여성의 인권침해의 문제라고 생각하지 못하고 단지 남성과 여성사이의 자연스러운 관계라고 본다는 점이다. 이런 상황에서는 군대에 의한 성폭력이 다시 일어나지 않으리라는 희망을 갖는다는 것은 비현실적일 수 있다.

현재의 상황을 개선하기 위해서 일본의 페미니스트들과 운동가들은 몇 개의 정치조직을 만들었고, 몇 가지 행동지침을 제안했다. 나는 이 글에서 이러한 활동들에 대해서 말하고자 한다. 먼저 복잡하게 얽혀있는 일본의 현재 상황부터 언급하겠다.

Ⅱ. 전쟁책임에 관한 문제

일본군'위안부'란 1932년에 설립되어 일본이 1945년 마지막 항복할 때까지 계속 유지했던 '위안소'에서 일본 육군과 해군 소속의 군인들에게 성행위를 강요당했던 여성들을 일컫는다. 이 기간 중에 '위안부'로 끌려간 여성들이 모두 몇 명이나 되는지는 알기 어려우나 대략 5만 명에서 20만 명 가량으로 추정된다. 가장 많이 희생된 민족은 한국인과 중국인이고 그 다음으로 필리핀인, 인도네시아인, 말레이시아인, 미얀마인, 그리고 태평양지역인들과 일본인들이다. 백인들 중에서는 오로지 네델란드령 동인도에 있던 네덜란드 여성들만이 기록되어 있다. 이에 대한 책임소재와 관련하여 가장 중요한 문제는 이 '위안부'체제가 실제로 성노예체제였고, 이 체제는 여성들과 그들의 의지를 완전히 무시했다는 점이다. 왜 일본군은 전방과 점령지역에 '위안소'체제를 갖추는 것이 필요하다고 생각을 했을까? 그것은 바로 아래의 4가지 이유 때문이었다.

1) 일본군에 의한 강간사건이 많이 발생하고 있다는 사실을 직면해야 했다.

2) 성병이 전방과 점령지역에 있던 군인들 사이에서 확산되고 있었다.

3) 전쟁이 언제 끝날지 아무도 모르는 상황에서 군인들의 도주를 방지하고 군의 사기를 진작시키기 위하여 군인들에게 '성적 위안'을 제공하는 것이 필요하다고 생각했다.

4) 군 기밀 누설과 스파이활동을 방지하고자 하였다.

이 모든 이유들은 여성의 인권을 고려하지 않은 일본군의 남성중심주의 이데올로기의 표본인 것이다. 전쟁기간 내내 식민지에서나 점령지역에 있었던 여성들은 이 이데올로기에 저항할 수가 없는 상태에서 강제적으로 성폭력과 성노예의 희생자들이 되었다. 전쟁이 끝났을 때에도 미국이 주도한 동맹국들은 극동지역의 국제군사재판소(동경재판)를 설립하고 일본의 전범들을 기소하고 유죄판정을 내렸지만, 이 성폭력과 성노예에 대한 문제는 무시되었고 아무도 처벌받지 않았다. 희생자들은 침묵을 강요당했다.

그러나 상황은 성폭력과 성노예에 반대하는 세계적인 페미니즘 운동에 의해 조금씩 변하고 있다. 1990년 초에는 이전에 '위안부'였던 한국여성들이 거의 반세기 동안의 침묵을 깨고 나서기 시작했고, 아시아 다른 지역의 생존자들도 그 뒤를 이었다. 그들은 전쟁 중에 그들에게 어떤 일이 일어났었는지를 증언하기 시작했고, 공식적인 사과, 보상, 그리고 일본정부의 기소를 요구하였다. 피해자들이 속해 있는 국가내의 여성단체들도 일본정부에 투쟁하는 군'위안부'들을 지원했다.

우리는 가해국의 여성으로서 그들의 용기 있는 행동에 깊이 감동받았으며, 생존자들의 요구에 응하는 것이 우리의 도덕적인 책임이라고 여기게 되었다. 우리는 제2차 세계대전의 패배 이후로 줄곧 일본여성들의 경우를 생각해 보면서 우리 스스로를 전쟁 피해자로 여겨왔었다. 그러나 군'위안부'들은 고통과 분노의 세월을 수십 년 간 살아온 후 1991년에 이르러 그들의 요구를 들고 나오게 된 것이다. 그들의 출연으로 말미암아 우리들의 망상은 여지없이 흔들렸다. 우리는 오랫동안 부인해 온 이 범죄에 대해 잘못을 인정하기 시작한 것이다.

우리는 일본정부에게 법적인 책임을 지고 생존하고 있는 피해자들에게 공식적으로 보상할 것을 요구하기 시작했다. 그러나 우리의 이러한 운동에도 불구하고, 일본정부는 1995년에 "아시아 여성기금"(Asian Women's Fund)을 설립했다. 이 기금은 '위안부'에 관한 핵심적인 문제를 은폐하고, 왜곡하고, 판단을 흐리게 하기 위해서 설립된 애매한 비정부조직이다.

전후의 일본은 천황제가 져야할 전쟁책임을 무시했고, 미국의 군사적인 보호아래 전후 보상 문제를 회피하였다. 그러나 냉전 종식 이후, 아시아의 전쟁 피해자들은 목소리를 내기 시작했고 일본군의 성노예제도의 피해자들은 침묵을 깨고 전범기소에 이르게 된 것이다. 전범기소는 양심이 있는 많은 일본인들의 마음을 움직였으며 일본의 전쟁 책임문제가 아직 해결되지 않았음을 인식하게 하는 계기가 되었다. 그러나 아시아 여성기금은 바야흐로 일본인들의 마음속에 자라나기 시작하던 전쟁책임에 대한 의식의 싹을 잘라버리는 결과를 가져왔다.

"정부와 시민의 협력"이 아시아 여성기금의 핵심개념이다. 일본정부는 이 개념을 내세우면서 범죄행위인 '위안부'체제의 책임소재를 흐리게 하고자 하고 있다. 결국, "아시아 여성기금"은 일본정부가 '위안부'체제가 국가범죄임을 인정하지 않고, 국가적 책임을 지지 않기 위해서 고안된 것이었다.

이와 같은 일본 정부가 가지고 있는 태도의 근본은 피해자들의 요구를 금전적인 문제로 축소하여 정부차원의 책임을 회피하고자 하는 계속적인 노력에서 명백히 드러난다. 이 기금의 이면에 있는 생각은 피해자들이 되찾고자 하는 인간의 존엄성과 명예회복과는 아무런 관계가 없다. 따라서 아시아 도처의 피해여성들과 이들을 지지하는 사람들은 처음부터 이 기금을 반대했다.

우리는 1997년 7월 27일 동경에서 열린 긴급국제회의(Emergency International Meeting)에서 한국 활동가들의 발표를 들었다. 이 발표는 아시아 여성기금이 주는 영향이 무엇인가라는 문제를 다루고 있다.

두 명의 한국 활동가들의 논평을 살펴보자(Suzuki 1997). 한국정신대문제대책협의회(이하 정대협)의 공동대표 중의 한 명인 김윤옥은 "아시아 여성기금은 무엇을 가져 왔는가"라는 제목의 발표에서 정대협을 결성하게 된 역사적 배경을 설명하고 있다. 그녀는 이 정대협운동은 처음부터 식민통치시기에 한국여성에게 자행된 인종차별과 성차별에 대항해 왔다고 말했다. 그리고 지난 6년 동안 그들은 1) 일본정부를 대상으로 하는 활동들, 2) 한국정부를 대상으로 하는 활동들, 그리고 3) 국제운동과 UN에 초점을 맞춘 운동들을 해 왔다. 그러나 현재 아시아 여성기금은 결과적으로 오해, 분규, 분열, 불신의 소용돌이를 만들어 냈다. 김윤옥은 지금부터 일본여성들이 해야 할 일은 돈을 나누어주는 일이 아니고, 일본정부가 진정으로 문제해결을 위해 나서도록 강요하고, 교과서에 '위안부'에 관한 사실들이 생략되지 않도록 하며, 일본에서 군국주의가 미래에 다시는 되풀이되지 않도록 더욱 더 열심히 활동하는 것이라고 말했다. 그녀는 이렇게 함으로써 우리들의 양심적인 노력이 국가차원을 넘어서 우리를 하나로 묶어주고 동아시아에 진정한 평화를 가져올 것이라고 말했다.

윤정옥은 "이 투쟁의 가치와 해결되어야 할 문제들"이라는 제목으로 발표했는데, 그녀는 정대협의 창립에 큰 공헌을 했고 1990년이래 '위안부'들을 지원하는 운동을 계속해 오고 있는 정대협 공동대표 중의 한 명이다. 윤정옥은 온정주의는 파괴적인 문화를 만들었으며 일본군의 성노예는 이러한 문화적 토양에서 자라났다고 주장했다.

그녀는 전세계적으로 남성들에 의해 자행되고 있는 많은 종류의 여성학대 중에서 일본군의 '위안부'제도라는 형태는 고도의 극단적인 모습을 보이고 있다고 주장한다. 그때 당시 인도네시아에 살고 있던 네덜란드 여성들을 포함하여 아시아에 살고 있던 여성들은 일본군의 "공중변소"로 이용되었던 것이다. 이는 한 집단의 사람들이 다른 집단의 사람들로 하여금 인간으로서 살아갈 수 있는 권리를 억압하고 침해한 명백한 사례이다.

윤정옥은 또한 오랜 시간동안 자신들에게 가해졌던 억압, 왜곡, 그리고 황폐화에도 불구하고 여성들이 여성성, 인간성, 그리고 생명력을 잃지 않아 왔음을 강조한다. 그녀에 따르면, 여성들은 20세기가 끝나는 시점에서 일본군이 인간으로도 여기지 않았던 '위안부'들의 명예와 존엄성을 회복하기 위해 투쟁하느라 혼연히 일어났던 것이다. 이러한 여성들의 노력은 단지 피해자 개개인의 명예와 존엄성만을 되찾는 것뿐만 아니라 피해자들로 상징되는 여성 전체의 인권도 회복하는 것을 목표로 하고 있다.

Ⅲ. 반동세력에 대항하는 일본 페미니스트들의 투쟁

우리는 이러한 여성들의 목소리에 부응하여 일본정부에게 법적인 책임을 질 것을 요구하면서 전국적으로 '위안부'운동을 지원하는 단체들을 결성하기 시작하였다. 이러한 단체들 중에는 다음과 같은 두 단체가 있는데 그 중 하나는 VANWW – NET JAPAN(Violence Against Women in War – Network Japan, 전쟁 중 여성폭력에 반대하는 일본 네트워크)인데, 이 단체의 활약에 대해서는 뒤에서 소개하기로 한다. 또 다른 학제간 조직으로는 "여성·전쟁·인권학회"(The Association for Research on the Impacts of War and Military Bases on Women's Human Rights, 전쟁과 군사기지가 여성 인권에 미치는 영향을 연구하는 학회)가 있는데, 이 단체는 페미니스트 학자들, 연구자들, 그리고 대학원생들이 1997년 봄에 만들었다. 이 학회는 특히 전쟁시기에 성노예 문제와 관련하여서 일본 내의 다양한 국수주의 단체들의 활동과 반페미니스트적인 지식인들의 주장에 대응하기 위해 결성되었다. 페미니스트의 관점에서 보면, 그동안 역사, 철학, 문화연구, 그리고 기타 학문 분야에서 남성적인 시각이 지배적으로 작용해 왔음을 알 수 있다.

여성들이 계속해서 성적 공격의 피해자가 되어 왔다는 사실은 성폭력에 대해 관용적인 남성주의적 태도에 의해서 은폐되어 왔다. 이러한 태도는 여성에 대한 폭력은 남녀관계의 자연스런 결과이며, 잘못은 가해자보다는 피해자에게 있다는 잘못된 가정을 존속시킨다. 다음의 선언문은 학회 설립의 취지를 설명하고 있다 (Association for Research of the Impact of War and Military Bases on Women's Human Rights 1998).

우리는 성폭력의 이면에 감추어져 있는 근본적인 원인들과 배경을 밝혀냄으로써 우리의 진실된 역사, 철학, 그리고 문화와 대면할 수 있다. 이러한 폭력행위들은 자연적인 남녀관계에서 유래하는 것이 절대로 아니고 지배와 복종의 권력구조의 산물들인데, 이 구조는 전쟁과 같이 극단적인 상황에서 본색을 더 잘 드러낸다는 사실을 분명히 하는 것이 필요하다. 오로지 이러한 사실을 인정할 때만 이 불신과 증오의 원천인 폭력을 근절할 수 있고, 인권에 대한 미래상을 추상적인 개념으로서가 아니라 우리의 삶 속에서 실현되는 근본원칙으로 포용할 수 있게 될 것이다. 이를 위해 우리는 과거의 상황들을 철저하게 파헤쳐야만 한다. 이러한 놀라운 상황들을 정당화하는 기능을 해 왔던 복잡한 기제들이 무엇이었는가를 분석해 내고 이를 비판하는 것이 필요한 것이다.

학회 창립 후에, 우리는 '위안부' 문제를 올바른 방법으로 해결하기 위한 시각을 개발하는 여러 가지 활동들을 시작했다.

그러한 활동 중의 하나는 아시아 국가들에 살고 있는 피해자들과 그들을 지원하는 단체들과의 연대를 강화하는 것이다. 또 다른 중요한 임무는 학술활동이다. 지금까지 우리는 수없이 많은 소규모 심포지엄과 연구모임들을 비롯하여, 다섯 번의 주요 학회를 개최한 바 있고, 학회지를 4회 발간했으며 조만간 다섯 번째 학회지를 간행할 예정이다. 이외에도 우리는 현재 일본에서 전시 피해자들의 목소리를 무시한 채 역사적 수정주의의 부활을 꾀하고 있는 민족주의 운동에 대항해서도 투쟁을 해야 한다.

현재 일본에서 벌어지고 있는 전쟁책임에 대한 논쟁은 전쟁이 잘못된 행동이었는가 아니면 정당화 될 수 있는 것인가라는 문제에 초점을 맞추는 이전의 토론의 경향과는 확실히 다르다. 왜냐하면 지금의 논쟁은 증언을 위해 나선 소위 '위안부'였던 여성들에 의해서 촉발되었고 그 형태가 갖추어졌기 때문이다. 결코 '위대한 전쟁사'(The Great History of War)의 일부가 되지 못했던 그들의 구술은 항상 간과되어 왔던 전쟁을 구성하는 구조적인 측면들을 폭로하고 있다.

즉, 그들의 구술은 어떠한 정당화로도 감출 수 없는 전쟁의 범죄적인 측면들을 드러낸다. '위안부'여성들을 지지하는 페미니스트들은, 인간으로서의 존엄성을 회복하고자 하는 이 여성들의 투쟁은 역사의 어둠 속을 헤치고 홀연히 일어나서 이야기하기 시작한 그들의 목소리에 귀 기울이고 그 목소리에 반응하는 것과 괘를 같이 하는 것임을 깨닫지 않을 수 없었다. 이것이야말로 페미니즘적인 역사적 윤리가 만들어낸 요구인 것이다.

그러나 논쟁의 다른 한편에는 역사를 이제까지 항상 그래왔던 것처럼 이론화하는 자들이 자리하고 있다. 그들은 이러한 페미니즘적인 역사적 윤리성에 위기감을 느끼고 있다. 그들은 역사에서 윤리적인 면을 없애고 역사를 "권위를 가지고 있는 자들의 권력놀음"으로 재구성함으로써, 전쟁책임에 대한 논쟁을 이전의 형태로 복원하려고 획책하고 있다. 이것이 오늘날 광포하게 날뛰고 있는 일본판 수정주의 사관이다.

이러한 수정주의 사관에 관여하고 있는 사람들의 특징은 피해자들이 제기한 전쟁책임에 대한 요구를 회피하려 하고 있고, 자신들의 정체성을 지키기 위해 범죄행위를 부정하거나 혹은 그 의미를 축소시키는 이야기를 만들어낸다는 것이다. 이 수정주의자들은 여기저기서 끌어다 댄 논리를 가지고 피해자들의 증언을 통해 밝혀진 엄연한 역사적인 사실을 상대화하고 불가지론의 늪에 빠져들게 하고 있다.

일본의 역사적 수정주의는 여러 가지 형태로 나타나지만 우리 페미니스트 학회는 특히 강력한 영향력을 행사해 오고 있는 다음의 세 가지 형태에 대항하여 투쟁하고 있다(Ogoshi 2001, 176-180).

1. 근본주의적 역사수정주의

이것은 자유로운 역사관을 가지고 있다고 주장하는 이들의 관점일 뿐만 아니라, '역사 교과서를 다시 쓰는 모임'(Association of Rewrite History Textbooks)의 관점이기도 하다. 이들은 일본제국이 벌인 침략전쟁이 서구의 식민주의에 맞서 싸우고 아시아를 해방시키기 위한 방어전이었다고 주장한다. 그들은 남경대학살도 결코 일어난 적이 없으며, '위안부'들도 전쟁터에 강제로 데려간 적이 없다고 주장한다. 따라서 기억을 지워버리려는 이 기억의 자객(assassins of memory)집단은 자신들이 꾸며낸 거짓말과 허위선전을 통해 일본군의 전쟁범죄를 부정하고 있는데, 이러한 사실은 '위안부' 문제와 관련된 집단들 중에서 이들을 가장 비윤리적인 집단으로 만들고 있다.

2. 신민족주의적 역사수정주의

이 관점은 『제2차 세계대전 패전 후의 일본에 대한 이론』의 저자 가토 노리히로(加藤典洋)와 그의 스승이자 아시아 여성기금의 이론적 기반을 제공한 쓰루미 슌스케(鶴見俊輔)와 같은 사람들이 취하고 있는 입장이다.

이들은 일본제국이 일으킨 전쟁이 부당한 것이었음을 인정한다. 그러나 패전 후 일본은 이중적인 인성을 갖게 되었고 그래서 오늘날 일본인들은 [전쟁 당시의 국가를 구성하는 사람들이 아니었기 때문에: 편역자 주] 사과의 주체로서 하나의 국가를 형성하고 있지 않다고 주장한다. 그들은 오직 "일본의 역사적 주체 구성"에 대해서만 이야기하고, 좌익의 이상주의적 선행가들처럼 전쟁피해자의 관점에서 보려고 하는 사람들을 고려하지 않은 채 역사적 목격의 증거들을 완전히 무시하고 있다. 그래서 이 집단은 확고한 관점을 가지고 있지도 못하면서 자신들의 관점에 안주하려고 하는, 비합리주의를 옹호하는 지식인들로 구성되어 있다.

3. 시장원리 지향의 역사수정주의

『내셔널리즘과 젠더』의 저자인 우에노 치즈코(上野千鶴子)가 이 부류인데, 이 책에서 역사는 담론이 대치하는 시장으로 간주된다. 이러한 접근은 역사에 윤리적인 판단이나 책임에 대한 논쟁을 제안하는 어떤 시도도 부정하고, 피해자들이 내놓은 증거에 대해 냉담하고 비판적인 입장으로 일관한다. 우에노의 페미니즘은 단지 또 하나의 이데올로기일 뿐이고, 개념들이 사고 팔리는 개념의 자본주의 시장(capitalistic market place of ideas)에 참여한 하나의 참여자로의 역할만을 평가할 수 있을 뿐이다. 그녀는 정의나 권리와 같은 윤리개념에 의구심을 던지며, 윤리적 책임과 법적인 심판을 요구하는 여성운동을 냉소적인 시각으로 본다. 우에노와 같은 유형의 일본 페미니스트들은 뒤에서 설명할 법정을 여는 쪽으로 방향을 잡고 있던 여성운동을 회피하는 경향이 있다.

우리 학회 회원들은 이러한 세 가지 유형의 역사수정주의에 대항하여 논쟁을 계속해야만 한다.

Ⅳ. VANWW-NET JAPAN 의 활동

내가 속해 있는 VANWW-NET JAPAN은 1998년에 페미니스트적 저널리스트와 운동가들이 주가 되어 형성되었다. 이 단체의 회장인 마쓰이 야요리(松井 やより, Matsui Yayori)는 동경국제법정 (Tokyo International Tribunal)이나 여러 아시아 국가들이 개최한 여타의 전쟁법정에서 제2차 세계대전 중에 자행된 여성들에 대한 성폭력을 전쟁범죄로 기소하지 못한 점을 지적했다. 그녀의 분석에 따르면, 일본인은 천황을 포함한 전범들을 기소하고 유죄판결을 할 수 없었고 전쟁재판은 연합국 측에 맡겨져 버렸다. 대부분의 연합국들은 아시아에 있는 자신들의 식민지역으로 돌아가 버렸던 서양의 식민세력들이었다. 그들의 식민주의적 성격을 반영하듯, 그들이 연 재판들은 일본군이 자신의 국민들에게 자행한 전쟁범죄들에만 집중되어 있었는데, 이들의 대부분은 미국, 영국, 네덜란드 등의 전쟁포로들이었다. 그러나 서구나 일본의 식민통치를 받던 아시아의 피해자들에게 자행된 전쟁범죄는 대부분 무시되고 묵과되었다. 타이완과 한국의 성노예 피해자들은 주목을 받지 못했는데, 이는 그들이 일본제국의 신민이라고 여겨졌기 때문이었다.

위와 같은 인식을 바탕으로 마츠이는 페미니즘적인 관점에서 일본군에 의한 '위안부'들의 인권침해에 대해 국제법정을 소집하자고 제안했고, 실제로 이 법정을 2000년에 동경에서 개최할 계획을 세웠다. 그녀는 2000년 12월 국제인권의 날에 즈음하여 일본군 성노예에 대한 여성 국제전범법정(Women's International War Crimes Tribunal on Japan's Military Sexual Slavery)을 열기로 했다.

성명서에 따르면 여성전범법정은 일본군의 성노예로 희생된 이른바 '위안부'들에 의한 선언 즉, "우리들에 대한 가해자들이 법의 심판을 받기 전에는 우리의 명예와 존엄성은 결코 회복될 수가 없다"라는 입장에 대한 화답으로 열려야만 했다. 마츠이(Matsui 1999, 94)는 다음과 같이 말했다.

> 이 중차대하고 절박한 문제에 대한 해답은 일본군 성노예 가해자들이 벌을 받지 않고 있는 상황을 종식시키려는 여성들의 국제적이고, 비정부적 차원의 시도이다. 이 법정은 실질적으로는 그 어느 누구도 처벌할 수 있는 권력을 가지고 있지 않다. 전범법정의 목적은 일본군 성노예가 여성에 대한 전쟁범죄이고 반인륜적 범죄라는 사실을 강조하고, 그들을 처벌할 수 있는 적절한 방식이 무엇인가에 대해 정의내리고, 역사적인 문서자료로서 법정에 제출된 증거들을 포함하여 완성된 의사록을 남기는 것이다. 일본의 젊은 세대에게 성노예가 범죄가 아니라, 단지 돈을 위한 매춘이었다고 맹렬하게 설득공작을 하는 일본의 우익 세력이 늘어나고 있기 때문에 일본의 유죄를 분명하게 하는 것은 중요하다.

마츠이는 이 법정이 법적인 부당성뿐만 아니라 윤리적인 무책임에 대해서도 판결을 내려야 한다고 주장한다. 물론 우리 학회는 그녀의 생각에 동의했고, 실질적으로 뿐만이 아니라 이론적으로도 이 법정에 기여하기를 원했다. 많은 아시아 페미니즘 활동가 단체들 역시 국제법정의 소집에 동의했다. 이러한 급진적인 방법들을 통해서 일본과 아시아의 페미니스트들은 남성중심주의적이고 자

민족 중심주의적인 일본 지식인들의 편향성에 맞섬과 동시에, 전쟁피해자들에 대한 책임의 문제를 대중적인 정치와 토론의 장으로 끌어들이고자 한다.

지금 전쟁범죄 문제를 뿌리부터 바로 잡으려는 세계적인 추세가 있다. 정대협의 여성들은 이러한 흐름에 앞장 서 있다. 이는 앞에서 언급한 정대협 공동대표인 김윤옥과 윤정옥의 발표에서도 엿볼 수 있다.

V. 전범법정

전범법정은 일본과 세계에서 온 2천여 명의 방청객이 참여한 가운데 2000년 12월 8일에서 12일 사이에 열렸다. 64명의 전쟁 성노예 생존자 여성들이 재판에 참석하여 인간의 존엄성 회복과 정의구현에 대한 희망을 가지고 자신들의 고통에 찬 이야기들을 재판관들과 방청객들 앞에서 털어놓았다. 그들은 전 세계에 일본군이 나이 어린 소녀들과 여성들에게 가한 제도화된 강간, 성노예, 추적, 고문 그리고 여러 다른 형태의 성폭력에 대한 공포감을 일깨워 주었다.

유고슬라비아 전범법정의 의장으로도 활동한 적이 있는 미국인 재판장 맥도널드(Gabrielle Kirk Mcdonald)씨가 주심을 맡고, 다른 4명의 법률 전문가들이 함께 법정을 구성하였다. 이들은 전시의 성범죄, 즉 남성중심적인 국가인 '대일본제국'(the Great Japanese Empire)에서 발생한 범죄에 대하여 가차 없는 판결을 내리고, 이를 "반인륜적 범죄"(crimes against humanity)라고 명명하였다. 히로히토(裕仁) 천황과 일본의 핵심 전투사령관들에게는 반인륜적 범죄에 대해 개인적인 책임이 부과되었다. 법정에 참여했던 모든 생존자들은 이러한 판결이 나오자 서로 부둥켜안으며 기뻐했다. 너무나 감동적인 광경이었다.

그로부터 1년 후, 2001년 12월 4일 헤이그에서 공식판결문 전문이 발표되었다. 그 판결문 내용은 이 운동에 획기적인 사건이 되었다. 왜냐하면 이 판결은 20세기 여성운동의 실질적이고 이론적인 성과에서 나온 것이며, 국가가 중심이 되는 사회가 아닌 민중이 중심이 되는 지구촌 건설에 대한 새로운 전망을 열어주었기 때문이다. 우리는 이 법정의 정신을 계승하고, 이 법정의 중요성을 세계에 알려야만 한다.

판결문의 요점은 다음과 같다.[3]

1. 이 법정은 생존하지 못한 피해자들과 생존하고 있는 피해자들에 의해, 또한 그들을 위한 10여 년의 활동이 집약된 것이다.

2. 이 법정은 일본의 전범들과 관련하여서 뿐만 아니라 다른 국가들에 의해 자행된 범죄와 관련한 중요한 문제들에 대하여 유일무이한 관점을 제공한다. 이 법정은 여성들에게 자행된 범죄, 특히 성범죄가 사소하게 취급되고, 용서되고, 주변화되고, 애매하게 다루어지는 현재까지의 역사적인 추세를 바로 잡기 위해 만들어졌다.

3. 이 법정은 각국의 정부들이 정의를 보장한다는 책임을 이행하지 못한 결과로 설립되었다. 이러한 책임불이행의 최초 책

---

3) 2001년 12월 4일 네델란드 헤이그에서 열린 일본 성노예 재판을 위한 2000 국제여성전범재판. Case No. PT-2000-1-T.

임은 극동아시아 국제전범법정(International Criminal Tribunal for the Far East)이 열리기 이전에 일본 관료들을 공식적으로 기소하지 못한 제2차 세계대전 동맹국에 있다. 그럼에도 불구하고 제1의 책임은 지난 56년 동안 전범들을 기소하고, 공식적으로 충분히 사죄하고, 범죄에 대해 배상하는 등의 의미 있는 대응을 계속해서 미뤄온 일본국가에 있다.

우선, 우리는 '위안부'였던 여성들이 여성인권이 존중되도록 커다란 전지구적인 운동을 탄생시키는 데 실질적으로 공헌해 왔음을 주목해야 한다. 강간과 성노예 가해자들을 반인륜적 범죄자들로 규정하는 것은 매우 중요하다. 반인륜적 범죄는 가해국의 시민을 포함하여 어떤 국민들에게도 일어날 수 있다. 우리 일본 페미니스트들은 일본인 '위안부'들 역시 반인륜적 범죄의 피해자이며, 그들의 어려운 상황을 호소할 권리가 있다고 말하고 싶다. 그들 대부분은 매춘부였다는 이유로 무시되었거나 권리가 박탈되어 왔다.

재판부는 성노예가 조직적인 계획의 결과이자 일본군과 정부의 최고위층에서 시행한 공식적인 정책의 결과라고 말한다. 성병이 없는 여성들이나 어린 소녀들은 일본군에 의해서 쉽게 접근이 가능하고 성적으로 이용될 수 있을 것으로 생각되었고, 이러한 성적 이용은 전시체제에 있어서 필수적인 요건으로 여겨졌다.

표면상으로는 군인들이 군대의 진로나 주둔지의 민간인 여성들을 강간하는 것을 방지하기 위해 '위안부' 제도가 고안되었으나, 이 제도는 결코 강간을 방지하기 위한 것은 아니었다. 이 제도는 이 제도에 강제로 편입된 여성들과 소녀들을 의식적으로 그리고 고의적으로 강간하고 성노예화한 것이다. 피해자 여성들과 소녀들은 모두 민간인들이었고, 거의 대부분은 가난한 가정의 자녀들이었다. 주변부화한 사회[즉, 일본의 식민지배를 받던 국가들: 편역자 주]의 민간인 여성들은 끊임없이 공격의 표적이 되었다.

성노예에 대한 재판부의 분석은 매우 의미심장하다. 재판부는, 피해자가 자신의 몸에 대한 통제권뿐만 아니라, 인간의 존엄성 문제에 있어서 가장 기본적인 요건들이라고 할 수 있는 성적 활동과 성적 자율성을 유린당한 것이라고 말한다. 이러한 노예화가 성과 관련되어 있다는 특성 때문에 피해자는 종종 침묵 속에서, 아니면 사회적으로 유도된 불명예와 주변화로 고통을 받는다. 강제적인 성행위는 인간의 자기결정권, 물리적·정신적·영적인 통합성, 생존권, 그리고 인간의 존엄성을 근본적으로 침해한 것이다.

둘째, 이 법정은 그러한 범죄가 처벌되지 않고 있는 상황을 종식시키고 여성에 대한 성적 학대는 전쟁과 정복의 필연적인 결과라는 관념을 거부하고자 한다. 재판부는, 피해자들의 증언을 통해서 전쟁과 같이 국가간의 갈등적인 상황에서 일어나는 강간은 종종 고위층에 의해 치밀하게 계획된 것임을 알 수 있다고 말한다. 그것은 체계적인, 심지어는 전략적인 강간으로서 강간을 전쟁무기로 이용하였던 것이다. 이러한 범죄행위를 모르는 체하는 것은 성범죄의 반복을 불러오고 잘못을 저질러도 벌을 받지 않는 문화가 유지되게끔 한다. 그러한 문화는 스스로 타락하고 파괴적인 제도를 드러내 보인다.

재판부에 따르면 성폭력과 성(gender)과 관련된 폭력의 범죄는 역사적으로 볼 때 국제인권법 상에서 사소하게 취급되거나 잘못 묘사되어왔다. 강간은 오랫동안 전쟁의 불가피한 부분으로 간주되어 왔고, 여성은 가축이나 다른 물건들과 함께 정당한 전리품으로 간주되었다. 전시 중의 강간은 14세기에 금지되기 시작했고, 그 후

몇 세기동안은 중대한 전쟁범죄로 인식되어 왔지만, 군사령관들이
나 군법체계는 종종 이를 무시하거나 묵인하여 왔다.

　전쟁사를 보자면, 강간과 성폭행은 군인들이 전투를 시작하기
이전에 그들의 공격성을 고조시키거나, 전투이후에 군인들의 용맹
성에 대한 보상으로 주어지는 것으로 여겨졌었다. 그래서 희생된
여성들은 기본적으로 여성이라는 자신의 성 때문에 쉽게 희생양
이 되었고, 그리고 국적, 민족성, 인종, 또는 가난 역시 성적인 학
대의 표적이 되는데 한몫을 했다. 최근 페미니즘 연구자들은 강간
이나 다른 형태의 성폭력이 전쟁에서 전략적 무기로 사용되어 왔
다고 지적하기 시작했다. 즉, [성폭력을 통해서: 편역자 주] 주민들
을 위협하거나 처벌하고, 피해자들을 가출하게 만들며, 남성들을
모욕하고, 피해자들을 부랑자라고 낙인찍음으로써 주민들이 도망
가 버린 지역을 접수함과 동시에 그 지역을 혼란에 빠뜨리고, 또
어떤 경우에는 대항세력의 시민사회를 파괴하는 역할까지도 했다
는 것이다.

　일본군인들이 자행한 잔학행위에 대한 기록은 논쟁의 여지없이
일본군이 여성과 남성 모두에 대해 억압과 성폭력을 행사함으로
써 폭력의 문화를 장려했음을 보여주는 확실한 증거이다. 우리에
게 제시된 증거는 '위안부' 제도가 이러한 문화의 잔인한 반영이
자 체계적인 확장이었으며, 그 주요 피해자들은 성, 민족성, 가난,
그리고 종속적인 지위로 말미암아 열등하고 소모적인 존재로 취
급받아 온 여성들이었다는 것을 보여준다.

　이전에 군인이었거나 가해자이었던 사람들은 여성들이 자발적
으로 참여하지 않았다는 것을 알고 있었으며, 여성에 대한 성폭력
문화의 일부라고 할 수 있는 '위안소' 이용을 상관들이 독려했다
고 증언했다.

셋째, 이 민중법정은 국가가 전쟁책임을 지지 않은 상황을 극복하기 위해서 설립되었다고 재판관들이 분명하게 공표하는 일은 중요하다. 재판관들에 따르면 이 법정의 권한은 국가라든가 정부간의 조직에서 유래한 것이 아니라, 국제법상 일본에게 전쟁책임이 있다고 생각하는 아시아태평양 지역의 민중들과 세계의 민중들에게서 나온 것이다. 민중의 법정이라는 개념은 베트남 전쟁 기간동안 열린 러셀 법정(Russell Tribunal)에서 유래한다. 이 법정은 미국과 다른 나라들의 정부와 군대들에 의해 자행된 소름끼치는 만행들에 대해서 정당한 유죄판결을 통과시켰다. 이 법정은 러셀 경(Lord Betrand Russel)과 사르트르(Jean – Paul Sartre)와 같이 세계적으로 유명한 지식인들이 제안한 것이다. 나는 이 여성법정이 목소리를 박탈당하고 침묵을 강요당한 전쟁의 피해자 당사자들에 의해서 제안되었다는 점에서 이전의 법정보다 더 민주적인 것이라고 생각한다.

재판부에 따르면, 민중법정은 법이란 시민사회의 도구이지 정부가 독점하는 것이 아니라는 일치된 견해를 전제로 한다. 국가가 정의를 보장해야 하는 의무를 제대로 실행하지 못할 때 시민사회가 개입할 수 있으며, 또 그래야만 한다. 시민 사회는 국가라는 경계에 국한하지 않고 국경을 넘어 공동의 가치를 공유함으로써 고무된다. 재판부는, 변화하고 있는 새로운 점은 민중의 역할이며 초점이 국가에서 민중으로 바뀌고 있는 것이라고 말한다. 이러한 변화의 한 측면이 국제적인 시민사회의 성장이다. 이러한 변화들은 국제 협력의 양식, 즉 세계 정부의 제도와 절차에 있어서 개혁을 요구한다. 세계적인 결정과정에 민주적인 영향력을 발휘할 수 있는 시민들이 있다. 우리는 이 법정이 미래에 평화세계를 실현할 수 있는, 민중연대를 향한 새로운 시각을 제시하려고 한다는 것을 확신할 수 있다.

재판부는 국가가 권력과 법의 창조자가 아니기 때문에 세계 민중의 주권과 세계 시민사회의 목소리가 최고법(supreme law)의 원천이라고 단언한다. 주권 개념의 본질은 주권이 정부도 특권 사회계층의 엘리트 계급도 아닌 민중으로부터 나온다는 데 있다는 것이다.

이 법정은 '위안부' 제도가 본질적으로는 국가가 용인한 강간과 노예화라고 결론을 내린다. 법정은 여성들을 '위안부' 제도에 묶어놓기 위해 사용한 사기, 강압, 매수 및 권력사용이 매우 광범위하게 퍼져있었고, 그러한 수단을 통해 연행해 온 여성들의 수도 어마어마하게 많았다고 말한다. 동시에, 이 '위안부'제도를 확대하기 위한 압력이 매우 컸었기 때문에, 이러한 범죄사실이 이 제도의 유지와 계속적인 여성들의 공급을 관장했던 사람들뿐만 아니라, 고위층 참여자들에게도 알려졌을 수밖에 없다.

재판부는 히로히토 천황이 국가의 우두머리이자 군의 최고 지위자로서 법적이고 실질적인 권력을 행사했기 때문에 유죄라고 판결했다. 그의 지위나 그가 전쟁에 계속 참여했다는 사실, 그리고 '위안부'제도가 전쟁에서 차지하는 중요성이라는 측면에서 봤을 때 천황이 개인적인 책임을 지고 반인륜적 범죄인 강간과 성노예에 대하여 유죄판결을 받을 수밖에 없다는 것이다.

이 법정은 일본이 종군 성노예 제도의 모든 수준에서 관여한 관료들, 그리고 그러한 '위안부'제도를 안착시키고 성적 학대와 여성들의 노예화를 수행하도록 도움을 준 사적 모집책임자와 포주들의 행위와 이러한 행위들에 대한 누락에 대해서 국제적인 국가책임의 원칙에 적용받을 수밖에 없다고 했다.

법정은 군사주의와 특정 성(gender)이기에 당하는 여성학대 간의 직접적인 연관성에 대하여 좀더 연구해야 하고, 이러한 관련성은 내전을 포함한 모든 전쟁에도 해당된다는 점을 인정하고 이해해야만 한다고 본다. 일본군이 여성의 성성(sexuality)과 성적 통합성(sexual integrity)을 전쟁을 위해 희생시키는 것이 정당하다고 보았다는 사실이 명백해졌다. 여성들을 강탈하고 통제하는 것은 바로 전투행위에 내재되어 있었고, 여성들은 전쟁의 종속물이자 포상물이었던 것이다. 이러한 상황들은 바뀌어져야만 한다.

Ⅵ. 우리의 전망

이 법정은 일본 페미니스트들에게는 훌륭한 경험이었다. 비록 일본 정부와 대부분의 일본인들이 이 법정의 업적을 계속 무시하고 있지만, 우리는 일본의 여러 수정주의자들에 맞서서 민중들에게 이 법정에 대하여 알리는 운동을 해야만 한다.

이 법정이 있은 후, 법정의 정신을 구현하기 위해서 우리 학회는 한국의 여성단체와 함께 동아시아에서 역사를 연구하는 공동 프로젝트를 시작했다. 동아시아에는 많은 난제들이 있지만 우리는 국가라는 경계를 극복할 수 있으리라고 확신한다. 우리는 상호이해와 세계평화를 위해서 계속 싸워야 한다. 나는 우리 페미니스트들의 연대가 세계에 평화와 비폭력의 길을 열기에 충분할 만큼 강력하게 발전해 나가리라는 것을 의심치 않는다. 우리는 폭력과 전쟁의 공포를 힘의 행사를 통해서가 아니라 인종차별주의, 성차별주의, 그리고 민족주의를 초월하는 국제적 공동체의 건설을 통해서 극복할 수 있다고 확신한다.

□ 참고문헌 □

Association for Research of the Impact of War and Military Bases on Women's Human Rights(ed.). 1998. Josei, Senso, Jinken(Women, War and Human Rights). Tokyo.

Coomaraswamy, Radhika. 1996. "United Nations, Report of the Special Rapporteur on on Violence against Women, Its Cases and Consequence." Commission on Human Right.

Hicks, George. 1995. The Comfort Women. Allen & Unwin. Sydney.

Matsui, Yayori. 1999. "Impunity of Wartime Sexual Violence Must be Ended." Women's Asia 21. Asia－Japan Women's Resource Center.

Ogoshi, Aiko. 2001. "Can Feminism Judge 'History'?" Associe. Ochanomizushobo.

Sajor, Indai Lourdes. 1998. "Common Ground, Violence against Women in War and Armed Conflict Situations." Asian Center for Women's Human Rights. Manila: Philippines.

Suzuki, Yuko(ed.). 1997. Scrap Asian Women's Fund. Another Disgrace. Tokyo.

성매매와 여성운동

김 현 선*

Ⅰ. 한국의 성매매

한국사회에서 성매매는 다음의 단계를 거쳐 확대되고 정착되었다. 이것은 한국과 비슷한 역사적 배경을 갖고 있는 외국에서도 공통적으로 나타나고 있는 현상이다. 이 단계들은 특정한 역사적 시기나 경제발달단계에 의해 영향을 받으며, 다음단계로 이어지는 특성을 갖고 있다(Barry 1995). 그러나 한국의 성매매의 특이성은 새로운 성매매의 형태가 이전단계의 성매매를 축소시키는 것이 아니라, 기존의 성매매유형은 소규모 축소되어 유지되면서 전체적으로 성매매는 확대되고 보편화되어 왔다는 점이다.

이러한 현상은 성매매에 관한 정부와 사회의 무관심과 인식부족, 그리고 정책부족에 그 원인이 있다. 2000년 9월 19일 군산 대명동 성매매업소 화재참사가 일어나기 전까지는 성매매와 관련하여 심각한 범죄가 드러나고 사회적인 반향을 일으켜도 정책적인

---

* 새움터 대표. 새움터는 1996년도에 설립한 성매매 피해여성 지원센터이다 (편집자 주).

이슈가 되지 못했다. 그동안 성매매를 방지하고 피해자를 보호하기 위한 입법이나 사회복지체계는 기대하기가 어려운 상황이었다. 이런 상황에서 성산업의 시장은 거의 방해받지 않고 확대되고 다양화되었으며, 한국의 성매매는 매우 심각한 지경이 되었다.

한국의 성매매가 어떻게 확대되고 보편화되었는지에 관하여 그 시기와 유형별로 구분하여 살펴보면 다음과 같다.

첫 번째는 여성에 대한 야만적인 매매와 강제성매매이다. 우리 사회에서 여성에 대한 야만적인 인신매매와 강제 성매매가 본격적으로 시작된 시기는 일제강점기로 거슬러 올라간다. 일제에 의해 형성된 공창제는 해방과 동시에 주둔하게 된 미군에 의해 형식적으로는 해체되었지만, 미군부대를 중심으로 형성된 기지촌에 의해 성매매는 더욱 확대되었다.

강제적이고 노예적인 성매매는 주로 아동들이나 성매매업소 집결지역의 성매매 피해여성들을 대상으로 지금도 일어나고 있다. 성매매업소 집결지역에서 여성들은 감금되거나 폭행과 강간 등의 피해를 입고 있고, 매일 6~7명에서 심지어 20명 이상의 성구매자를 상대해야 하며, 성매매에 대한 자유로운 의사는 상상조차 할 수 없는 상황이다. 이러한 피해자들은 포주들에 의해 의도적으로 불려진 빚에 묶여 성매매를 강요당하고 있으며, 포주들이 시키는 대로 모두 하여도 이러한 빚은 결코 줄어들지 않는다. 피해자들은 포주에게 턱없이 많은 방세와 결근비, 지각비, 옷값, 식대 등을 지불해야 하며, 몸이 아파도 성구매자가 지불하는 몸값만큼 본인이 지불해야 쉴 수 있다.

이러한 상황에서 벗어나고자 피해자들이 도망을 치면, 포주들은 피해자로부터 받아놓았던 차용증을 근거로 경찰에 신고를 하며, 경찰공권력은 포주를 대신하여 피해자들을 수배하여 찾아준다. 다시 붙잡힌 피해자들은 수천만원의 엄청난 벌금을 물어야 하며 더 위험한 성매매집결지역으로 팔리게 된다.

두 번째는 군대 성매매이다. 전쟁이나 대규모의 군부대가 있는 곳에서 일어나는 군대 성매매는 군인에게 휴식과 오락을 제공한다는 명목으로 국가와 군대의 공식적 · 비공식적 정책에 의해 형성되어 왔다. 우리사회에서 발생한 혹은 발생하고 있는 군대 성매매의 사례들로는 일본군 '위안부'와 기지촌여성이 그 대표적인 예이다. 세계 2차 대전 중에 일본 군대는 20만 명의 한국여성들에게 성매매를 강요하였다. 그 후에 한국여성들은 미군을 위한 군대 성매매여성이 되었고, 그 다음에는 일본인들을 위한 섹스관광업소에서 성매매를 하게 되었다. 지금도 군대 성매매는 계속 이루어지고 있으며, 정부는 정기적인 성병검진을 통해 기지촌여성들을 통제하고 있다. 미국군대의 성격을 그대로 수용한 한국군대도 군인들의 휴식과 재충전을 제공한다는 명목으로 비공식적으로 성매매를 이용하고 있어서 그 문제가 심각하다.

세 번째는 성의 산업화이다. 제3세계의 여러 국가들은 경제발전의 과정에서 성산업에 크게 의존하였다. 이러한 성산업은 강제적인 성매매와는 달리 여성에 대한 인신매매 과정에서 흔히 일어나는 물리적인 강제가 거의 없어지고, 대신에 여성들을 매춘업소로 유인하는 것은 공장의 임금보다 더 많은 임금을 약속하는 성산업의 광고나 소개업자들이다. 이러한 산업형 성매매는 1970년대 말에 생겨나서 1980년대부터 성행하였다. 산업형 성매매는 주로 유흥업소의 형태를 띠고 있으며, 성매매는 음성적으로 일어나고 있다. 다른 업종으로 등록을 해 놓고 성매매를 주요 수입원으로 하고 있는 업소들은 티켓다방, 유흥주점, 단란주점, 안마시술소, 퇴폐이발소 등이며 이러한 업소들은 거의 100% 성매매화되어 있고,

심지어는 일반음식점으로 등록해 놓고 성매매를 하는 업소들도 많다.

피해자들은 처음에는 사기광고에 속아 성매매에 유입되지만, 한 달도 되지 않아서 대부분의 여성들은 업주들에 의해 터무니없이 빚이 불려지면서 다른 업소로 강제로 인신매매되거나 성매매를 강요당하게 된다. 즉 피해자들의 경험에서 산업형 성매매와 강제적 성매매는 분리되지 않으며, 한국사회에서는 산업형 성매매업소에서도 성매매와 인신매매에 대한 물리적 강제는 광범위하게 발생하고 있다.

성매매의 산업화의 요인은 ① 전쟁이나 외국 점령기에 군대 성매매를 위해 여성을 대규모로 배치하는 것, ② 경제발전을 위해 외화획득을 하는 관광산업의 발전, ③ 여성 노동력의 착취를 통해 여성을 주변화시키는 수출지향적 경제발전 등이다. 외국의 문헌에 따르면 현재 태국에 2백만 명, 한국에 150만 명, 필리핀에 5십만 명의 성매매 피해여성들이 있는 것으로 추정하고 있으며, 전쟁과 외국군대의 주둔으로 인해 베트남과 한국, 필리핀, 태국 등은 성매매가 중요한 산업이 되었다고 평가하고 있다(Barry 1995).

네 번째는 외국인여성들에 대한 성매매이다. 현재 전국적으로 기지촌의 성매매업소를 중심으로 세계 각국에서 유입된 많은 여성들이 성산업에 종사하고 있다. 이 여성들은 필리핀, 우즈베키스탄, 카자흐스탄, 러시아, 베트남, 중국, 볼리비아, 페루, 인도네시아 등으로부터 1996년부터 본격적으로 유입되었다.

관광자원의 개발이라는 명목으로 아시아 각국 정부의 지원과 묵인을 통해 성산업은 점차 규모를 확장하고 있는데, 이는 최근 아시아를 강타한 경제위기와 점차 심화되어 가고 있는 국가간의 빈부 격차가 국가간의 여성매매를 부추기고 있기 때문이다. 극심한 빈곤과 실업으로 해외이주노동을 원하는 동남 아시아 각국의 여성들은 한국, 일본 등 상대적으로 부유한 국가로 끊임없이 이동하고 있다. 국가 정책적인 해외 이주 노동의 장려와 값싼 노동력에 대한 국제적 필요성에 의해 촉진되고 있는 노동력의 이주는 여성 인신매매 범죄자들에 의해 이용되면서 상황을 더욱 악화시키고 있다.

국가간 성적 인신매매는 인신매매조직과 포주들에게 큰 이득을 가져다 주었다. 인신매매조직은 한국여성들보다는 외국여성들을 더 쉽게 속일 수 있고 통제할 수 있을 뿐만 아니라, 외국여성에 대한 성구매자들의 성매매 욕구가 커지면서 큰 이득을 얻고 있다. 포주는 싼 임금으로 더 많은 여성들을 고용할 수 있고, 여권만 빼앗으면 쉽게 여성들을 통제할 수 있기 때문에 성매매로 인한 부당이득의 규모는 크게 확대되었다. 성매매 업소를 이용하는 성구매자들의 인종차별주의는 백인여성들에 대한 성적 인신매매를 더욱 증가시키고 있다. 결국 국가간 성적 인신매매는 처음에는 기지촌을 중심으로 몇 개의 지역에서 시작되었지만, 지금은 전국으로 확산되고 있는 상황이다.

다섯 번째는 매매춘의 정상화(혹은 보편화)단계이다. 이것은 여성에 대한 성적착취가 보편화되고 강간, 성매매, 사적 성관계 간의 구분이 흐려진다는 것을 의미한다.

결론적으로, 한국은 급속도로 성이 산업화되고 있는 사회로서 성매매가 보편화되는 현상마저 나타나고 있다고 할 수 있다. 동시에 성매매문제의 비가시성과 효과적 정책의 부재, 관련공무원의 심각한 유착비리 등의 이유로 인해 강제적 매춘이 무시할 수 없는 규모로 이루어지고 있으며, 분단과 미군의 주둔이라는 특수한 상황 때문에 군대 성매매도 줄어들지 않고 있는 현실이다. 이러한

군대 성매매와 섹스관광의 활성화는 국내에 국가간 성적 인신매
매의 시장을 형성하였고 이러한 현상은 가속화되고 있다.

Ⅱ. 성매매방지 및 피해자지원 운동

1. 기지촌을 중심으로

1) 자치회

1971년 미군당국은 한국정부에 기지촌정화사업을 요구하였다.
한국정부는 미군감축 정책과 관련해서 미국의 눈치를 보고 있는
상황이었다. 1960년대 말부터 미군철수설이 흘러나오다가 '닉슨
독트린'이 발표되자 1960년대 말에는 약 62,000명이었던 미군이
1971년에 2만여 명이 철수하여 45,000여 명의 수준을 유지하게 되
었다. 박정희정권은 미군당국의 요구를 즉각 받아들여 그전까지는
보사부에서 개인병원에 의뢰하거나 미군들에 의해 비정기적으로
이루어져왔던 성병진료를 매주 실시하도록 하고 전국의 기지촌에
성병진료소를 세웠다.

이와 같이 한국정부가 기지촌을 적극적으로 관리하게 된 것은
1970년대 미국이 한국정부에게 기지촌에 대한 사회적·환경적 개
선을 하도록 요구하면서부터였다. 기지촌에 대한 정비요구는 한국
에 대한 미국의 경제적 지원이 급속도로 줄고 있고, 미군의 철수
발표로 박정희정권이 위협을 받던 시기에 이루어졌기 때문에 한
국정부는 미국의 요구를 적극적으로 수용하였던 것이다(Moon
1998, 150). 이러한 조치들로 인해, 기지촌은 성매매를 금지하는

법률에도 불구하고 한국정부로부터 허용되는 성매매업소 집결지역이 되었고, 정부는 미군 성구매자들의 '성병과 에이즈로부터의 안전'을 보장하기 위하여 정기적으로 성매매 피해여성들의 성병을 통제하게 되었다.

한국정부는 미군과의 협력 하에 BCCUC(기지촌 정화를 위한 외무부 시행기획)를 설립했다. BCCUC는 미군의 협조를 받아 기지촌의 환경을 정비하고 도로를 건설하였으며, 기지촌의 매춘여성들에게 미군들을 상대할 때의 에티켓과 행동 등을 교육하는 프로그램들을 실시했다(애들러 2000, 22). 또한 한국정부는 BCCUC에 성병진료소와 낙검자수용소를 짓도록 자금을 제공함으로써 직접적으로 기지촌여성에 대한 성병관리를 실시하였다.

1970년대 이전까지는 미군에 의해 기지촌 여성에 대한 성병진료가 이루어졌으며, 1970년대부터는 미군당국의 요청으로 아예 한국정부가 기지촌마다 성병진료소를 세우고 매주 성병진료를 실시하였다. 성병에 걸린 것으로 밝혀지면 본인의 의사와는 상관없이 '몽키하우스(낙검자수용소)'라는 수용소로 보내졌다. 기지촌 여성들이 감금시설인 '몽키하우스'에서 도망치다가 건물에서 떨어져 다리가 부러지거나 크게 다치는 일들이 종종 일어났다.

이러한 정책은 모두 미군들의 편의와 건강을 위한 사업이었을 뿐 기지촌 여성들의 환경과 생활은 전혀 변함이 없었다. 그리고 한국정부가 기지촌 매춘에 깊숙이 개입하고 직접적이고 집중적으로 관리와 단속을 실시하게 되면서 기지촌 매춘은 공창의 성격을 띄게 되었다.

한국정부는 기지촌 여성들을 보다 효과적으로 통제하기 위하여 1970년대 전국의 기지촌에 자치회를 구성하고 자치회의 활동을 후원하였다. 자치회는 기본적으로 정부의 기지촌여성통제목적을 수행하기 위하여 구성되었기 때문에, 그 주요활동은 첫째, 보건증을 내지 않고 클럽에서 일하거나 혼자 살면서 성매매를 하는 여성들을 찾아내서 보건증을 만들고 성병진료를 하도록 강제하는 것과 둘째, 성병과 에이즈를 방지하기 위하여 여성들을 정기적으로 모이게 하여 교육하는 일이었다. 이러한 자치회들 중에서는 업주들의 편에서 기지촌여성들을 억압하고 착취하기도 하였다.

그러나 일부 자치회는 정부가 명한 공식적인 사업 외에도 기지촌 여성들의 인권보호와 재활을 위한 활동을 벌이기도 하였다. 특히 몇몇 자생적인 기지촌 여성운동가들에 의해 업주들의 착취에 맞서는 투쟁이나 반정부시위가 조직되기도 하였다.

이러한 자치회는 미군범죄와 포주들의 횡포에 맞서서 기지촌 여성들의 인권을 보호하는 활동을 전개하였다. 1980년대 발생한 미군에 의한 기지촌 여성 연쇄살인사건에 대하여 군산 아메리칸 타운의 자치회는 기지촌 여성들을 조직하여 군산시내에서 항의가두시위를 벌이기도 했다. 1992년 발생한 윤금이 살해사건 때에는 동두천의 자치회의 임원들이 미군부대 앞을 지키고 있다가 부대에 복귀하는 범인 케네스 마클을 붙잡음으로써 사건을 해결하는데 커다란 역할을 하기도 하였다. 이렇게 미군범죄가 발생하면 목격자를 만나고 범인을 찾아내고, 피해자를 보호하고, 경찰과 정부·재판부에 항의하는 활동을 적극적으로 벌였다.

뿐만 아니라 포주들의 착취에 대항하여 임금인상 투쟁과 같은 생존권투쟁을 벌이기도 하였다. 1980년대 송탄기지촌과 군산기지촌에서는 자치회가 중심이 되어서 임금인상투쟁이 일어났다. 송탄기지촌의 여성들은 부대 앞으로 몰려갔고, 이들을 해산시키기 위해 동원된 소방차가 뿜어내는 물을 온몸으로 맞으며 시위를 하였다. 군산기지촌의 여성들은 파업을 선언하고 아메리칸 타운 정문 앞에서 시위를 하였다.

또한 몇몇 자치회에서는 재활을 지원하는 복지사업을 벌이기도 하였다. 그 대표적인 예가 동두천의 자치회에서 1980년대 진행했던 "공병사업"이다. 자치회에서는 기지촌 여성들을 임원으로 임명하거나 자원봉사자로 동원해서 일년 내내 클럽과 기지촌여성들로부터 빈병을 수집하였다. 이렇게 빈병을 수집하면서 자치회는 기지촌 여성들 개개인의 상황과 문제를 파악할 수 있었다. 빈 병을 판 돈으로 쌀이 떨어진 여성, 아픈 여성, 연탄이 떨어진 여성, 기지촌에서 벗어나고 싶은 여성들을 지원하였다.

이러한 투쟁은 이후 1990년대 기지촌 여성들과 대학생, 여성운동단체들의 연대로 시작된 기지촌 여성운동에 큰 영감을 주었다. 뿐만 아니라 이러한 투쟁을 이끌었던 기지촌 여성들은 후배 기지촌 여성운동가들을 교육하였고, 기지촌 여성운동이 발전하는 데 커다란 기여를 하였으며, 현재도 함께 활동하고 있다.

2) 두레방

두레방은 사회운동세력이 기지촌 여성들의 인권문제에 관심을 가지고 본격적인 활동을 시작한 최초의 단체라는 점에서 커다란 의미를 갖는다. 두레방은 1986년 의정부기지촌에서 개원하였다. 기지촌 여성들의 인권문제에 관심이 있었던 문혜림 씨와 매춘여성문제와 관련하여 여러 가지 조사활동을 벌이고 있던 유복님 씨가 1986년 3월 의정부시 가능동에 두레방을 개원하였다.

두레방은 기지촌 여성들의 일상적인 문제들을 파악하고 분석하였으며, 이러한 문제들을 사회에 알리고, 문제해결을 위한 프로그램들을 개발하고 실행하였다. 기지촌 여성들의 일상 문제를 이해하고 그 해결을 시도하는 방안으로 상담과 교육프로그램이 시작되었다. 개인상담, 집단상담, 의료상담, 방문상담 등의 상담사업과 영어교실, 요리교실, 문화강좌 등의 교육사업을 실시하였다. 두레방은 기지촌 여성들이 억압된 상태로부터 해방되기 위해서는, 인신매매 과정에서 겪은 폭력과 매매춘업소에서 착취당해온 경험을 극복할 뿐 아니라 정신적, 육체적 억압과 충격의 연속이었던 어린 시절의 상처 또한 극복해야 한다는 것을 알게 되었다. 이를 위해서 두레방의 상담자들은 기지촌 여성들의 이야기를 항상 경청하고 용기를 주면서 자신감을 회복할 수 있도록 도왔다.

또한 1989년에는 최초의 매춘여성 전업프로그램인 두레방 빵사업이 시작되었다. 두레방빵은 기지촌 여성들의 전업과 자립의 가능성을 보여주었으며, 기지촌 여성들에게 전업에 대한 희망을 주었고, 그리고 무엇보다도 매춘여성의 사회복귀 프로그램을 경제적 자립에 초점을 맞추었다는 점에서 큰 의의를 갖는다.

두레방은 대학생들을 위한 교육프로그램인 기지촌활동을 시작하였고, 대학생들과 적극적으로 연대하였다. 대학생들은 두레방을 방문하여 활동하면서 기지촌 여성들의 실태를 경험하게 되었고, 이들은 기지촌 여성운동의 씨앗이 되었다.

3) 새움터

두레방의 뒤를 이어 새움터는 기지촌 여성들과 연대하여 그들의 문제를 해결하기 위하여 노력하는 본격적인 기지촌 여성운동 단체로 출발하였으며, 2001년부터는 기지촌 성매매를 포함한 성매매 전반의 문제로 사업을 확대하였다. 1996년 동두천 기지촌에 처음 문을 열었으며, 운영위원회와 실무위원회는 기지촌 여성운동가들과 기지촌 여성들로 구성되었다. 2001년에는 평택기지촌에도 상담소가 설립되었으며, 2002년에는 평택역 앞의 성매매업소 집결지역에 상담소를 설립하고 쉼터도 개설하였다.

새움터는 설립과 동시에 동두천과 송탄, 군산 기지촌에서 자치회활동을 통해 자생적인 기지촌 여성인권운동을 벌여왔던 기지촌 여성들을 적극적으로 찾아 나섰고, 이들을 통해 성매매 피해여성들을 위한 운동과 복지프로그램의 경험을 배우고, 새로운 사업을 함께 구상하면서 운동의 전망을 세웠다. 이러한 현장출신 운동가들은 새움터활동에 운영위원이나 실무자, 자문위원, 자원봉사자 등으로 적극적으로 참여하였다.

1998년에 설립된 기지촌여성 직업재활을 위한 공동작업장은 기금신청 단계에서부터 기지촌 여성들의 구상이었고, 그들의 자원봉사활동을 통해 운영이 가능하였다. 1999년 경기도 기지촌지역 실태조사 때에는 기지촌 여성들이 조사 및 연구작업에 직접 참여하여 일반조사자들은 접근이 불가능한 지역까지 실태조사를 해냈다. 2001년 법제정논의가 시작되자 기지촌 여성들은 전화설문조사를 통해 "성매매 피해여성 비범죄화, 포주 처벌강화, 성구매자 교육 또는 처벌, 강제적 선도보호조치 반대, 공창제 반대"라는 의견을 공개적으로 제시하였다. 이 외에도 새움터를 통해 기지촌 여성들을 비롯한 많은 성매매 피해여성들이 성매매를 방지하고 피해자를 보호하기 위한 활동에 적극적으로 참여하였다.

또한 새움터는 국내외 여성단체들과 연대하여 성매매 피해여성들의 상황을 알리고, 법률과 제도를 개선하고, 피해여성들의 자립을 지원하기 위한 종합적인 프로그램을 개발하였다. 한국여성단체연합 및 매매춘근절을 위한 한소리회와 함께 성매매특별법을 마련하여 2001년 10월 국회에 상정하였고 현재 제정운동을 벌이고 있다.

또한 동두천, 문산, 의정부, 평택, 군산 등지의 기지촌 여성들과 아동들에게 자립을 위한 복지프로그램을 제공하고 있으며, 이 프로그램은 공동작업장, 상담, 의료지원, 법률지원, 보육지원, 기술교육, 주거지원 등의 경제적 자립을 위한 종합적 지원프로그램들로 구성되어 있다. 평택역 앞의 성매매업소 집결지역 안에 상담소를 설립하고 현장지원서비스를 통해 탈성매매를 원하는 여성들을 지원하고 있다. 신고전화를 개설하여 전국의 성매매 피해여성들의 신고를 접수하고 있고, 피해자들에게 법률지원 및 의료지원, 안전한 쉼터, 포주로부터의 보호, 생계지원 등을 제공하고 있다.

2. 일본군'위안부'운동

세계 제2차 대전 당시 일본정부와 군대는 20만명의 한국여성들을 강제로 연행하고 납치하여 일본군의 성노예로 만들었다. 이러한 사실이 한국사회에 알려지면서 여성단체와 학자들을 중심으로 1990년에는 한국정신대문제대책협의회(이하 정대협)가 발족하였고, 현재 22개 회원단체들이 활동하고 있다. 정대협은 공식사죄와 배상을 거부하고 있는 일본정부를 향해 7가지 요구를 하고 있다. 그 내용은 진상규명과 전쟁범죄 인정, 공식사죄, 전범자 처벌, 위령탑과 사료관 건립, 피해자들에 대한 배상, 역사 교과서 기록 등이다. 또한 1992년 1월부터 지금까지 450여 차례에 걸쳐 매주 수요일 12시에 서울 일본대사관 앞에서 수요시위를 해왔으며, 그 동안 수요시위에는 국내외의 많은 사람들이 참여하여 '위안부'문제를 규탄하고 여성인권과 평화를 위하여 투쟁하였다.

대부분이 고령이신 '위안부'할머니들을 돕기 위하여 의료지원, 장례주관 및 절차상담, 위로회 등을 열어왔고, 생활안정지원법(1993년) 제정을 촉구하여 정부가 임대아파트(11~18평)를 지원하도록 하였으며, 일본전범의 출입국금지법안(1997년)을 통과시켰다. 특히 1998년 5월, 일본정부가 민간차원의 위로금인 '여성을 위한 아시아 평화국민기금'에 대응한 범국민모금을 두 차례(1997년과 1998년)에 걸쳐 실시하여 피해자 1인당 760만 8천원을 지급하고, 한국정부의 지원금(1인당 3,150만원) 지급을 위해 노력하였다.

정대협은 1992년 유엔인권위원회에 이 문제를 제기하였고, 유엔인권위원회, 국제법률가협회, 국제노동기구(ILO) 전문가위원회 등이 일본정부에 법적 책임이행의 권고를 하도록 하였으며, 아시아 피해국들과 함께 거의 매년 아시아연대회의를 개최하여 공동으로 이 문제해결을 위해 노력하였고, 2000년는 일본군성노예전범 국제여성법정을 개최하였다.

정대협을 주축으로 하여 한국의 여성단체들은 일본군'위안부'의 문제를 국내외에 알리고, 피해자를 지원하기 위하여 눈부신 노력을 하였다. 매매춘 근절을 위한 한소리회와 새움터 등의 성매매관련 단체들은 이러한 관심과 성과가 지금까지도 지속되고 있는 미군기지촌의 군대 성매매와 더 나아가 전반적인 성매매 문제 및 국가간 성적 인신매매의 문제까지 이어지기를 바라지만, 아직까지는 강제와 자발성으로 일본군 '위안부'와 기지촌 '위안부'들을 분리하는 인식과 일본군 '위안부'에 대한 관심이 민족적 분노로서의 측면이 강하기 때문에 이러한 관심이 성매매문제로 이어지기 어려운 기본적인 한계가 있고, 따라서 '위안부' 문제에 대한 운동의 성과가 성매매문제의 해결까지 연결되기에는 어려움이 많다.

지금까지의 논의는 한국정신대문제대책협의회 인터넷 홈페이지를 참고하였다.

3. 기술학원 화재사건과 법개정운동

정부는 지금까지 선도 사업의 일환으로 단속을 통한 '시설수용 보호' 대책을 시행해 왔다. 이러한 성매매여성들에 대한 대규모 강제시설수용의 문제점은 수용자에 대한 인권침해 및 시설보호의 비인도성, 시설 프로그램의 비효율성, 자활의 기본 요소인 일상적인 생활 유지의 불가능 등이다. 이러한 시설수용은 1995년도 "경기여자기술학원 방화사건"이 발생할 때까지 지속되었다.

모두 37명의 여성들이 사망한 이 사건은 기술원의 비인간적인 처우를 항의하는 여성들이 숙소에 불을 지르자, 원생들의 탈출을 우려해 기술원측이 출입문을 열어주지 않으면서 발생하였다. 그 당시 이 기술원은 정부로부터 매년 11억 원의 지원을 받고 있었지만, 원생들에게 생활필수품조차 제대로 지급하지 않았으며, 철책과 초소를 설치하고 청원경찰을 고용하여 감시하였다. 마치 교도소처럼 원생들은 외부로부터 철저하게 차단되어 있었고, 일상적인 체벌이 벌어지고 있었다.

결국, 이러한 죽음을 무릅쓴 항의로 많은 희생자를 내고서야 성매매 피해여성들에 대한 강제수용의 문제점이 사회에 드러났으며, 이 사건은 성매매 피해여성들에 대한 처벌과 강제수용을 규정하고 있던 윤락행위등 방지법의 개정운동을 이끌었고, 1996년 이 법률은 개정되었다. 개정법률의 주요한 차이는 성매매 피해여성들에 대한 강제수용조항 삭제 및 성을 파는 여성과 성을 사는 남성에 대한 쌍벌조항 신설이었다.

4. 군산 화재사건 이후의 성매매 방지운동

2000년 9월 19일 군산시 대명동에서는 성매매를 강요당하면서 감금되어 있던 5명의 여성들이 화재로 인해 사망하는 사건이 발생하였다. 이 사건은 우리사회에 커다란 충격을 주었고, 성매매 문제에 대한 사회적 관심과 인식을 전환을 이끌었으며, 성매매문제를 해결하기 위한 새로운 특별법의 필요성을 제기하는 계기가 되었다.

한국여성단체연합을 비롯한 15개 단체들[1]은 2000년 10월 26일 군산화재참사의 책임이 있는 포주와 관련공무원들을 형사고발하였다. 전국경찰청장을 비롯하여 군산경찰서장, 군산시장, 경찰서와 시의 관련공무원들을 직무유기 및 감금방조, 윤락행위등 방조, 유착비리의 혐의로 고발하였다.

또한 이 사건의 유가족들은 처음부터 이 사건에 대한 관련공무원들의 직무유기와 유착비리에 대하여 항의하였으며, 이를 밝히기 위하여 대한민국과 군산시, 포주들을 상대로 2000년 10월 26일 국가배상청구소송을 제기하였다. 이 소송을 진행하는 과정에서 경찰들이 화재업소와 인근업소의 성매매 여성들에게 성상납을 받은 사건이 드러나기도 했다.

군산 화재참사와 관련하여 여성단체들을 중심으로 이루어진 활동들은 한국사회에서 커다란 의미를 갖는다.

---

1) 고발단체는 한국여성단체연합, 매매춘근절을 위한 한소리회, 군산여성의 전화, 새움터, 전북여성단체연합, 한국성폭력상담소, 한국여성민우회, 한국여성의 전화연합, 가톨릭여성단체연대, 천주교정의구현 전국사제단 여성분과, 한국교회여성연합회, 경실련, 녹색연합, 참여연대, 환경운동연합 등 총 15개 단체이다.

우선 군산 화재참사는 성매매 피해여성들의 심각한 인권침해실태를 알리는 계기가 되었다. 성매매는 결코 직업이나 사회적 필요악의 형태로 이해될 수 없으며, 여성에 대한 폭력이고 착취라는 점을 드러낼 수 있었다. 군산 화재참사의 희생자들이 감금 및 성매매 강요, 인신매매, 폭력, 착취 등 심각한 인권침해상황에 놓여 있었음이 드러났고, 군산뿐만 아니라 전국의 성매매 피해여성들이 비슷한 상황에 놓여 있음이 알려지게 되었다. 이러한 인권침해 상황이 알려지면서 성매매 문제를 해결하기 위하여 여성단체와 시민사회단체들의 활동이 먼저 시작되었고, 정부의 관심도 이끌어낼 수 있었다.

둘째, 단속공무원들과 성매매업소간의 심각한 유착비리가 드러났다. 성매매업소를 단속하고 피해자들을 보호하여야 하는 경찰공무원들이 오히려 뇌물을 상납받고 매춘업소와 검은 유착관계를 맺고 이들을 비호해왔다는 것이 밝혀졌다. 이들은 뇌물상납과 성상납을 받고 단속업무를 소홀히 하였고, 단속정보를 미리 알려주어 성매매업소들이 단속을 피하도록 하였으며, 화재사건 이후에도 범죄자들에게 수사정보를 알려주기까지 하였다.

셋째, 성매매문제의 해결에 대한 국가의 책임을 분명히 하였다. 시민사회단체들의 관련공무원들에 대한 고발 및 유가족들의 국가상대배상청구소송제기는 모두 국가에 성매매문제를 해결할 책임이 있음을 주장한 것이었다. 성매매와 관련하여 시민단체들이 연대해서 관련공무원들과 그 책임자들을 고발하고 처벌을 요구한 것과 성매매문제에 대하여 국가를 상대로 소송을 제기한 것은 모두 한국사회에서는 처음 있는 일이었다.

넷째, 여성단체들이 군산화재참사 단일사건의 해결에 초점을 맞추는 것에서 더욱 발전하여, 사회적 인식과 정부의 법률 및 정책의 변화를 모색하였다. 여성단체들은 군산화재참사의 진상을 규명하고 성매매 여성들의 인권침해 상황을 사회에 알리는 것에서 더 나아가 성매매에 관한 법률과 정책을 분석하였으며, 성매매를 방지하고 피해자를 보호할 수 있는 방안을 연구하였다. 이러한 활동 중에서 대표적인 것이 바로 한국여성단체연합을 중심으로 마련하여 제정운동을 벌이고 있는 성매매방지특별법안이다.

그러나 2001년 초부터 일부 행정관료 및 학자, 성매매업소 관련자들로부터 조심스럽게 공창제도 도입에 대한 의견이 제기되기도 하였다. 이들은 성매매 피해여성들에 대한 심각한 인권침해 상황을 해결하기 위하여 공창제도를 도입하는 것이 효과적임을 주장하였다. 이러한 공창제도에 대하여 여성단체들은 반대의 입장을 분명히 하였다. 그러나 누구보다도 공창제도에 대한 주장에 강하게 반대한 것은 성매매 피해여성들이었다. 이들이 중심이 되어 새움터에서는 공창제도에 대한 설문조사를 실시하였고, 절대다수의 여성들이 반대의 의견을 밝혔으며, 이 조사결과는 공개되었다. 조사결과는 다음과 같다.

군산 화재사건 이후에도 국내 성매매문제와 성적 인신매매의 문제의 심각성을 드러내는 사건들이 줄을 이었다. 2001년 2월 14일에는 부산시 완원동의 성매매업소에서 불이 나서 감금되어 있던 여성 4명이 사망하였고, 2002년 1월 29일에는 군산시 개복동의 성매매업소에서 불이 나서 역시 감금되어 있던 여성 14명이 사망하였다. 이러한 심각한 인권침해상황에 대하여 여성단체들뿐만 아니라 사회 전체가 큰 충격을 받았고, 성매매방지특별법의 제정운동과 피해자를 위한 지원체계를 마련하는 활동은 박차를 가하게 되었다.

<표 1> 공창제도에 대한 의견

	찬성한다	반대한다	모르겠다
특정지역을 지정하여 그 지역안에서만 성매매를 허용한다.	0명	29명 (96.7%)	1명 (3.3%)

<표 1-2> 자세한 의견

반대의견	·우리는 우리들이 원하는 곳에서 살 자유가 있다. ·공창지역에서 일한다고 해서 포주들이 우리를 괴롭히는 것을 막을 수는 없다. 포주들의 횡포를 정부가 막으려고만 했으면 그 동안에도 얼마든지 막을 수 있었다. 우리들의 고통에 관심이 없다는 것이 가장 큰 문제이다. ·법은 인정하지 않는다 해도 지금도 미아리588이나 청량리처럼 공창지역은 존재하고 있고 전국에 없는 곳이 없다. 이런 곳에서 우리들은 더 심하게 착취당했다. 공창지역이 우리들의 인권을 보호할 수 있다는 것은 거짓말이다. ·특정지역을 만들어놓고 정부와 경찰이 그곳을 관리하겠다는 것을 우리는 믿을 수 없다. 공무원들과 경찰들이 포주와 짜고 우리들을 더 착취했으면서 어떻게 그들이 우리들을 구해준단 말을 믿으란 말인가?
모르겠다	·공창인지 공청인지 도대체 이게 무슨 말인지 잘 모르겠다.

무엇보다 큰 변화는 이러한 활동들이 알려지면서 피해자들이 목숨을 걸고 탈출하여 여성단체와 성매매 피해여성상담소에 신고하는 일이 폭증하고 있는 현상이다. 새움터에만 평균 5건 이상의 신고가 매일 접수되고 있으며, 먼저 구조된 여성들이 친구들의 인권침해상황을 신고하고 함께 구조하는 일도 늘어나고 있다. 이러한 피해자들의 신고와 단체들의 구조활동은 성매매 피해여성들의

상황을 더욱 구체적으로 알려내고 있으며, 피해자들을 위한 지원
체계를 시급히 마련하도록 정부에 대한 압력으로 작용하고 있다.

Ⅲ. 성매매방지 및 피해자보호를 위한
여성운동의 전망

1. 성매매 피해여성들의 활동강화

위에서 살펴보았듯이 정부와 사회가 성매매문제에 전혀 관심을
두지 않을 때에도 성매매 피해여성들은 자신과 동료들을 스스로
보호하기 위하여 눈물겨운 인권보호와 생존권투쟁을 벌여왔으며,
성매매관련 여성운동단체가 생겨나자 적극적으로 참여해왔다. 기
지촌 여성들의 인권문제를 폭로하였던 윤금이씨 살해사건의 범인
을 잡은 것이 기지촌 여성이었다는 사실이나, 군산 화재사건이 발
생했을 때 이것을 처음 새움터에 알려준 사람이 예전에 군산 성매
매업소에서 착취를 당하였던 여성이었다는 사실은 결코 우연이
아니다.

탈성매매를 이룬 여성들은 현재 실태조사 및 연구사업, 교육사
업, 상담프로그램, 지원프로그램, 피해자 구조활동, 보호프로그램
등의 모든 활동에 적극적으로 참여하고 있으며, 피해자로서 이들
이 겪은 경험이나 고민은 새움터 활동에 방향을 제시하고 영감을
불어 넣어준다. 더 많은 피해자들이 다른 피해자들을 위해 활동하
기를 희망하고 있으며, 이러한 활동이 실제적으로 성매매를 방지
하는 데 커다란 역할을 하는 것이 분명하므로, 여성단체들은 정부
에 이러한 여성들의 활동을 인정하고 지원할 것을 요구하고 있다.

2. 성매매방지특별법 제정운동

한국여성단체연합을 중심으로 마련한 성매매방지특별법안은 정부가 체결한 국제협약의 내용을 기초로 하여 마련되었다. 주요내용은 성매매에 대한 금지주의 유지 및 다양한 성매매범죄에 대한 규정 및 처벌강화, 강요된 성매매의 피해자와 청소년, 외국인, 장애인은 동의여부와 상관없이 피해자로 규정, 불법행위로 인한 수익 몰수, 내부고발자 형사처벌 특례 및 보상금, 피해자에 대한 인권보호 및 지원, 성구매자에 대한 처벌 및 보호처분, 국제적 성매매방지, 성매매방지 및 피해자보호에 대한 국가의 의무명시 등이다. 이 법안이 통과된다면 성매매 범죄자들에 대한 처벌이 강화되고 피해자들에 대한 규정이 넓어지며 적절한 보호가 가능해지기 때문에 여성단체들은 법률제정을 위해 열심히 노력하고 있다.

그러나 성매매방지와 피해자보호를 위해서는 이 법률도 보완될 필요가 있다. 가장 중요한 것은 성매매여성을 모두 피해자로 규정하여 비범죄화하는 일이다. 성매매의 주체는 성매매 피해여성이 아니라, 포주와 중간 매개자와 같은 범죄자 및 성 구매자이다. 성매매의 과정에서 누가 실제로 이득을 얻고 있으며, 누구의 요구와 힘에 의해 유지되고 있는가를 생각해보면 이러한 사실은 더욱 명확해진다. 성매매의 주체들은 여성을 성적 서비스를 제공하는 하나의 상품으로 거래하며, 이 과정에서 성매매 피해여성은 하나의 인격체가 아닌 남성의 성적 욕구를 충족시키는 소모품으로 전락된다. 따라서, 성매매 피해여성은 성적 욕구를 충족시키기를 원하는 성 구매자에 비해 약자의 위치에 있을 수밖에 없다(Coalition Against Trafficking in Women).

따라서 성매매여성을 피해자로 규정하는 것은 가부장제와 같은 사회구조적 모순으로 인해 성매매가 유지, 강화되고 있는 것으로 파악하고, 그 과정에서 탈인격화, 상품화되는 여성의 문제를 해결하는 초석을 마련하기 위함이다. 또한, 여성의 성을 상품화하는 성매매 자체의 문제와 더불어, 이 과정에서 발생하는 수많은 범죄피해에 대한 지원과 대책 마련의 의미를 담고 있다. 따라서, 성매매 피해여성에 대한 피해자 규정은 새로운 법률 제정의 과정에서 가장 기본적인 대전제가 되어야 한다.

3. 지원체계를 위한 운동

피해자들에게 탈성매매를 가능하게 하고 경제적 기회를 향상시킬 수 있는 지원체계가 마련되어야 한다. 이러한 지원체계는 기본적으로 다음과 같은 내용을 포함해야 한다.

첫째, 성매매로 인한 육체적·정신적 피해를 극복하기 위한 상담 및 의료지원 프로그램을 제공한다.

둘째, 포주의 협박으로부터 안전하게 피해자를 보호하는 프로그램을 제공한다. 특히 포주들에 대한 기소에 적극적으로 협조하는 여성들이 보복을 당하지 않도록 보호해야 한다.

셋째, 직업적 대안을 마련하기 전까지 생계지원을 제공한다.

넷째, 직업적 대안 프로그램을 제공한다. 이 프로그램은 직업훈련 및 기술훈련, 정보제공, 취업알선, 신용융자, 창업지원 등을 포함한다.

다섯째, 거주지를 마련할 수 있도록 그룹홈을 제공하거나 주택지원금을 제공한다.

4. 성매매를 목적을 하는 국제적 인신매매 방지활동

최근 심각한 문제로 대두되고 있는 외국여성들의 국내 성산업 유입에 대한 대책으로, 국제 성매매 알선자 등에 대한 가중처벌을 실시하고, 일시보호, 상담, 귀환 프로그램 등 특화된 지원 프로그램을 마련하여야 한다. 현재, 외국여성들의 성매매에 대한 관련자 처벌은 실시되고 있으나, 피해여성에 대한 지원책은 전혀 마련되어 있지 않은 채, 단지 본국으로 강제송환시키고 있는 실정이다. 그러나, 아무런 대안없이 이렇게 강제송환되는 경우에는, 자국 내의 성산업에 종사하거나 다시 국제 성매매 조직에 의해서 다른 외국의 성산업으로 재유입되는 경우가 대부분이다. 따라서, 단순히 국내에서 추방시키는 것이 아니라 성산업으로의 재유입까지 방지할 수 있는 법적 장치의 마련이 시급하다고 할 수 있다.

일본(유입국)과 태국(송출국)의 민간단체들이 대안으로 제시했던 귀환 프로그램은, 단순히 여성들을 본국으로 추방하는 것이 아니라, 송출국과 유입국의 연계를 통해서 귀환과 재유입을 방지하는 프로그램(상담, 홍보, 기술교육, 일자리제공, 공조수사 등)을 진행하는 것을 의미한다. 또한, 대부분의 외국여성들이 성 판매자와 중간 매개자를 통해서 연예인 신분(엔터테이너 비자)으로 국내로 유입되고 있으나, 실제로는 성적 서비스와 성매매를 강요받고 있는 상황이기 때문에, 입국 과정에서 성 판매자와 중간 매개자를 색출하여 처벌할 수 있도록 하여야 한다.

▫ 참고문헌 ▫

애들러, 마이카 죠셉. 2000. "주한미군 범죄에 대한 한국 내 비정부 기구의 활동 방향 연구." 연세대학교 정치학과 석사학위 논문.

Barry, Kathleen. 1995. The prostitution of sexuality. New York: New York University Press.

Moon, Katharine H.S. 1998. Sex Among Allies: Military Prostitution in U.S.－Korea Relations. New York: Routledge.

한국정신대문제대책협의회 홈페이지 http://www.k－comfortwomen.com.

Coalition Against Trafficking in Women. Factbook on Global Sexual Exploitation.

제4장
여성과 노동

－마르따 오헤다
멕시코의 자유무역지역에서의 여성노동

－이옥지
1970년대의 한국 여성노동자운동:
'왜 여성노동자들이 노동운동의 전면에 나서게 되었는가'를 중심
으로

멕시코 자유무역지역에서의 여성노동

마르따 오헤다(Martha Ojeda)*

자유무역, 특히 북대서양 자유무역협정(North American Free Trade Agreement, NAFTA)은 수백만 명의 노동자를 희생시킨 대가로 극소수 몇 사람들에게는 엄청난 성공을 안겨다 주었다. 나는 내가 태어난 곳이기도 한 멕시코 국경 북부의 "마낄라"1)지역에 살고 있는 노동자들의 슬픈 현실을 중심으로 말하고자 한다. 이 지역에는 4000개가 넘는 마낄라산업체들이 있고 이에 고용된 노동자들만 해도 130만 명이 넘는다.

처음에는 거의 모든 노동자들이 여성들이었는데, 여성들이 남성들보다 더 순종적이고 관리하기 쉽고, 조립과 바느질에 필요한 손재주를 가지고 있다고 여겨졌기 때문이다. 그러나 업체들은 멕시코 노동법에 임신한 여성들은 위험한 화학약품이나 용액들에 노출되지 않도록 다른 종류의 일로 바꾸어 주어야 한다고 명시되었음을 시간이 지남에 따라 알게 되었다. 또 회사들은 여성들에게

---

* 마낄라노동자 정의연합(Coalition for Justice in the Maquiladoras)의 소장.
1) 보세 가공업체 혹은 이 업에 종사하는 노동자들을 지칭한다.

출산 전후 45일간의 유급 출산 휴가를 주어야 했다. 그러자 평등과 노동권을 보장하고 있는 멕시코 헌법을 위반한 채, 모든 여성 노동자들을 대상으로 임신검사를 실시하는 것이 일반적인 관행이 되었다. 어떤 공장에서는 여성 노동자가 임신하지 않았음을 증명하기 위해서 생리대에 피가 묻었는지를 검사한다. 또 어떤 공장에서는 여성 노동자들의 임신여부를 알아내기 위해 소면검사를 하거나, 피임주사를 맞히고는 노동자들에게는 거짓으로 백신주사를 주었노라고 말한다.

특히 지배인이나 감독자에 의한 성추행은 비일비재하게 일어난 일이다. 여성이 성폭행에 반항을 해도 해고가 되고, 성폭행을 용인한 채 임신이 되어도 해고된다. 1997년 11월 인권감시단에 의해서 NAO와 ANAD에 성차별 사건 하나가 보고되었다.

이와 같이 보고된 사례이외에도 다음과 같은 개별 사례들이 있다.

- 바하 칼리포니아(Baja California)주의 티후아나(Tijuana)시에 있는 알파 인베스트먼트(Alpha Investment)사 노동자인 마리아 팔라폭스(Maria Felix Medina Palafox)

- 시우다드 후아레스(Ciudad Jurez)시에 있는 커피기계 제조회사인 프록터 사이렉스(Proctor Silex)사 노동자인 마리아 로드리게스(Maria de los Angeles Rodriguez)

- 따마훌리빠스(Tamaulipas)주의 누에보 라레도(Nuevo Laredo)시에 있는 파브리까스 데 깔리다드(Fabricas de Calidad)에서 일하는 글로리아(Gloria Villareal)와 오펠리아(Ofelia)

작업장에서의 건강과 안전문제는 특히 여성들에게 중요한 관심사이다. 위험한 화학약품과 용액에 노출되면, 유산을 하거나 수두

증, 무뇌증, 이분척추증과 같은 병에 걸린 선천성 기형아를 출산할 수 있다. 실제로 여성 마낄라노동자들 중에는 미숙아나 사산아 출산이 많았고, 집단 중독 증상도 있어 왔다. 예를 들면, 미국의 알코아(Alcoa)사, 일본의 소니(Sony)사, RCA사 등의 경우가 있다.

또한 비야 에르모사(Villa Hermosa)시의 파브리까 수르(Fabrica Sur)사에서 있었던 죽음의 버스 사건이나 마따모로스(Matamoros)시에 있는 필립스(Philips)공장에서 있었던 아나 에르난데스(Ana Maria Sanchez Hernandez)의 사건처럼 안전하지 않은 환경이 죽음을 불러오는 경우도 있다.

수백 명의 노동자들이 팔목터널증후군(Carpal Tunnel Syndrome) 때문에 해고 당해왔고, 노동자들이 증상을 호소할 때마다 그 증상은 단지 심리적인 문제일 뿐이라는 말만 들어 왔다. 많은 마낄라 산업체들은 독성 화학물질이나 용액들을 강에 바로 버리거나 화학물질에 오염된 폐기물을 땅에 파묻는다. 그 결과로 동네의 식수원과 대기, 토지는 오염될 수밖에 없다.

게다가 노동자들은 주급 45달러 내지 50달러의 저임금을 받고 있다. 그들은 공공 서비스가 제공되지 않는 동네에서 판자집이나 고용된 회사에서 노동자들에게 판 팔레트로 만든 집에서 산다. 또한 노동자들이 받는 임금으로 가지게 되는 구매력은 지난 5년 동안에 39%까지 감소해 왔고, 따라서 노동자들은 자신들이 생산한 상품마저도 구매할 능력을 갖지 못하고 있다.

자유무역을 통해 큰 이익을 얻게 해주겠다던 NAFTA의 약속은 결국 노동자들에게 보건이나 교육 문제는 차치하고라도 저임금, 영양실조, 그리고 악화된 주택조건만을 안겨다준 셈이 되었다.

한때 어떤 이는 멕시코의 북쪽 국경지역을 미래의 실험실이라고 부른 적이 있다. NAFTA가 지금까지 전국을 감염시키고 있는 마낄라도라[마낄라산업체: 편역자 주]라는 바이러스를 그곳에서 부화시키고 있는 것을 보면 그 말은 맞다. 신자유주의의 자유무역 모델은 몇몇 부자들만을 위한 것이고 노동자들에게 가져다 준 것은 더 심해진 굶주림과 빈곤뿐이다.

만약 우리가 이러한 상황에 만족했다면, 우리는 상황을 개선하기 위해 조직운동을 하려 하지 않았을 것이다. 대다수의 노동자들이 여성들이기 때문에 조직적인 투쟁의 조직운동가들과 지도자들은 대부분 여성일 수밖에 없다.

1994년 4월 당시 노동자들이 독립노조를 결성하려 했던 소니(Sony)사에서의 나의 경험을 이야기해 보자. 나는 이에 대해서 언급할 것이 많이 있지만 몇 가지만 추려서 이야기하고자 한다. 소니회사에서의 투쟁 이외에도 1997년 5월 따마울리빠스(Tamaulipas) 주의 마따모로스(Matamoros)시에 있는 카스톰-트림(Custom-Trim and Auto -Trim)사의 노동자들이 안전하지 못한 작업환경에 항의하며 파업을 했다. 1997년 6월에는 바하 칼리포니아(Baja California) 주에 있는 한영(Han Young, 한국계 다국적 기업이자 현대 계열사) 노동자들이 봉급인상과 보다 안전한 작업환경을 요구하며 작업을 중단했다. 1998년 1월에는 마따모로스(Matamoros)시에 있는 여러 마낄라산업체에서 일하고 있던 6천명의 노동자들이 일주일간 파업을 단행했다. 1998년 6월에는 비전 오토모트리츠(Vision Automotriz)사의 노동자들이, 1999년 5월에는 시우다드 후아레스(Ciudad Juarez)시에 있는 로버트 보쉬(Robert Bosch, 자동차 부품 및 전동공구 생산회사)사의 노동자들이, 같은 해 6월에는 파베사(Favesa)공장 노동자들이, 또 같은 해 7월에는 모다스 레이나(Modas Reyna)사의 노동자들이, 그리고 2000년 6월에는 리오 브라보(Rio Bravo)시에 있는 두로(Duro)사의 노동자들이 투쟁하는 등 많은 사례들이 있다.

현재 멕시코 북부에 있는 마낄라산업체에서 일하고 있는 여성 노동자들의 상황은 변화하고 있으며, 마낄라산업체에서 일자리를 얻기 위해 북부도시들로 이주해온 남부 지역의 농촌출신 이주여성들 때문에 실업률이 높아지고 있다.

마지막으로 나는 마낄라 여성 노동자들의 조직적 투쟁 속에는 신세대 젊은 여성 지도자들이 있음을 말하고 싶다. 그들이 우리의 희망이다.

1970년대의 한국 여성노동자운동:
'왜 여성노동자들이 노동운동의 전면에 나서게 되었는가'를 중심으로

이 옥 지*

I. 머리말

이 글에서 다루고자 하는 1970년대 있었던 여성노동자들의 운동은[1] 우선 1960년대 중반 이후 수많은 여성들이 공장노동자로 등장하게 되었다는 점에서 박정희정권의 경제개발계획과 밀접하게 관련되어 있다. 5·16쿠데타 이후 세워진 박정희정권은 경제개발계획에 착수하고 노동집약적 수출산업화에 매진하여, 단기간에 세계가 놀랄 말한 경제성장을 가져왔다. 그의 고도성장정책은 초기에는 국민의 지지를 얻었으나, 1960년대에는 성장의 결과로 생긴 빈부격차 등 여러 가지 문제가 노출되기 시작했다. 장기집권의 야욕이 드러나는 1969년 이후, 특히 유신체제 이후의 박정권은 긴급조치를 남발하면서 독재체제를 강화해 나갔으며, 사회일반에서

---

* 사회학 박사, 서울대학교 국제지역원 연구원.
1) 여기서 말하는 1970년대는 정확히 말하자면, 1960년대 말부터 1980년대 초 민주노조들이 파괴되는 시기까지를 포함한다.

는 민주세력에 의한 반독재 민주화운동이 전개되었다.

1970년대의 반독재 민주화운동의 한 줄기로서 노동운동은 경제개발로 인한 노동자층의 증가와 고도성장의 그늘에 있던 수많은 노동자들을 기반으로 하여 점점 더 활발하게 전개되었다. 그러나 1970년대의 노동운동은 산별노조나 노총이 중심에 서서 지부나 분회의 노조결성이나 노동조건 개선운동 등을 지원한 것이 아니고, 점점 더 억압적으로 되어가는 정치체제 하에서도 포기하지 않고 지속된 각 사업장중심의 노조에서 일어난 조합원들의 움직임들이 모여 이루어진 것이었다. 법과 제도 등 모든 것이 노동자들에게 불리했던 1970년대에, 한국의 노동운동은 주로 섬유, 전자 등 수출산업을 중심으로 여성노동자들이 집중되어 있는 사업장들에서 일어난 여성조합원들의 활발한 움직임이 그 특징이다.

이러한 여성노동자들의 노동운동은 1970년대 후반으로 갈수록 정치적 억압체제가 더 강력해지는데도 수그러들지 않았다. 실제로 1980년대 초까지 한국의 노동운동은 여성노동자들에 의해 이어져 왔다고 해도 과언이 아니었다. 다시 말하면, 남성노동자들의 노동운동은 1970년대 초 편직공들의 투쟁이래 1980년대 초까지는 드물고, 여성노동자들만이 지속적으로 활발한 투쟁을 벌여왔고, 한국에서 흔히 1970년대 민주노조운동이라고 불리는 7개의 노조지부, 즉 동일방직, 반도상사, YH무역, 청계피복, 콘트롤데이타, 원풍모방, 삼성제약노조에 의한 노동운동은 모두 여성노동자들의 노동운동이었다. 그 외에도 잘 알려진 노조결성운동이나 권리쟁취운동 등은 많은 경우 여성들에 의해 이루어졌다.

이 논문은 1970년대 한국에서 여성들의 노동운동이 그처럼 활발했다는데 주목하고, 왜 한국의 여성노동자들이, 그리고 여성들의 노조가 억압체제 하에서 그처럼 강력한 투쟁을 벌일 수 있었는지, 그리고 왜 그들이 노동운동의 전면에 나서게 되었는가에 대하여 조심스럽게 대답을 찾아보려고 한다.

이러한 목적을 염두에 두고 필자는 우선 박정희의 군사쿠데타와 그 정권에 정당성을 부여하는 경제개발계획의 실현에 한국여성의 노동력이 노동집약적 수출산업에 얼마나 귀중한 생산요소이면서 동시에 가장 홀대받는 위치에 있었는가를 분석해보고자 한다. 또한 노조결성시 정부기관들의 개입과 권리쟁취 투쟁시 행하는 정부기관의 반응들을 살펴보면서 당시에 노동운동을 전개하는 것이 얼마나 어려웠나를 점검하고, 여성노동자들이 어떤 식으로 자신의 자리에서 개별적/집단적 권리투쟁을 하면서 민주화 운동에 일조하였는지를 검토하고자 한다. 그런 후에, 필자는 왜 여성노동자들이 노동운동에 활발히 참여하게 되었는지, 또한 왜 그들이 그렇게 헌신적이고 강력한 투쟁을 할 수 있게 되었는가에 대한 대답을 모색해 보고자 한다.[2]

Ⅱ. 박정희 정권과 여성노동자

1. 군사쿠데타와 '조국근대화'(경제개발)

1961년 5월 16일 군사쿠데타로 권좌에 오른 박정희는 대한민국 정권으로서는 처음으로 경제발전을 도모하여 경제자립을 이룩하겠다는 공약을 하였다. 합법적인 민주당정부를 무력으로 무너뜨린

---

2) 이 글은 1970년대에 있었던 수많은 여성노동자들이 주도했던 운동사례들을 가지고 논의를 전개시키고자 하나 중요한 사례들을 모두 얘기하는 것은 불가능하기 때문에 몇몇 사례만을 제시하기로 한다. 또한 지면관계로 한 가지 운동사례를 그 발단에서부터 끝까지 서술할 수 없기 때문에, 한 단면을 서술한 경우에 그러한 사례들이 쉽게 이해되지 않을 수도 있다.

자신의 군사정권에게 결여되었던 정치적 정당성을 경제개발에 의한 조국근대화를 내세워 보완하려 하였다. 이후 반공과 경제개발은 박정권이 내세우는 주요한 슬로건이었다. 군사정권은 국민적 열망에 부응하며 자립경제 수립을 내걸고 출발했으나, 난관에 부딪힐 수밖에 없었다. 국내의 저축수준이 낮았기 때문에 경제개발계획에 필요한 대규모의 투자가 국내자본에 의해 이루어지기는 불가능하였고, 따라서 외국자본에 의존할 수밖에 없는 한계를 가지고 있었다. 결국 거창한 구호로 시작된 박정권의 자립경제는 세계경제체제에 종속된 이전의 대외의존정책으로 되돌아 갈 수밖에 없었다.

1963년 12월 박정희가 민주공화당 후보로 대통령에 당선되고 제3대 대통령으로 취임하기 이전의 군정시기에 제3공화국의 중요기관인 중앙정보부와 경제기획원이 설립되었다. 이 두 기관은 1970년대에 들어서서 3선 개헌에 의한 유신시대를 거쳐 1979년 박대통령의 사망 때까지 박정권의 핵심기관, 즉 반공과 경제개발을 담당하는 기관으로 기능하였다. 18년간의 박정희정권 기간 중에서 1972년 '10월 유신'이전까지는 전반기라고 볼 수 있는데, 헌법상으로는 자유민주주의 국가였던 시기였고, 후반기는 유신체제의 도입과 함께 박정희정권 초기에 가졌던 불완전한 정당성까지도 완전히 사라진 독재체재를 수립함으로서 긴급조치에 의해 정권이 유지되었던 기간이다.

박정권은 국가의 경제발전이란 야심찬 경제개발계획들을 수행함으로써 이루어지는 것으로 보고, 집권초기부터 경제개발 5개년 계획들을 연속적으로 수립하여 수행해 나갔다. 1960년대와 1970년대를 통해 한결같이 고수된 경제개발정책의 특징은 ① 공업화를 통한 경제발전, ② 초기에는 경공업이 주도하고 후에는 중화학공업으로의 이행, ③ 투자자본부족과 기술수준이 낙후한 점을 보충

하기 위한 외자유치, ④ 수출증대로 외화획득, ⑤ 정부주도의 경제발전, ⑥ 고도성장, ⑦ 분배보다 성장을 우선시하는 것으로 요약될 수 있다(Cho 1983, 332). 이렇게 한국의 경제발전이란 공업화라는 좁은 의미로 받아들여졌고, 공업화를 통한 고도성장이 경제개발계획의 목표로 파악되었다.

그러나 경제개발계획, 즉 공업화를 이루기 위해서는 투자자본이 필요한데, 국내의 낮은 저축수준 때문에 외자의존형으로 될 수밖에 없었고, 국내시장이 협소하기 때문에 수출주도형으로 정착할 수밖에 없게 되었다(박찬일 1983, 288). 외자의존형 경제개발과정에서 차관의 이자와 원금을 갚기 위해서는 수출이 절대적으로 필요했고, 따라서 1960년대 이후 한국경제는 수출에 매진하지 않을 수 없었다. 또한 자원이 부족하고, 기술수준도 낮은 한국에서 외국자본의 이자까지 내면서도 수출산업들이 살아남을 수 있는 유일한 길은 저임금으로 원가를 낮추는 것밖에 없었으며, 저임금으로도 노동자들이 먹고 살 수 있게 하기 위해서 저곡가정책을 실시하였고, 그로 인한 농촌의 피폐는 대규모의 이농민들을 배출하여 도시에서의 임금을 떨어뜨리는 기능을 하였다.

1962~66년의 제1차 경제개발 5개년 계획과 1967~71년의 제2차 경제개발 5개년 계획 기간동안에 한국경제는 급속한 성장을 이루었다. 제1차 5개년 계획기간 동안에 국민총생산은 연평균 7.7%의 성장을 이루었고, 제2차 5개년 계획기간 동안은 연평균 10.5%의 성장을 이루어 1960년대에 국민총생산은 2배로 증가하였다(박찬일 1983, 289). 이러한 고도성장은 외자도입에 의해 높은 투자수준을 유지하는 것으로 실현될 수 있었으며, 또한 투자가 광공업과 사회간접자본에 집중적으로 이루어짐으로써 이들 산업이 급속한 성장을 이루게 된 것이었다. 광공업은 1962~66년 사이에 연평균 14.1%, 1967~71년 사이에 연평균 20.3%씩 성장하였다.

박정권은 쿠데타 초기에 기존노조를 해체하고 소위 9인 위원회란 것을 만들어서 노조를 재편성하였다. 군사정권이 재조직한 노조만 허용하였으며 1963년에는 노동법을 개정하였다. 노동조합법에서는 복수노조 금지, 노동조합 정치활동금지 규정의 강화, 노조의 자유설립주의를 수정하여 행정관청에서 설립 신고증을 교부받은 때에 노동조합이 설립된다는 일종의 신고제 채택, 부당노동행위의 처벌주의에서 구제주의(원상복귀주의)로의 전환 등을 골자로 하고 있다. 노동쟁의조정법에서는 공익사업의 범위가 확대되었고, 산하조직은 쟁의행위를 하기 전에 산별노조의 승인을 받도록 한 것, 쟁의 전에 노동위원회의 적부심사를 받도록 한 것, 노동쟁의에 관한 긴급조정권을 신설한 것 등이 포함되었다(김형배 1980, 270-271). 개정된 근로기준법은 대체로 법규정과 현실의 괴리를 좁혀 실효성을 강화했다고 볼 수 있지만, 노동조합법이나 노동쟁의조정법은 국가적 목표인 경제성장을 위한 입법으로 노조활동 제약, 정부의 노사관계 개입 강화, 공익중심의 노동행정, 노동쟁의에 대한 제약, 노사협의회 신설 등을 골자로 한 것이었다. 그리하여 노동조합의 정치활동금지, 행정관청의 노동조합 결의에 대한 취소와 변경 명령 등, 국가가 언제든지 노동조합의 운영을 규제할 수 있도록 하였다(김형배 1983, 29-31 ; 이원보 1996, 332).

2. 종신집권을 위한 독재체제의 강화
(1968~1972)

1961년 군사쿠데타로 집권한 박정희가 1963년에 실시된 국민투표로 대통령이 되고, 1967년 선거에서 재선되었다. 그는 1969년 대통령 중임제한철폐를 위한 '삼선개헌' 후, 1971년 봄의 선거에서 김대중후보를 근소한 표차로 누르고 4년 임기의 삼선대통령이 되자, 다시는 국민투표에 의해 시험받지 않는 영구집권을 향한 제도들을 만들어나갔다. 유신체제가 들어서는 1972년 말 이전의 몇 년간, 1968~72년의 과도기에는 정권초기에 내세웠던 경제개발과 성장에 대한 국민들의 지지가 점차 옅어지고, 경제개발의 가시적 성과와 함께 성장의 결과물이 국민전체에 고루 배분되지 못하는 데서 나오는 부작용이 나타나기 시작했다. 또한 성장의 혜택을 받은 계층에서도 잘살게 된 것을 당연한 것으로 받아들이는 동시에 박정권이 1969년의 '삼선개헌', 1971년 12월 17일 국가비상사태 선언과 '국가보위에 관한 특별조치법'(국가보위법)의 통과, 1972년 10월 17일에는 비상계엄 선포로 억압체제를 강화하자, 국민들의 정권에 대한 불만은 점증되어갔다.[3]

다른 한편으로는 성장의 결실이 국민들에게 고루 분배되지 못함에 따라서, 성장의 혜택을 받지 못한 소외계층 사이에서 성장의 결과와 불평등한 현실에 대한 인식이 확산되어갔다. 이것을 사회 일각에 드러낸 것이 1970년 11월의 소위 '전태일 사건'이었고, 이 사건으로 말미암아 고도성장의 그늘에 있던 저임금노동자들에 대한 사회적인 관심이 고조되었고, 지식인들도 노동문제에 대해 관심을 갖기 시작하였다.

이 기간에 발생한 외자업체인 오크전자와 시그네틱스 전자에서

---

3) 신영복과 조희연은 유신 이전을 형식적인 정치적 민주주의가 일정정도 존재했던 시기이며, 유신체제는 '전체주의화된 독재를 위한 독재'시기라고 하였다. 또한 유신체제는 1960년대의 박정권에 대한 동의적 기반, 즉 박정권이 내걸었던 '민족주의', '민주주의', '성장주의', 그리고 '반공주의' 등 4가지 측면에 있어서 균열이 생기기 시작했고 독재에 대한 저항은 전국적, 범국민적으로 확대되었으며, 1970년대 초에는 국가위기사태에 이를 정도가 되었다. 이러한 국가위기에 대응하여 개발독재세력이 국가폭력성을 전면화하면서 '전체주의화된 개발독재'를 재구축하고자 하는 반동적 시도가 바로 유신체제였던 것이다(신영복·조희연 2001, 6-8).

의 노사분규는 유신체제라는 강력한 억압체제로 이행하는 현장을 생생하게 보여준다. 1960년대 말 차관으로 설립된 기업들이 부도가 나는 등 부실기업이 속출하자, 정부로서는 이러한 골치거리가 없는 (차관은 정부가 도입된 외자의 상환을 보증해야하기 때문에) 외국인 직접투자를 유치하려고 심혈을 기울였다. 이런 상황에서 1968년 10월 오크전자(Oak Electronics)에서 있었던 노사분규는 노사간에 있었던 실제상황과는 달리, 미국본사 경영진의 한국에서의 갑작스런 자본철수 결정과 한국에서 철수하면서 경영자들이 노조를 비난하는 말을 한 것이 외국신문에 보도되었고, 이 보도로 말미암아 이 회사의 자본철수가 노조 때문에 있게된 것으로 받아들여졌다(Ogle 1977, 80 - 82 ; 이옥지 2001, 102 - 103). 이 사건이 있은지 1년 후에 또다른 외자기업인 시그네틱스 전자에서 노사분규가 일어났을 때, 한국정부는 이를 막는데 주력하였고, 1969년 말 "외국인 투자기업의 노동조합 및 노동쟁의 조정에 관한 임시특례법"을 통과시키고 1970년 1월 1일부터 발효시켰다.4)

이 시기에는 고도성장에 따른 노동계층의 증가로 조합원수도 크게 증가하였고, 다른 산별노조와는 달리 섬유노조는 업종별로 임금교섭을 하는 유일한 노조였다. 1969년 섬유노조의 면방 동맹파업(이옥지 2001, 107 - 108)은 섬유노조가 정부와 면방업계가 정한 임금인상에 불만을 품고 조합원 2만 명 이상의 면방업계에서 2

---

4) '외국인 투자기업의 노동조합 및 노동쟁의 조정에 관한 임시특례법'은 외국인이 10만 달러 이상을 출자한 사업과 그 출자액이 10만 달러 미만이더라도 그 제품을 전량 수출하는 사업에 적용되는데, 여기에서는 노동조합의 설립에 있어서 특례가 인정되고 노동쟁의에 대해서는 강제중재가 행해짐으로써 노동쟁의조정법의 적용이 배제된다(김형배 1980, 273). 이 법령은 통과 당시에는 외국인투자가 미미하여 노동계에 미치는 영향이 크지 않았으나, 그후 외국인투자가 확대되고, 또 유신체제하의 노동법에서는 이것이 전체사업장에 확대 적용되었음으로 그 파장은 컸다.

시간 시한부 파업에 돌입하였고, 회사측도 보복조치로써 공장폐쇄를 감행하여 큰 사회적 물의를 일으켰다. 이 사건은 박정권이 재조직하였던 산별노조와 노총이 언제까지나 정부가 원하는 대로만 움직여주지 않을 것이라고 느끼게 하였다.

3. 경제개발과 여성노동자

1960년대와 1970년대의 여성노동자운동을 이야기하기 위해서는 노동집약적 수출산업으로 경제발전을 도모한다는 박정권의 경제개발계획을 살펴보지 않을 수 없는데, 이 시기의 경제개발에 있어서 여성노동자들은 매우 중요한 위치를 차지하고 있었다. 경제개발계획 수립자체부터 양질의 저렴한 미혼 여성노동자들의 노동력을 활용하여 노동집약적인 수출산업을 발전시켜서, 그 생산물을 선진국시장에 수출하여 외화를 벌어들이고 차관원리금을 갚아가면서 점차 중화학공업을 발전시켜나간다는 것이었기 때문에 여성들이 수출산업에 대거 유입되었다.

따라서 1960년대와 1970년대 제조업 여성노동자들의 수는 1964년에는 111,000명, 1974년에는 534,000명, 1976년에는 743,000명, 그리고 1980년에는 890,000명으로 급격히 늘어났다. 그리고 제조업노동자들 중에서 여성노동자들의 비율은 1964년에 44.1%, 1974년에는 49.0%로 증가하여 1976년에는 49.4%로 정점에 도달하였고, 1980년에는 44.6%로 약간 감소하였다. 특히 이 기간 동안에 섬유·의복·신발산업에 종사하는 전체 노동자들의 69~75%가 여성이었다. 전자조립산업이 본격화되는 1960년대 말부터는 전기기계산업에서도 여성노동자들의 비율이 크게 확대되어, 1970년에는 43.3%, 1974년 64.2%, 1976년 63.3%, 1980년에는 55.1%를 차지하였다(이옥지 2001, 126-127). 특히 종업원 1,000명 이상의 대규모 제조업 사업체에서 여성노동자들의 비율은 1970년에 61.8%이었고, 1974년에는 58.2%, 1976년에는 56.9% 이었다가, 1980년에는 48.7%로 점차 낮아지게 되는데(사업체 노동실태조사보고서 1974, 1976, 1980), 여성노동자들이 대규모 사업체에 높은 비율로 고용되어 있는 것은 노동집약적 수출산업의 특성이다. 예를 들어 1977년의 1,000명 이상을 고용하고 있는 대기업에서 일하는 여성노동자의 비율(전체 53.0%)을 노동집약적 수출산업인 섬유, 의복, 고무제품, 전기기계기구 사업만을 따로 살펴보면, 각각 63.5%, 79.4%, 59.7%, 66.7%로 나타나, 전체 노동자들 중에서 여성의 비율보다 훨씬 높게 나타나는 것을 알 수 있다(노동부 1971, 44-47 ; 노동부 1978, 92-95).

이렇게 수출산업에 유입된 여성노동자들은 박정권이 입에 발린 말로 되풀이 한 '산업전사'라는 칭호만큼 공업생산에서 또 수출에 있어서 막중한 임무를 수행하고 있었다. 여성노동자들의 노동 없이는 수출상품 생산이 불가능했고, 수출 없이는 차관원리금 상환이나 원료와 기계수입이 불가능했으며, 신규 차관도입까지도 가능하지 않았다. 그러므로 선진국의 국가발전에 비하여, 한국의 경우에 수출산업에 종사하는 여성노동자들은 노동력의 공급만이 아니라 실제적으로는 자본과 원료의 공급까지도 맡고 있었다고 해도 과언이 아니다. 특히 정치적 정당성이 결여되었던 박정권으로서는 경제발전에 정권의 정당성을 두고 있었기 때문에 여성노동자들은 더욱 더 중요한 기능을 하였던 것이다.

그러면 노동집약적 수출산업에 종사하면서 경제개발에 긴요한 노동력을 제공하는 여성노동자들은 어떠한 대우를 받고 있었는가? 이들은 한결같이 저임금과 장시간노동으로 상징되는 모든 열악한 노동조건들을 감내하고 있었다. 청계상가와 같은 영세사업체에서는 말할 것도 없고, 대기업에서의 노동조건도 열악하였다. 예를 들어, 1970년대 초 반도상사는 급성장하는 회사였는데, 노동자들에게 한 달에 10일 이상 철야와 월 200시간 가량의 연장근로를 강요했다. 반도상사의 기숙사는 수용소 같았고, 화장실 가는 것도 허락을 받아야 했었다. 또 YH무역에서도 노동자들은 하루 14시간 장시간 노동에다가 도급제와 생산목표량 달성의 강요때문에 시달렸다(이옥지 2001, 194-195). 한국(원풍)모방은 하루 10~16시간 작업에 10분 지각하면 특근시간 1시간 임금 공제, 작업소모품도 노동자가 사서 써야했고, 또 회사측은 퇴직하는 여공들에게 마땅히 지급하기로 되어있는 퇴직금과 그들의 저축금까지 돌려두지 않았다. 이것을 노동청과 노총(한국노동조합총연맹)에 호소해도 아무 소용없었다(이옥지 2001, 164-165). 대한모방과 해태제과에서는 하루 12시간노동에 일요일에는 18시간 노동(즉, 토요일 저녁 6시에 출근하여 일요일 정오에 퇴근하거나 일요일 정오에 출근하여 월요일 오전 6시에 퇴근)을 강요하였으며, 해태제과에서의 12시간노동은 1980년 초까지 계속되었다.[5] 노동자들에 대한 이런 대우는 개인 기업가들만의 문제가 아니었다. 그러한 문제점들을 정부나 노총에 호소하여도 정부에서는 이런 것에 귀를 기울이지 않았고 해결하려는 노력도 보이지 않았다.

이것은 노동집약적 수출산업화 그 자체의 문제, 즉 세계시장에서 가격경쟁력을 갖기 위해서는 생산원가를 낮추어야 하는데, 자원이나 투자재원, 기술이 없는 상황에서 생산원가를 낮출 수 있는 방법은 저임금정책밖에 없었다. 한국정부로서는 아무리 단가가 낮

---

5) 같은 회사 내에서도 공장노동자들은 사무관리직원들과 비교해서 식사차별, 상여금차별 등을 받는 것도 관례적이었다.

고 수출수지가 맞지 않는다 하더라도 수출이 필요했고, 이렇게 낮은 단가로도 기업가가 이윤을 남길 수 있게 하기 위해서는 노동자들에게 아주 낮은 임금을 주는 수밖에 없었다. 정부로서는 수출산업의 기업이윤을 높여주기 위해서 각종 금융지원, 세제혜택, 값싼 전기료와 수도료 부과 등의 혜택을 주었고, 동시에 노동자들이 노동조건 개선과 임금인상을 요구할 때 이를 방지하는 여러 가지 조치들을 취해 주었다.

1970년대에 들어 노동자들의 권리의식은 점진적으로 고양되고, 한국화이자, 아이맥전자, 크라운전자 등에서 여성노동자들의 노조 결성운동이 있었으며, 동일방직과 한국모방에서는 어용노조를 민주노조로 바꾸는 노조민주화가 이루어졌다. 이렇게 개별기업체에서 결성된 노조들의 활동으로 임금인상과 노동조건개선을 위한 조합원들의 움직임이 활발해지자, 노조의 움직임을 막기 위한 특단의 조치가 필요했다. 이 점은 내외방적과 삼익직물 사례에서 보듯이 비상사태선언과 국가보위법이 노동자들의 교섭력에 커다란 영향을 미쳤던 것을 알 수 있다.[6]

---

6) 이 시기에 삼익직물과 내외방적에서 있었던 임금인상, 단체협약 이행 등에 관한 노조의 투쟁에 있어서 조합원들의 결의는 비슷하였다. 그러나, 비상사태와 국가보위법이 나오기 이전에 있은 내외방적의 투쟁에서는 지노위[지방노동위원회: 편집자 주]가 쟁의에 대해 적법판정을 내려 사용자에게 위협이 되자, 사용자가 서둘러 합의하였는데 반해, 삼익직물에서의 투쟁시기는 국가보위법 공포 직후였고 지노위는 쟁의발생 신고서 접수를 거절하였다. 회사측은 쟁의가 불가능함을 틈타 문제해결을 지연하였고, 노조는 사용자와의 교섭에서 크게 후퇴하였다(이옥지 2001, 170-172).

Ⅲ. 유신체제이후 정부의 노동계 억압과
그 사례들

1972년 말에 유신헌법을 통과시키고 유신체제를 선포하게 되는 박정권의 소위 유신체제란 한마디로 말해 종신집권의 야욕을 충족시키기 위해 고안해 낸 '통일주체국민의회'에 의한 대통령선출과, 대통령에게 거의 무제한적인 권력을 부여하는 정치체제를 말한다.[7] 유신체제를 선포하기 1년 전인 1971년 12월 17일, 박정희는 국가를 비상사태로 볼 아무런 위험이 없는 상황에서 국가비상사태를 선언하였고, 그후 비상사태선언의 법적 근거를 마련하고 비상사태 하에서 대통령에게 광범위한 권한을 부여하기 위하여 '국가보위에 관한 특조치법'을 통과시켰다.[8] 다음해 7·4 남북공동성명이 있은 후 1972년 10월 17일에는 "남북의 평화적 통일을 지향하는 새 헌법을 만들겠다"고 선언하고 비상계엄을 선포하였다. 동시에 국회는 해산되고, 정당활동은 중지되었으며, 현행헌법의 일부 기능이 정지된 상태에서 비상국무회의에 국회의 권한을 대행시킨 후, 통일주체국민의회의 신설, 대통령의 권한강화 등을 골자로 하는 유신헌법을 1972년 12월 27일에 공포하여 이른바 유신체제를 출범시켰다(교회협 1984, 137, 215).

유신체제는 남북간의 평화 통일을 지향한다는 것이 명분이었지

---

7) 유신체제는 박정희정권의 후반기인 1972년 10월부터 1979년 10월 박정희가 암살되기까지의 기간으로 제4공화국으로 불리며, 10월유신 이전의 헌법상으로 자유민주주의였던 제3공화국시대와 구분된다.

8) 국가보위법은 대통령의 비상사태 선포, 경제규제 명령, 국가동원령 선포, 옥외집회나 시위규제, 언론 출판에 대한 특별규제, 군사상의 목적을 위한 예산조절 등을 목적으로 하고 있다(교회협 1984, 136).

만, 오히려 유신체제 성립이후에는 남북관계가 경색되어 명분이
퇴색되었고 독재적 권력집중이 제도화되었을 뿐이었다. 즉 유신헌
법은 국회의원 1/3을 대통령이 임명하는 등 입법부와 사법부에 대
한 대통령의 막강한 권력행사와 대통령의 국정전반에 관한 긴급
조치권을 제도화하였으며, 통일주체국민회의에서 간접 선출되는
선거방식은 박정희의 영구집권을 보장하고 있었다(교회협 1984,
216-217). 그러므로 유신체제의 시작 이후 1970년대가 끝날 때까
지 한국의 정치적 상황은 재야세력들의 갖가지 유신철폐 운동과
수많은 긴급조치 남발을 무기로 정권을 지키려는 유신 고수세력
들의 탄압으로 점철되었다고 볼 수 있다.[9]

1. 유신체제에서의 노동법과 노동정책

1971년 12월 27일 '국가보위에 관한 특별조치법' 이후에는, 외
국인 투자업체만이 아닌 국내기업에서도 노동운동에 대한 규제가
강화되었다. 1972년 3월 3일 시달된 '국가 비상사태하의 단체교섭
권 등 조정업무 처리요령'(노동청 예규 제104호)에 의해 노동3권
중 단체교섭권과 단체행동권은 전면적으로 부정되었고, 행정관청
의 조정에 따르도록 되었다. 그리하여, 노동청의 단체교섭 조정업

---

9) 신영복·조희연(2001, 10)에 의하면, 유신체제에서는 저항을 억제하기 위
해 일상화된 억압과 노골적인 폭력을 사용했는데, 그것은 1) 정보기관이
정치인과 일반 국민에 대한 밀착감시와 통제로 일상적인 감시체제구축,
2) 노동쟁의에 즉각적으로 경찰력 투입/진압, 3) 다양한 테러전략 사용, 4)
언론통제를 통해 국민들에 대하여 이데올로기적인 공작을 하고 저항적
진영에 대한 이데올로기적 매도를 일상적으로 동원, 5) 유신체제와 박정
희에 대한 비판을 비공식적인 방법으로 억압, 6)각종 저항운동에 대한 무
차별적인 연행과 진압 등으로 표출되었다. 이런 모든 것들이 노동운동에
앞장선 여성노동자들과 단체행동에도 적용되었다고 볼 수 있다.

무는 사실상 노동조합의 단체행동권과 단체교섭을 봉쇄하는 수단으로 사용되었다(신인령 1985a, 19; 박현채 1983, 359).

1972년 10월 17일 유신선언 후 이루어진 헌법개정에서는 국민의 기본권 중 일부가 유보되었으며, 3가지 노동기본권도 제한되어 "법률이 정하는 범위 내에서"만 보장받게 되었다. 노동관계법은 1973년과 1974년 두 차례에 걸쳐 개정되었고 노동조합법에서는 노조기능과는 분리된 노사협의회의 기능을 강화시켰으며, 노동쟁의를 조합원 총회의 의결사항으로 규정하였고, 노동조합 조직체계에 있어 '산하노동단체'라는 표현이 삭제되어 산업별노조(이하 산별노조) 형태를 지양하고 사업장 단위별 조직형태로의 전환을 가능하게 했다. 이렇게 산별노조의 법률적 근거는 상실되었지만, 단체교섭과 노동쟁의에 대한 통제력을 산별노조의 규약에 명시하고 있어서 기존의 산별노조 체계와 운영관행은 지속되었다.10) 노동쟁의조정법에서는 공익사업의 범위를 대통령이 지정할 수 있다고 규정하였고, 노동쟁의 적법여부 심사권과 알선절차를 노동위원회에서 행정관청으로 이관함으로써 행정관청의 권한을 대폭 강화하였다. 또한 노동위원회의 위원장도 공익위원들 중에서 선출되던 것을 대통령이 임명하게 되었다. 이와 같이 전체적으로 볼 때, 1973~74년의 노동법 개정에서는 노사관계에 대한 정부당국의 개입과 노동쟁의에 대한 규제가 더 한층 강화되었다(김형배 1980, 276-277; 이원보 1996, 247, 344-345 ; 김백산 1983, 58-60).

1973~74년의 노동관계법개정 이후에도 노동조합을 결성할 수 있는 권리인 단결권만은 유보 없이 보장되어 있었다. 그러나 각종의 행정조치 및 행정지도는 제약된 법적 보장의 범위 내에서조차

---

10) 그리하여 5·16쿠데타 직후 군사정권이 전국적 산별노조로 개편했던 취지에 맞게 노동자들의 절박한 요구를 노동조합이 스스로 통제하는 기능은 지속되었다.

노동자들의 요구를 규제하고 있었기 때문에, 실제로는 단결권마저도 허구화되어 버렸다. 그리하여 노동조합 조직이 "헌법상의 기본권 행사이며 노동법 상 보장된 권리행사 임에도 불구하고, 이를 악의적인 저항"으로 취급하는 일이 흔히 있었다(신인령 1985a, 20). 또한, 노동자측에서 보면 단체교섭권과 단체행동권 없이(혹은 크게 제한된 상태에서) 노조를 조직할 수 있는 권리란 아무 쓸모 없는 것이었고, 또 실제로 가능하지도 않았다. 즉 다른 두 가지 권리와 연관하에서만 단결권이 효과를 벌 수 있기 때문이었다.

1970년대에 들어와서 고도성장이 지속되고, 소득수준이 상승하는데도 정권의 노동정책은 점점 더 억압적으로 되어갔다. 이것은 수출산업의 호조로 경제성장이 지속되고, 그에 따라 국민일인당 소득수준이 상승하였지만, 정권으로서는 수출상품의 국제경쟁력을 유지할 수 있기 위해서 임금상승을 억제할 수밖에 없었다. 그러나 한국사회의 일반적인 소득수준이 높아지고 물가가 상승하는데 따라, 저임금노동자들은 임금인상을 요구하였다. 이것이 개별적으로 이루어지지 않았기 때문에, 노동자들은 노동조합을 조직하게 되고, 또 노조를 조직한다 하더라도 대부분의 기업가들이 노사협의를 순조롭게 해주지 않았기 때문에 단체행동을 하지 않을 수 없게 되었다. 이런 경우 정부는 경찰, 정보기관 등을 통해 물리적으로 개입하기도 하고, 또 노동청, 구청 등 행정관청의 일상적인 업무를 통해 노조설립 신고필증의 교부를 지연하거나 신고필증을 교부하지 않음으로써 노동조합의 설립을 막았다. 특히 유신이후 산별노조나 노총은 정부당국의 요구에 부응하여 노동통제기관으로서의 소임을 다했는데, 이것 또한 정부가 그 위원장선거에 개입한 결과였다고 볼 수 있다. 이와 동시에 1960년대까지 비교적 공정했던 노동위원회도 유신이후에는 정례적으로 노동자측에 불리한 판정을 내리게 된다.

2. 노동운동에 관한 정부기관의 행동들
(상급노조 및 사용주와 함께)

노동법은 실제상황에 어떻게 적용되는지에 따라 커다란 차이가 난다. 실제로 노동자들이 억울한 일을 당하거나, 사용자로부터 부당한 대우를 받거나 혹은 자신들의 권리쟁취와 노동조건개선을 위해 노조를 조직하고 그러다가 사용자와의 마찰이 생길 때, 이들은 정부에 가서 누구의 잘못인가, 누가 불법적인 행위를 했는가 가려줄 것을 요구하게 된다. 이때 각각의 정부기관 (노동청, 시청/도청, 군청/구청, 근로감독관, 경찰, 법원, 중앙정보부 등)은 노동자와 사용자사이에서 반응하게 되는데, 이들의 행위가 노동법의 규정대로 따랐는가 하는 점도 의문의 여지가 있다. 즉 유신헌법의 반노동자성의 문제뿐만 아니라 유신헌법과 그 노동법마저도 규정대로 집행하지도 않고 그저 형식적으로만 준수하는 경우도 빈번하였다.11)

행정관청이 노사문제에 직접적으로 관여하게되는 것은 주로 노동조합이 관련되거나 단체행동이 발생하는 때이다. 노동운동 사례들 중에 흔히 등장하는 정부기관들은 주로 1) 노동청과 근로감독관, 2) 시청/도청 등의 지방 행정관청과 구청/군청 등의 지역관공

---

11) 행정관청이 불법적인 행위를 노동자들에게 요구하는 경우들도 많이 보인다. 그 예로서는 회사측이 갑자기 전체종업원을 임시 공원(즉, 공장직원)으로 만든다는 근로계약을 노동자들에게 강요하는 것을 노동청 인천지방사무소에 문의하자, "회사에서 요구하는 대로 도장찍어 줘라"고 한 것(삼원섬유), 여성노동자들이 휴가제, 생리수당들을 노동청 지방사무소에 알아보러 가자 직원들은 설명해주기보다는 야단만 쳐서보낸 것(국제약품), 노동부가 1981년 원풍모방 노조에게 노동법에도 없는 "부산의 원풍타이어 노조와 통합대회를 하지 않으면 해산시키겠다"고 한 것 등이 있다(이옥지 2001).

서, 3) 노동위원회(즉 지방노동위원회와 중앙노동위원회), 4) 경찰/
기동경찰, 5) 중앙정보부 등의 정보기관 등이다. 이들 정부기관들
이 하는 일은 노동청은 노동행정을 총괄하고, 도청, 서울시청과 같
은 지방행정관청은 노동조합 해산명령이나 노조의 총회 소집권자
및 대의원대회 소집권자 지명 등을 관장한다. 군청/구청 등의 지역
관공서는 노조설립 신고서류를 받고 신고필증을 교부해 주고, 노
동위원회는 부당노동행위시 구제신청을 판정하는데 주로 참여한
다. 경찰은 단체행동이 있으면 사용자가 불러서 공장 내에까지 들
어오거나, 노동자들이 단체행동으로 공장 밖으로 나오면 즉각 출
동한다. 정보기관은 주로 민주노조들의 활동이나 그 지도자들의
활동에 개입한다. 이외에도 정부기관이 아닌 공단본부가 노조결성
에 개입하기도 한다.

　노조결성운동이나 노동조건개선투쟁 등의 사례들은 각각의 사
례들이 조금씩 달라서 정부기관들이 일반적으로 어떻게 행동하는
가를 보여주기가 어렵다. 다음 부문에서는 1970년대에 일어난, 잘
알려진 노동운동 사례들 중에서 정부기관들이 기업주와 상급노조
의 협조 하에 하는 노조결성과 관련된 행위와, 어용노조 하에서의
여성 평조합원들의 노동운동에 대해서 구체적으로 살펴보기로 한
다. 이와 같이 정부기관들의 행동을 구체적으로 살펴보는 이유는
이러한 행동들이 그 당시에는 비일비재하였고, 또 정부의 통제, 압
력, 폭력에 대항하는 힘이 얼마나 강해야, 즉 노동자들의 헌신이나
단결력 등이 얼마나 철저해야 노동조합으로, 또 노동운동으로 살
아남을 수 있는 것인가를 간접적으로 보여주기 위함이다.

1) 정부기관의 노조결성과 노조결성 직후의 개입 사례

　노조결성과정에서 정부기관(주로 지역관공서나 지방행정관청)

이 사용자측과 협조하는 것은 새로 결성된 노조에게 신고필증 교
부를 지연함으로써 어용노조 설립을 도와주는 역할을 하는 것이
다. 일반적으로 노동자들이 노조결성을 준비하는 눈치가 보이면
(그들이 비밀을 지키더라도) 회사측에 알려져서 사용자가 이를 방
해한다.12) 회사측의 방해는 사무관리직원들을 동원하여 가입원서
압수, 기숙사생 외출금지(삼풍, 와이비리상사 등의 경우), 각서요
구, 허위선전, 노조가입 방해, 노조간부와 조합원 감시나 회유·위
협·해고, 노조탈퇴서 강요, 부서 이동, 노조간부 전출(삼성제약의
경우) 등이 있고, 회사측은 어용노조 설립을 서두르게 된다. 노동
자들의 노조가 노조설립 신고서를 접수하면, 행정관청은 그 동안
사용자의 부당노동행위로 노조간부 중의 몇 명이 전출되었거나
해고되었기 때문에 노조간부 명단이 잘못되었다는 것을 들어 이
서류를 반려한다. 노동자들이 다시 결성대회를 하고 서류를 재차
제출하면 또 다시 다른 이유로 반려하고 신고필증을 발급해주지
않는다(크라운전자노조, 삼성제약 등의 경우). 삼풍섬유 노조는 증
빙서류를 만들어 세 번 서류를 제출했으나 3차도 신고필증를 발급
해주지 않고 기각하였다. 이 경우 그 동안 회사는 섬유노조가 아
닌 연합노조와 야합하여 설립되지도 않은 노조설립 신고서를 경
기도청에 제출하였고, 경기도는 이를 접수하고 설립신고필증을 교
부하였다(이옥지 2001, 206-207).

　노조가 결성된 후에도 사용자의 압력과 위협(혹은 회유, 매수)이

---

12) 노조결성 과정에서 상급노조인 산별노조나 지역지부가 관계하게 되는 것
　　은 분회나 지부가 노조결성을 하기 위해서는 상급노조의 인준이 필요하
　　므로 노동자들이 상급노조와 연락하는 과정에서 그 정보가 회사측에 알
　　려지기 때문이다. 또한 상급노조와 노동자측이 모두 비밀을 지킨 노조결
　　성은 행정관청이 신고서를 접수받는 과정에서 사용자에게 알려지는 동시
　　에 서류에 퇴짜를 놓아 어용노조가 결성되어 신고할 때까지 지연작전을
　　쓰는 경우도 있다.

계속되어, 결성당시의 노조임원의 대부분이 사직하거나 노조반대
파로 넘어가게 되는 경우도 있고(무궁화, 삼원섬유 등의 경우), 그
리하여 회사가 내세우는 인물로 어용노조가 설립되기도 한다(무궁
화, 삼성제약 등의 경우). 또 분회장을 강제로 앞세우고 구청에 이
미 접수된 설립신고증을 회수하기도 하고, 분회장이 결성대회에
가는 것을 막기 위해 자동차로 납치하여 유람을 데리고 다니며,
조합원들과 노조간부들을 이간시켜 노조간부들이 견디다 못해 사
표를 제출하면, 회사는 그때를 기다려 다른 상급노조하에 분회를
결성하여 노조를 어용화하기도 하였다(와이비리상사의 경우).

아래의 삼원섬유와 국제방직사례는 정부기관이 노조결성과 노
조결성 직후의 노조수호운동에 개입하는 실례를 보여준다. 삼원섬
유분회 결성과정에서부터 수없이 부당노동행위를 해온 회사측은
노조가 활동을 시작한 후에도 임금협정을 지키지 않았다. 노조가
사용자에게 "단체협약 불이행에 대한 시정"을 요구하였으나 회사
측의 반응은 냉담하여, 노동청에 고발되고 중재를 받은 후에야 조
금 달라졌다. 그후 삼원섬유분회의 활동이 활발해지자, 회사측은
상급노조인 섬유노조 경기지부의 지부장 박수영과 함께 노조를
파괴하려는 계획을 세웠는데, 여기에 정부기관도 일조를 하였다.
경기지부의 박수영은 삼원섬유 분회장 유동우에게 지부에 와서
상근을 하라고 하였는데, 삼원섬유분회가 아직 튼튼하지 못해 자
신이 분회에 있어야 하기 때문에 지부에 가서 상근할 수 없다고
하는 분회장을 명령불복종으로 제명하였고, 제명된 지 2시간만에
회사에 통고되어 노조에서 제명되면 해고할 수 있는 유니온샵 규
정에 의해 분회장은 그 날짜로 해고되었다. 그후 지방노동위원회
는 삼원섬유노조의 분회방 복직 구제신청에 대한 판결을 한달 이
상 보류하여 회사측 편을 들었고, 또 경찰은 노조사무실에 들어간

것을 이유로 유동우를 구속영장도 없이 연행 구속하였다. 마침내 지노위의 판결이 이루어졌을 때, 지노위는 노조측이 주장하는 모든 사실을 인정하면서도 해고문제만은 유동우에게 귀책사유가 있다고 판정하였다. 조합원들은 중노위[중앙노동위원회: 편집자 주]에 재심을 신청했으나 중노위는 이를 기각하였다(이옥지 2001, 215–219). 이 사례는 상급노조가 분회활동을 방해한 전형적인 사례이지만, 정부기관인 지방노동위원회와 경찰의 개입이 노조의 파괴를 위한 회사측의 책동과 함께 했음을 부인할 수 없다.

1978년 국제방직의 사례(이옥지 2001, 215–219)는 섬유본조가 설립 초기의 연약한 국제방직지부를 전격적으로 지원했던 사례였다. 그러나 충청남도는 이 사건에 개입하여 현행의 노조집행부를 뒤엎고 어용노조를 세우려고 회사에 매수된 어용노조간부를 임시 대의원대회 소집권자로 지명하였는데, 이것은 현재의 지부장이 건재하는 상황에서는 있을 수 없는 일이었다. 노사대립이 악화되어 중앙정보부가 중재에 나섰으나 그 후에 있은 대의원선거는 회사측의 사전계획과 지시, 강요에 의해 투표가 이루어져서, 그 결과 회사측 대의원들이 득세하였고, 다른 대의원들에 대한 협박 등의 부당노동행위가 만연하였다. 그 후 회사측이 조합원들 모르게 비밀 대의원대회를 강행하자, 이것을 알아챈 조합원들이 회사의 저지를 뚫고 들어가 대회무효를 선언하였고, 조합원들의 농성이 거세지자, 회사측은 기동경찰대를 불렀고, 경찰의 설득으로 조합원들은 자진 해산하였다. 그 후 섬유본조는 충청남도지사에게 "임시 대의원대회 개최 및 결의에 대한 의의"를 제기하고, 조합원들은 연좌농성을 시작하였다. 그러자 경찰기동대가 출동하여, 해산명령을 내린 후 10분도 되지 않아 본조 지부 노조간부 50여명을 연행하였다. 섬유본조는 충청남도 지방노동위원회에 부당노동행위 구제신청을 하였으나, 7명만 구제되었고 윤선한 지부장 외 3명에 대해서는 기각되었다. 중노위은 회사측과의 합의를 종용하여, 윤선한을 제외한 3명은 복직시키기로 하고 구제신청을 취하하게 하였다. 이렇게 하여 윤선한 지부장은 해고되고, 국제방직노조는 사고지부로 규정되었으며, 여성노동자들의 노조수호투쟁은 실패로 돌아갔다.

2) 어용노조하의 평조합원들의 노동운동에 대한 정부기관의 반응

유신시대에는 대규모의 여성사업장에 어용노조가 결정되어 있는 경우가 많았고, 또 기업주 측은 애써 어용노조를 세우려고 하고 비호하였다.[13] 그러므로 어용노조 하의 평조합원들의 근로조건 개선과 권리쟁취운동이 많았고, 이에 대한 정부기관의 반응은 거의 한결 같았다. 1970년대에는 민주노조가 결성되지 않은 거의 모든 대규모 방직/모방회사들에서는 장시간노동과 미불 연장노동(출근시간과 퇴근시간 전후 1－2시간씩 해야한 미불 강제노동)이 문제가 되었고 경성방직, 대한방직, 대한모방, 방림방적 여성노동자

---

13) 사실상 '어용노조'가 아니라 '어용간부'가 존재할 뿐이며, 어용간부가 지도하는 노조를 어용노조라 부르고 있다. 신인령(1985a, 70)은 노조간부의 어용화는 보통 압력→회유→매수→인정→어용화의 과정을 거쳐 정상이던 노조간부가 회사측으로 기울게 되며, 어용의 유형으로는 6가지를 들었다. 1) 대표자가 처음에 잘하다가 서서히 변질하여 회사측이 되는 경우, 2) 계속적인 회사와 관의 요구에 굴복한 경우, 3) 노조결성의 움직임에 대해 눈치를 채고 회사가 먼저 노조를 결성하게 하는 경우, 4) 조합원도 모르게 회사가 노조를 만들어 조합비를 내어가면서 이른바 유령노조로 운영하는 경우, 5) 노조대표가 회사측의 요구에 민감하여 근로조건 개선요구를 포기한 경우, 6) 간부가 조합원을 다스려 들고 모든 일을 혼자 처리하려 하며 조합원을 인격적으로 차별하여 능력발휘의 기회를 박탈하는 경우 등을 들 수 있다.

들의 미불노동·잔업수당 청구운동과 해태제과에서의 노동시간 단축운동에서 행정관청의 태도는 형식적인 답변으로 일관하였다.

경성방직 노동자들이 1973년 잔업수당 미지불에 관한 진정서 사건으로 부서이동을 당해 근로감독관과 노동위원회에 진정서를 내었을 때, 또 1976년에도 연장작업강요에 항의하다가 부서이동을 당하고 폭행 당한 여성노동자들이 노동청 남부사무소에 폭행에 대한 고발장과 잔업수당지불을 요구하는 진정서를 내었을 때, 이들은 정부기관들로부터 아무런 답변을 받지 못했다(이옥지 2001, 269-271).

대한방직의 서점순이 '시간외 노동 중지', '출퇴근시간 준수', '잔업수당 지불' 등을 요구하다 해고되었고, 노동청에 복직청원을 내었으나, 노동청은 아무런 반응이 없었다. 그 후 그녀는 회사측의 부당노동행위의 시정을 요구하는 탄원서를 정부기관과 사회각계에 보낸 이유로 해고당한 동료 5명과 함께 노동청에 '부당해고 철회' 등을 요구하는 진정서를 냈다. 이에 대한 노동청의 회신은 "연장근로시간에 대한 수당지급은 원칙적으로 노사 당사자간의 합의에 의한 근로일 때와 사업주의 지시 등에 의한 근로인 경우에 수당이 지불되는 것이므로, 대한방직의 출퇴근을 전후한 초과근로는 이를 결하였으며, 또한 부서별, 일자별로 불규칙하고 개인별로 각자 상이하게 자율적으로 행한 근로이므로 연장수당 지급 사유를 인정할 수 없는 것"이었다. 또한 이들의 해고도 취업규칙에 의한 정당한 해고라고 사용자측을 비호하였다(이옥지 2001, 275-277). 이렇게 노동청의 답변은 상식 밖이었고, 순전히 형식적인 답변으로 사용자의 편을 들었다. 하지만 동시에 회사측에는 1일 8시간의 근로시간 준수, 출퇴근시간 엄수 등의 시정지시를 내린 것을 볼 때, 노동청이 소위 "자율적으로 행했다"고 말했던 노동이 실제로는 노동자들이 자발적으로 한 것이 아닌 줄 알았던 것이다. 그럼에도 불구하고 노동청의 공식적인 반응은 "자율적으로 일했음으로 연장수당을 줄 필요가 없다"고 함으로써 여성노동자들의 권리 쟁취를 막았음을 알 수 있다.

종업원 6,000명에다 엄청난 순수익을 올리고 있는 방림방적에서도 1977년 매일 2시간 이상의 강제무임노동, 식사/용변시간 부족, 각성제 복용 등의 문제점의 시정을 요구하는 여성 평조합원들의 운동이 일어났다. 이들은 강제무임노동의 소급지급을 요구하고 회사의 탄압에 맞서 정시 출퇴근 운동을 전개하였다. 다른 문제들은 거의 해결된 후, 노동청 남부사무소에서 강제잔업과 체불임금액 조사를 나왔고, 노동청은 반장 등 회사가 선정한 노동자들만을 조사한 후 강제잔업은 800명뿐이며, 그 액수도 1,700만 원밖에 되지 않는다고 발표하고, 회사에게 지불명령도 내리지 않고 검찰에 송치해 버렸다. 여성노동자들은 끝까지 투쟁을 밀고 나가기로 하고 여러 가지 방법으로 사회문제화하였다. 정부는 이 사건에 끝까지 대답을 회피하다가, 산선[산업선교회: 편집자 주]과 노총, 회사측과의 막후교섭에서 이 사건에 체임을 지급하게되면 선례가 되어 다른 업체들에서 노동자들의 체임요구투쟁이 연쇄적으로 벌어질 것을 우려하였음을 피력하였다. 그 결과 회사측이 엄청난 양의 미불 잔업수당 중 일부를 내어 회사복지시설을 짓는데 쓰고, 일인당 3~4만 원씩 보너스형태로 지급하는 것으로 종결짓고 말았다. 이 사건은 다른 회사들에게 경고가 되어 회사들이 자발적으로 고치게 되었다(이옥지 2001, 271 – 274).

대한모방의 장시간노동[14]문제 시정을 요구하는 400명의 여성노

---

14) 장시간 노동은 평일하루 12시간 노동에 일요일은 18시간 노동을 의미한다.

동자들은 사감교체까지 요구하며 집단데모를 하였다. 회사가 이일에 앞장선 여성노동자 4명을 해고시키자, 이들은 복직운동을 전개하는 한편, 서울 지노위에 '부당노동행위 구제신청서'를 내었는데, 서울 지노위는 이것이 부당노동행위가 아니라고 판정하였다. 이것은 어용노조 하에서 노조가 공식적으로 관여하지 않고 노조대표가 인준하지 않은 조합원들을 위한 권리쟁취운동은 노동조합과 관계없고 노동운동으로 인정되지 않는다는 말이었다. 그러나 사회 저명인사들이 이들의 복직추진위원회를 구성하고 투쟁에 동참하자, 정부와 회사는 결국 복직에 동의해 주었다(이옥지 2001, 266-269).

해태제과 여성노동자들도 평조합원들의 근로조건 개선투쟁에 참여하지 않는 어용노조 하에서 12시간노동의 노동시간 단축투쟁을 오랫동안 계속하였다. 이들은 8시간 후에 퇴근해버리는 준법투쟁을 하게 되었고, 회사측은 남자직원들을 동원하여 정시퇴근을 못하도록 위협, 협박, 폭력 등 온갖 방법을 동원하였다. 이들은 1979년 8월초부터 노동청에 탄원서를 보내고, 8월 3일에는 탄원서에 회사 과장을 근로기준법 위반혐의로 고발하였으나 정부측으로부터는 아무런 반응이 없었으며, 매일 교대시간마다 엄청난 폭력사태가 벌어지는데도 회사경영진이나 노동청, 경찰은 아무런 반응을 보이지 않았다. 이것은 상급노조인 화학노조와 노총도 마찬가지였다. 정부기관도 이러한 폭력사태를 방관하면서, 다른 한편으로는 YH사건이 일어난 직후인 8월 17일에 사장에게 8시간노동 준수를 지시하였고, 사장이 이 지시를 무시하자 8월 27일 그를 불구속 입건하였다. 그 동안에도 여성노동자들의 힘겨운 8시간노동 투쟁은 계속되었다. 이 투쟁은 화학노조 주도로 식품업계 전체가 8시간제를 실시하고 임금보전에 합의하는 것으로 해결되었는데, 그

후에도 회사는 다음해 3월 해태제과에서 마침내 8시간제를 실시하게 된 날까지 시간지키기 운동을 하는 여성노동자들이 12시간 노동으로 돌아오게 하려고 안간힘을 썼다(이옥지 2001, 289-301). 해태여성노동자들의 투쟁은 커다란 승리를 가져왔지만 그 공로는 어용노조가 있는 바람에 인정받지 못했고, 8시간투쟁을 하다 여러 가지 이유로 중간에서 그만둔 동료들도 복직시키지 못했다. 노조 집행부가 회사측과 폭력배의 편을 드는 상황에서 평조합원들의 투쟁은 처절하였고, 노조가 있다는 것 자체가 이들의 투쟁에 큰 걸림돌이 되었다.

노조민주화에 실패한 남영나일론에서는 1976년 12월 회사측이 노조간부인 이순정을 "노동자들을 선동하여 생산을 줄이도록 하여 회사에 손해를 주었다"는 이유로 해고하였다. 이것은 터무니없는 모함이었고, 이순정은 노동청 남부지방사무소에 부당해고 구제 신청서를 제출하였다. 남부사무소 측은 이순정에게 산선에 안 나가면 복직시켜주겠다고 각서를 쓰게 해 놓고는, 그녀가 "자술서를 쓴 비밀이 소문났기 때문에 복직이 어렵게 되었다"고 하였다. 이처럼 노동청의 반응은 일정한 원칙 없이 이루어졌다. 또 1977년 5월 회사측은 잔업을 거부하는 여성노동자들에게 남자사원 250명을 동원하여 어용데모를 열고 여성들을 구타하였다. 5월 18일에는 어용노조부지부장 강창수가 회사 밖에서 회사로 오는 여성노동자들을 붙잡아 머리채를 끌고다니며 발길로 차고 경찰차에 밀어 넣었는데, 당시 영등포경찰서 경관들은 옆에서 방관하고 있었다. 이 사건으로 여성노동자들 16명이 연행되어 11명이 구류처분을 받았다. 또한 회사측은 이들 11명에 대한 모금운동이 전개되고 있던 영등포산선에 남자사원 30여명을 투입하여, 실무목회자들의 멱살을 잡고 "김일성의 앞잡이다" 등의 갖은 욕설과 위협을 가하도록 허용했다. 결국 남영나일론사태는 YWCA등 6개의 단체들이 대책회의를 열어서 회사에 여성노동자 구타에 대한 공개사과와 11명의 무조건 복직을 요구하고, 이것이 관철되지 않을 때에는 남영제품 불매운동을 전개하기로 결의하였다. 그후 각계의 여론이 비등해지자, 사장은 구타행위에 대한 사과와 복직을 약속하였다(이옥지 2001, 277-281).

인선사의 유령노조사건은 사용주가 영업부 과장을 지부장으로 하는 노조를 비밀리에 결성해두고 아무런 노조활동을 하지 않으면서 2년간이나 조합비까지 내고 있었던 사실이, 1977년 봄 노동자들이 노조를 결성하여 신고하러 갔을 때 드러난 사례이다. 노동자들의 노조가 화학노조 산하에 결성되었는데, 유령노조는 출판노조 산하였고, 인선사노동자들의 노동자들이 모르는 노조가 어디 있느냐는 항의에, 출판노조 측은 자신들은 조합비를 계속 받아왔고 "공장장이 지부장을 하는 곳도 있다"고 응답할 정도로 상급노조는 부패하였다. 회사측은 노조결성에 참여한 노동자들의 꼬투리를 잡아 출근정지와 부서이동을 시키고, 이들이 노동청 동부사무소에 찾아가 호소하자 근로감독관은 "회사가 모르게 노동조합을 만드는 것은 불법이니 빨갱이 소리를 들어도 당연하다"고 하였다. 또한 계속되는 회사측의 부당노동행위에 노동자 10명은 '인선사 노동조합 수습대책위원회'를 구성하여 호소문을 발표하고 노동청, 노총, 사회단체들에 발송하였다. 유령노조가 알려지자, 회사측은 민방위훈련을 가장하여 1,000여명의 일반노동자들의 출입을 막은 뒤 관리직사원들을 모아놓고 기존 유령노조를 재조직하려고 했다. 이것을 막으려는 과정에서 4명의 노동자들이 방화미수혐의로 경찰에 조사를 받았고 회사는 이들에게 무기휴직을 통고하였다. 출판노조는 인선사지부를 사고지부로 규정하고, 회사는 출판노조와

함께 노조가입서를 종업원들에게 배부하고 "유니온숍이니 빠짐
없이 쓰라"고 강요하여 813매나 접수하였고, 이것을 거부한 노동
자는 회사를 그만두어야 했다. 한편 노동자들의 노조인 화학노조
산하의 지부장 기경진은 노동청과 시청에 '불법노동조합 해산요
청서'를 제출하였다. 여기에 대한 서울시청의 답변은 "설립후 정
상적인 노동조합운영을 하지 못했지만 1977년 5월부터 전 사원의
노조가입과 대의원선출을 하여 … 정상화작업 중이므로 정상적
인 노동조합 운영이 될 것으로 사료되오니 양지하시라"는 것이었
다. 어용노조를 비호하는 태도는 노동위원회의 경우에도 유사하
였고, 무기휴직된 노동자들이 서울 지노위에 부당노동행위 구제
신청서를 제출하자, 지노위는 이것이 노조탄압과는 관계없는 취
업규칙에 위배되는 귀책사유에 기인한 것이라 하여 기각판정을
내렸고, 중노위에서도 역시 기각되었다(이옥지 2001, 244 - 248).
여기에서도 행정관청은 유령노조와 어용노조라도 노조가 서류상
에 있는 것이 확실하고, 또 휴직된 노동자들의 활동은 서류상 있
는 노조의 탄압과는 관계없다는 순전히 의례적인 해석으로 기업
주측을 비호하였다.

> 3) 정화조치, 계엄사령부 합동수사본부, 노동청, 서울시,
> 노동위원회, 경찰 등이 복합적으로 개입하여 노동법
> 밖에서 노조를 파괴한 사례

전두환의 쿠데타 이후 1980년대 초기의 노동계 압살정책은 이
루 말할 수 없었다. 정권은 민주노조들을 파괴하기 위해 별의별
방법들을 다 고안해 내었고, 노동법에서 노사관계를 규정하고 있
지 않은 '정화조치'와 '계엄사 합수부'와 같은 권력기관이 노골적
인 폭력을 가해 노조를 파괴한 경우도 많이 있다. 그 좋은 예가 청

계피복노조와 원풍노조의 파괴이며, 이 시기에 민주노조들이 파괴된 것은 그 어떤 단결력도 막을 수 없었다는 것을 아는 우리들은 그 구체적인 사례를 서통노조의 경우를 통해 살펴본다.15)

서통노조는 섬유노조의 간부들이 김영태 위원장의 명령을 무시하고 도와준 덕분에, 1980년 5월 17일 밤 10시 계엄령이 확대 실시되기 2시간 전에야 간신히 결성식을 올리게 되었다. 계엄령이 확대 실시되자, 회사측은 몇 시간 전에 써준 합의각서를 무효화하고, 노조탈퇴 강요, 조합원 회유, 간부 구타 등의 부당노동행위를 하였다. 노조는 시정을 요구하였으나, 노동청은 이들의 호소를 외면하였고, 또 서통노조 결성당시 위원장의 명령을 무시하고 노동자들을 도와주었던 섬유본조의 이목희와 김승호는 상사명령 불복종을 이유로 해고당했다(이옥지 2001, 440 – 441). 그러나 서통노조는 이런 시련 앞에서도 조직확장 노력과 잔업거부운동을 펴서 종업원 90%가 조합원이 되었고, 3개월 후에는 회사에서 노조를 함부로 억압하지 못할 정도로 성장하였다.

서통노조를 파괴한 것은 바로 정부기관이었다. 1980년 가을, 정부의 노동계 '정화조치'에 의해 지부장 배옥병이 '정화'되었다는 통고가 왔고, 그녀는 조합을 살리기 위해 지부장직을 사퇴하고 조합원으로 돌아갔다. 그후 12월 8일 배옥병과 노조간부 5명이 계엄사령부 합동수사본부로 연행되어 20일간이나 조사받았다. 그 동안에도 노조는 총회에서 조합장을 선출하고 노조활동을 지속해 나갔다. 1980년 봄 임금교섭에서 회사는 (물가 상승률이 매우 높았는데도) 15% 이상의 인상은 못해준다고 고집을 부렸다. 이런 과정

---

15) 서통노조는 결성된 직후부터 가해진 가공할만한 폭력 앞에서 짧은 기간 동안밖에 살아남지 못하여 흔히 '1970년대 민주노조운동'을 이야기할 때 빠지지만, 자주적이고 민주적인 노조활동과 굳건한 단결력을 보인 여성 노동자들의 노조였다.

에서 근로감독관은 조합원들에게 "무식한 년들이 알려주는 대로 가만히 있지 뭘 안다고 떠드느냐?"는 등의 폭언을 퍼부었고, 전 조합원이 공개사과를 요구하여 항의가 격렬해지자 결국 공개사과를 하기도 하였다. 임금인상협상에서 사장이 20%이상은 안 된다며 퇴장하려한 바람에 조합원들은 즉시 농성을 시작하게 되었고, 남부경찰서장이 개입하여 23% 인상을 받아들일 것을 종용하고, "말을 안 들으면 구속시키겠다"고 윽박질렀다(이옥지 2001, 441 - 442). 그 후 남부경찰서는 노조소식지를 압수하고 노조간부들을 연행 조사하였는데 문제점을 발견하지 못하자, 배옥병을 1년 전 노조결성 당시에 가담했던 파업농성이 국가보위법 9조를 위반한 것이라 하여 구속하고, 다른 5명의 노조간부들도 임금협상시 사장을 감금하여 '폭력행위 등 처벌에 관한 법률'위반이라며 불구속 기소하였다. 또 전 섬유노조 직원 이목희 등도 개정된 노동법의 제3자 개입조항을 위반했다는 이유로 구속하였다. 이렇게 노동자들에게 멋대로 죄를 뒤집어씌운 경찰은 조사과정에서도 심한 욕설과 구타를 자행하였으며, 배옥병은 고문까지 당했다(이옥지 2001, 443).

남은 노조간부들과 조합원들은 힘을 합쳐 단체협약을 개정하였고 조직강화에 힘을 쏟았지만, 회사와 정부당국의 탄압은 날로 거세어 갔다. 1981년 8월 초 서울시가 임원개선명령을 내리겠다는 협박을 가했고, 9월에는 서통노조에 대해 가혹한 감사를 실시하고 노조를 해산시키겠다며 위협했다. 서울시는 감사결과 시정지시공문을 잇달아 보내왔고, 서울시 지방노동위원회는 노조간부들에게 출두통지를 보내왔다. 노동위원회는 '너희들같이 불순한 임원들은 다 갈아 치워야 한다'면서 상집임원 32명을 전부 교체하라고 하였다. 또 회사는 노조간부 5명이 유죄판결을 받았다고 해고하였으며, 그 후 남부경찰서, 노동부 관악사무소, 서울시 직원들이 매일 회사에서 만나더니, 갑자기 대부분이 상집위원인 14명의 조합원을 해고하였다. 그 후에도 서통노조는 대의원과 새로운 조합장을 선출하였는데, 서울시는 또 다시 공문을 보내 '대의원 선출 무효 및 재선출 지시'명령을 내렸다. 그 이유는 선거규정을 통과시킬 때 상집간부 15명중 8명이 (그사이에 회사의 부당노동행위로 해고되어) 무자격자라는 것이었다. 이렇게 회사와 서울시는 손발이 잘 맞았고, 회사와 경찰서는 시골에 살고 있는 노조간부의 부모들에게 연락하여, 가족들이 해고자들을 강제로 데려가게 했다. 사태를 본 조합원들은 '해고자 복직'을 외치며 농성에 들러갔는데, 경찰의 조사를 받은 농성주도 혐의자 2명은 바로 해고되었다. 이후 해고자들이 150명이나 나왔고, 회사는 "배옥병 전 지부장 및 간부들이 어용이었으며 간첩이었다"고 까지 말했다. 이후 회사는 노조를 어용노조로 변질시켰고, 탄압에 견디다 못한 조합원들이 사표를 내어 종업원 수가 1,200명에서 650명으로 줄어들었다(이옥지 2001, 443 – 444)

이 사례는 기업주가 노조를 대하는 태도가 5월 17일 계엄령 확대 실시로 인해 크게 달라지고, 성장하고 있는 노조를 회사와 정부기관이 파괴한 사례이다. 특히 1981년 8월 이후에는 '정화조치'가 실시되고 노동법에서 노사관계를 규정하고 있지 않은 계엄사 합수부와 같은 정부기관들이 노조와 노조간부들에게 폭력을 가하고 핍박했다. 또 서울시가 순전히 노조파괴를 목적으로 한 임원개선명령과 같은 행정명령을 내렸는데, 이는 서울시, 경찰서, 노동부 관악사무소 등의 정부기관들이 서통노조를 파괴하려는 일념으로 무장되어 있었음을 보여준다. 서통사례는 조합원들로서는 더 이상 노력할 수 없을 정도로 잘 단결되어 있었지만, 당시의 폭압적인 정치구조 속에서 살아남지 못했음을 보여준다.

3. 정부의 언론을 이용한 이데올로기 공세

1970년대 후반에는 1970년대 초나 유신초기에 비해 노동조합 신설도 어려웠고, 신설된 노조가 뿌리를 내리지 못하고 파괴되는 것이 다반사였다. 그리하여 간신히 결성되었던 국제방직노조는 파괴되었고, 극심한 부당노동행위와 정부당국의 지원으로 결국 성공하지 못한 제일제당 미풍공장 노조결성투쟁에서 볼 때, 이 사건을 보도한 『주간시민』이 그후 무기휴간 될 정도로 노동문제가 언론에 보도되는 것을 막았다. 이렇게 1970년대 후반에는 언론이 정부에 의해 통제되었으며, 1978년 동일방직사태부터는 정부의 언론을 이용한 대중에 대한 이데올로기 공세가 강화되었다고 볼 수 있다.

YH사건이 일어난 직후 산업선교회는 '불순세력'으로 매도되었고, 산선회원들이 중심이 된 해태여성공장노동자들의 운동은 언론에 의해서 '용공과격세력'으로 몰리고, 이들의 운동은 흑색선전되고 매도되었다. 해태제과 여성노동자들의 8시간투쟁이 진행되고 있었던 이때, 한국일보는 1979년 8월 28일자에 온통 산선을 비난하고 해태제과 어용지부장 김경수의 말을 인용하여 "8시간 노동의 법정노동시간을 하면, 채산성이 맞지 않아 안 된다"는 등 8시간 투쟁에 참여하는 산선회원 노동자들을 비난하는 기사를 썼고, 실제로 투쟁에 참여하는 노동자 수는 130명밖에 안 되는 소수라고 하였다. 물론 이들 8시간 노동투쟁에 참여하는 여성노동자들의 말은 신문기사에 싣지 않았다. 그러나 얼마 후에 (실은 해태제과 여성노동자들의 투쟁 덕분에) 식품업계 전체가 8시간 노동제를 도입하기로 합의를 보게되자, 1979년 10월 4일자 같은 신문에서는 해태제과 사장이 생산성 향상으로 8시간 노동제로 낮추겠다고 약속한 사실을 보도하고, 한달 전의 기사와는 딴판으로, 8시간 노동제는 소수가 아닌 종업원 모두가 원했고 요구했던 것이라고 말을 바꾸었다(이옥지 2001, 298 - 299).

언론을 통한 흑색선전과 불순세력 및 빨갱이로의 매도는 1980년대 초 콘트롤데이타노조와 원풍모방노조를 파괴할 때에도 사용되었다. 정부는 엄청난 이데올로기 공세를 펴서 여성노동자들의 자기방어를 불순세력들의 투쟁으로 매도하였고, 이것을 언론에 크게 보도하여 이들 여성노동자들이 국민들로부터 지탄을 받고, 그들의 투쟁에 국민의 동조와 호응을 이끌어내지 못하게 하였다.

IV. 여성노동자들의 개별적/집단적 저항

여성노동자들의 노동운동에서는 노조의 공식적인 활동을 정하고, 조직의 차원에서 일상적인 업무와 단체행동을 해나가는 것이 핵심이다. 하지만 이러한 공식적인 활동을 위한 노력 외에, 일반조합원이나 노조간부들이 개별적인 차원에서 또 소규모집단으로 행한 노력과 저항은 잘 드러나지 않았다. 따라서 이 절에서는 이에 대한 몇 가지 사례들을 살펴보았다.

1. 여성노동자들이 개별적으로 행한
노동자권리찾기 투쟁

여성노동자들이 자신의 두려움을 극복하고 자신들의 안전지대를 넓혀간 경우들은 여러 가지가 있다. 여성노동자 자신의 권리를 찾기 위해서는 지금까지 갖고 있던 여성으로서의 수줍음, 순종, 소극적인 태도에서 탈피하여, 자신의 권리찾기를 방해하는 사회구조를 감수하지 않는 것, 다시 말하면 사용자의 억압이나 여성들을 꼼짝 못하게 혹은 침묵하게 하는 행동에 굴하지 않고 자신의 권리가 무엇인가에 따라 행동하는 용기가 필요하게 된다. 예를 들어 반도상사 여성노동자들은 당시의 여성들 대부분이 그랬던 것처럼 남들 앞에서 이야기해 본 경험들이 없었다. 이들은 노조결성을 위해서 결성대회를 해야했고, 여성노동자들은 수백 명의 동료 앞에서 발언을 해야했다. 지금까지처럼 수줍어하는 태도를 보였다가는 회사측이 먼저 어용노조를 결성하고 말 것이었다. 그래서 반도상사 여성노동자들은 개인의 두려움을 이겨내고 한마디씩 하여 노조결성대회를 무사히 치를 수 있었다(이옥지 2001, 199).

삼성제약에서 체불임금과 정기승급을 요구하는 중식거부 투쟁 농성을 했을 때, 회사측이 아무런 해결방안도 제시하지 않고 작업에 들어가라고 하자, 조향자는 회사측에 "책임 있는 말을 하라"고 요구한 것 때문에 해고되었다(이옥지 2001, 414). 노동자들이 꼭 들어야하는 대답을 회사측으로부터 받아내기 위해서 아무도 말하지 못하는 상황에서 거리낌없이 말한다는 것 또한 개인의 두려움을 걷어내고 나서는 용기 있는 행동이다. 이것은 삼원섬유의 부녀부장의 경우도 마찬가지였다. 그녀는 처음 있은 노사협의회에서 사용자측 위원들이 노조측 위원들에게 반말을 쓰자, "동등한 위치에서 회의를 하는 공석인 만큼 즉각 시정해줄 것을" 요청하여 사과하게 만들었는데(이옥지 2001, 186 ; 유동우 1977c, 213-214), 이렇게 20세 전후의 여공이 중년 남자관리자에게 "원칙에 따라야 된다"고 말하는 것도 무척이나 용기가 필요한 일이었다.

해태제과에서 취업규칙위반으로 해고당한 서정남(이옥지 2001,

291)은 이 해고가 규정을 멋대로 적용하여 자신이 일요특근거부에 앞장섰던 것을 보복하는 행위라고 보고 복직투쟁을 벌였다. 그는 "이대로 내가 물러난다면, 앞으로 얼마나 많은 노동자들이 옳은 일을 하다가 사소한 꼬투리를 잡혀 쫓겨날지 모르기 때문에" 꼭 복직을 해야겠다고 하였다. 마찬가지로 삼기물산의 위희숙도 멋대로 적용한 규칙때문에 자기에게 내려진 부당한 강등을 끝까지 받아들일 수 없다고 주장하였다(이옥지 2001, 286).

동일방직의 최연봉은 회사에서 산선에 나가지 못하게 하기 위해 자기에게 일부러 힘든 일을 시키고, 반장 조장, 담임 등 현장감독들이 이유 없이 자신을 박해하고 비난하는데도 아무 일도 아니라는 양 의연한 태도를 보였다(석정남 1984, 36). 이와 같이 많은 여성노동자들은 작업시간이 아닌 사적인 시간에 한 일들, 예를 들어 산선에 간 것, 소집단활동을 하는 것, 노동자단체가 하는 설문에 참여하거나 설문지를 갖고있는 것(구미서통, 권영숙) 등을 이유로 회사측으로부터 여러 가지 압력을 받았으며, 사용주의 공적인 권위를 통해 통제받는 경우가 많이 있었다. 이런 경우를 당해 관리자에게 항의하고, 자기가 한일에 대해 후회하거나 움츠려들지 않고, 그것을 자기 뜻대로 지속해 나가는 것은 많은 경우 보통의 용기가 필요한 것이 아니었다.

2. 동료노동자들과 함께 하는 투쟁

노동조합 결성을 위해 일한 노조지도자들은 모두가 몇몇의 동료들과 함께 헌신적인 노력을 하였다. 이들은 거의 모두 회사측의 회유, 협박, 매수 혹은 사퇴압력, 부서 이동, 전출 등의 부당노동행위를 당했으며 경찰이나 정보기관에도 불려다녔고, 또 회사측의

이간질로 조합원들로부터 비난을 받는 등 마음 고생까지 당하는 적도 많이 있었다.[16]

국제약품 분회간부들은 회사측으로부터 보복으로 전출을 당하거나, 청소하기 등의 모욕적인 일뿐만 아니라 사직압력, 분회장 격리작전 등으로 고난을 겪었다. 이에 대해 조합원들은 밤중에 노조 간부들의 자취방에 찾아와 노조가입서를 내고 격려하였다(이옥지 2001, 226). 대일화학에서는 민주노조를 원하는 산선회원 노동자 8명을 사표를 받아내기 위해 늘상 일하던 자리에서 이동시켜 아무것도 못하게 앉혀 놓거나, 온갖 지저분한 일을 시키거나, 오산으로 전출을 시키는 등을 명령했지만 이들은 모든 것을 참아내었다(이옥지 2001, 252). 서통의 배옥병이 소모임을 시작하자 회사는 그를 본사로 전출시켜 모욕을 주어 자진사표를 유도하였으나, 배옥병은 일과 후에 공장의 동료들을 계속 만나면서 소모임을 계속하여 후에 노조결성을 이루었다(이옥지 2001, 439).

미조직 노동자들의 근로조건개선 투쟁이나 신규노조 결성 준비, 또 노조를 일상적으로 운영해 나가는 것 등은 모두가 동료노동자들과 함께 하는 투쟁으로 이런 일에 참여함으로써 여성노동자들은 노동조건을 향상시킬 뿐 아니라, 자신들의 당연한 권리를 되찾게 된다. 또 노동자들의 요구사항을 수렴하고, 노조대의원이나 집행부로 일하는 것은 동료 노동자들과 함께 집단적으로 나누는 행동이다. 노동조합을 결성한 것으로 자동적으로 근로조건이 개선되고 임금인상이 이루어지는 것은 아니기 때문에 조합원들은 항상

---

16) 모든 노동조합운동은 동료노동자들과 함께 하는 투쟁이다. 그러나 여기에서는 여성들이 참여한 조직 차원에서의 노동조합운동을 서술할 수 있는 지면이 부족하기 때문에, 노조운동 전체가 아니라, 노조 안에 있는 노동자들의 집단이 노조를 위해 일한 사례 중 몇 개만을 언급한다. 물론 앞 절에서 이야기한 정부기관의 노동운동 개입 사례의 경우에도 노조 측에서 보면, 여성노동자들이 함께 했던 노동조합운동인 것이다.

함께 조합에 관심을 갖고 행동을 같이해야 했다. 파업이 불법이 된 유신시대에도 파업, 태업은 사용되었으며, 사용자를 움직이게 하기 위해서는 여러 가지 단체행동이 불가피 했다는 점을 노동운동가들이 공통적으로 말한다. 그리고 거의 모든 사례들에서 단체행동이 나타나고, 단체행동 없이는 임금인상이나 노동조건의 개선이 없다고 해도 과언이 아니었다. 유신시대에 가장 빈번하게 사용되었던 단체행동은 중식거부, 잔업거부와 같은 준법투쟁이었고, 점심을 거부하는 것은 노동자들의 행동을 통일함으로써 단결심을 높여주는 기능도 하지만, 사용자에게 큰 피해가 된다는 것은 점심을 굶고 현장에 들어가서 오후 일을 할 때 알게 되는 것으로, 자연적으로 생산성이 크게 떨어지니 사용자에게는 보통의 위협이 아니었다. 또한 YH무역에서는 아침조례 불참, 연장노동 거부, 휴일노동 거부 등의 준법투쟁을 사용하였고, 맨 처음의 준법투쟁은 크게 성공적이지 않았지만 점점 단결이 잘 되어가게 되었다(이옥지 2001, 357－360).

또한 노동조합의 공식적인 활동에 맞추어, 열성조합원으로서 그 준비작업을 하는 것도 동료노동자를 위해 동료들과 함께 하는 중요한 행동이 된다. 예를 들어, 동일방직에서 1977년도 4월 대의원대회에서 남자노동자들이 대회장을 아수라장으로 만들려고 하자, 조합원들이 작업을 중단하고 뛰어나와 대회장을 둘러싸고 폭력을 막아서 조합을 지킬 수 있게 되었다. 이렇게 전체조합원들이 작업 도중에 뛰어나오게 하려면, 그것을 준비하는 조합원들의 활약이 요구되고, 두려워하면서도 이런 뒷일을 하는 평조합원 여성노동자들과, 무서워하면서도 현장감독의 명령을 거역하고 그들과 함께 대회장으로 달려간 조합원들의 집단행동이 없었다면, 노조는 당시 폭력에 의해 파괴되었을 것이다(이옥지 2001, 338).

Ⅴ. 왜 여성노동자들이 노동운동의 전면에 나서게 되었는가?

1970년대 한국에서, 정치 경제·사회·문화 등의 사회의 거의 모든 영역에서 남성들이 우세했던 현실에서, 왜 노동운동에서는 여성들이 우세했을까? 1970년대 초 편직업체의 남성 공장노동자들의 노동운동이 활발하였지만 그 후로는 1980년대 중반 대우자동차노조가 나올 때까지 남성노동자들이 주도적으로 노조활동을 해나간 사례는 드물고, 대부분의 사례들은 여성노동자들의 노조결성이나 노동조건 개선투쟁이었다. 예를 들어, 한국에서 흔히 민주노조운동이라고 부르는 7개 노조지부들의 노동운동은 모두 여성들의 노동운동이었다. 이런 점에서 신인령은 자주성과 민주성을 가진 진정한 노동운동으로서의 민주노동운동은 여성노동자들이 그 싹을 가꾸어 왔다고 말한다(1985b, 200). 이 절에서는 1970년대의 한국의 어려운 정치적 상황에서 여성들이 노동운동에 참여하게 된 이유를 찾아보고, 또 그들이 노동운동에 왜 그렇게 투철할 수 있었는지를 살펴보기로 한다. 이러한 시도는 다분히 시론적인 것이지만, 어디엔가 그 답이 존재할 것이라고 믿고 조심스레 찾아보려 한다.

1. 객관적 조건(1970년대 여성노동자들이 처한 일반적 상황)

노동운동을 하면 곧장 감옥에 가게되는 유신체제 하에서 '왜 여성들이 대거 노동운동에 참여하게 되었을까'를 생각해 볼 때, 여성들의 노동운동을 가능하게 해준 몇 가지 조건들을 찾아볼 수 있다. 우선, 노동시장에서의 여성의 수적인 우세를 들 수 있다. 1960년대와 1970년대 여성노동자들이 집중되어 일하던 노동집약적 수출산업에서는 1,000인 이상을 고용하는 대규모업체가 많았고, 이 점이 여성들이 노동운동에 참여할 수 있는, 또 초기에 무너지지 않고 노동조합을 설립할 수 있는 가능성을 높일 수 있는 객관적이 조건이 된 것을 부인할 수 없다. 한국에서의 노동조합운동은 산별노조의 실제적인 도움이 거의 없이 단위노조를 중심으로 이루어졌다. 따라서, 노조설립 초기에 예외 없이 가해지는 회사의 부당노동행위에 파괴되지 않고 살아남으려면, 우선 사업체의 고용규모가 커야하고 조합원들을 위해 일 할 수 있는 힘있는 노조가 되어야 하는데, 조합원수는 바로 그 힘의 근원이 되기 때문이었다. 따라서 한 사업체의 고용규모가 대략 1,000명 이상이면 사무관리직과 하위생산관리직을 제외한 조합원 숫자가 대략 700~800명이 될 수 있으므로 힘있는 노조로 성장할 수 있게 된다.

앞에서 언급하였듯이 대규모사업체에서 일하는 여성노동자의 비율이 가장 높은 시기가 대략 1976~78년인데, 이후 기업들은 고용규모를 증가시키지 않았다. 그 이유는 1970년대 후반에 이르러, 노동집약적인 산업이 점차 세계시장에서 경쟁력을 잃게되어 기업주에게 그전만큼의 이윤을 가져다주지 못하기도 했고, 가발경기처럼 갑작스런 호황이 사라져서 점차 인원을 줄이게 되었다. 따라서 노조가 조직되고 노동조건이 향상되자 기업측은 결원이 생길 때도 충원하지 않고 다른 곳에 제2공장을 설립하거나 하청공장을 세워서 결과적으로 조합원 수를 줄여나감으로써 노조의 힘을 약화시키려고 하였다. 많은 섬유공장들이 공장을 지방으로 분산하거나 수출업무나 기타 관리상의 문제로 서울본사와 가까이 있어야 할 경우에도 공장을 서울의 다른 지역이나 수도권으로 분산하거나 하청기업을 이용하였다.

최장집(1988, 72 - 73)은 특별히 여성이라고 지적하지는 않았으나, 1970년대의 독재하에서도 노동운동이 그칠 줄 몰랐던 것은 한국의 급속한 도시화와 대중문화의 확산, 의무교육의 확대로 인해 한국에서는 민주적 평등주의가 급속히 확산되어가고 있었음을 지적한다. 특히 젊은 공장노동자들 사이에서는 권위주의적이며 위압적인 경영자들 및 현장감독관들과 일상적으로 대항해야 하는 현실을 체험하면서 노동의 민주적·평등주의적 이상과 불일치하고 있다는 인식이 증대되었다고 보았다. 또한 한국의 1세대 여성노동자들은 거의 모두가 문맹자들이었던 유럽 선진국들에서의 산업화 초기단계의 공장노동자들과는 달리, 교육수준이 높아서 자신들이 처한 조건을 자각할 수 있는 고도의 잠재력, 즉 평등주의, 기회균등, 결사의 권리 등 현대적 시민권의 이념을 가질 수 있는 조건에 있었다고 말한다(최장집 1988, 80 - 81).[17]

1970년대 여성노동자들은 한국의 가난한 노동자/농민계층 중에서도, 또 남성노동자들에 비해서도 임금, 노동조건 등에서 더 열악한 상황에 있었고, 노동시장에서도 차별을 받았다. 사회적 지위에 있어서도 가장 낮은 위치에 있었다. 이들 여성노동자들은 대규모 사업체에 고용되어 전인적인 통제에 가까운 노동통제를 받으면서 대부분 회사가 운영하는 공장기숙사에 살고 있었다.

이와 같이 전체 여성노동자 숫자가 많은 것, 여성노동자들의 노동조건 등 객관적 조건이 나쁜 것과 전인적인 통제, 많은 동료들이 함께 거주하는 기숙사생활, 여성노동자들의 교육수준이 (선진

---

17) 우리나라 남성노동자들의 교육수준이 여성노동자들보다 더 높았는데, 왜 여성들간에는 상대적으로 흔했던 노동운동 참여가 남성들에는 상대적으로 드물었던가는 이것으로는 설명되지 않는다.

국의 1세대 노동자들보다) 높은 것, 민주적 평등주의가 확산되어 있었던 것은 분명히 정당한 대우를 받기 위해 이들이 노동운동에 참여할 가능성을 높여주는 것임에 틀림없다. 그러나 왜 특정사업체에서 특정한 여성노동자들이 강력한 노동운동을 전개해 나갔는가는 또 다른 차원에서 설명되어야 할 문제이다.

2. 노동시장과 직장에서 체험하는 하대와 굴욕적인 대우

여성노동자들은 노동현장에서 남성관리자와 남성노동자들보다 낮은 위치에서 일했으며, 동시에 비인간적인 모욕과 불의를 체험하게 된다. 예를 들어 작업현장에서 이루어지는 여성노동자들에 대한 구타, 엉덩이를 예사로 치고 다니는 것, 나이가 몇 살 어리다고 반말을 하는 것, 작업복에 단추하나 없다고, 껌 씹는다고, 옆사람과 한두 마디 얘기한다고 뺨을 때리며 인격적인 모욕을 주며 벌 세우는 것(서통의 경우), 또 퇴직금과 저축금까지 착복하는 회사를 노조와 노동청이 방관하는 것(한국모방의 경우) 등 수없이 많았다. 여성노동자들이 받는 굴욕적인, 비인간적인 대우는 관리자와 노동자라는 관계에서뿐만 아니라, 여성와 남성(예를 들어 공적으로 아무런 지배와 복종관계에 있지 않는 남성노동자들)의 관계에서도 나타나는 경우가 많다. 대규모의 여성사업장에서 일하는 남성노동자들은 이유 없이 여성들을 하대하였고, 준 관리자처럼 행동하였다. 또 여성노동자들이 작업현장과 공장 내에서 받는 이러한 하대와 굴욕적인 대우는 이들의 울분을 고조시켰고 도저히 참을 수 없는 상황으로 몰아갔다.

그러나 이러한 상황을 '으레 그런 것'으로 보는 공장문화에서는 노동자들의 저항이 생겨날 수 없고 지속적인 노동운동이 가능하지 않다. 그러므로 소수일지는 몰라도 자신들의 불만사항을 서로 이야기하고 동료들간에 무엇인가를 하자고 의견을 모을 때 무엇인가가 가능해지고, 또한 여성노동자들은 어떤 계기가 주어지면 힘을 합쳐 자신들을 억압하고 굴욕적으로 대우하는 회사에 대해 대항할 수 있게 된다. 그리하여 1974년 반도상사에서는 1,400명의 노동자들이 퇴근 시 탈의장 속에 놓여 있었던 유인물 한 장에 의해, 그 다음날 아침 정해진 시간에 파업을 벌일 수 있었고, 이렇게 큰 사건에 대해서 기숙사 사감 등 그 누구에게도 발설하지 않았을 만큼 여성노동자들은 가슴에 맺힌 것들이 많아서 파업을 성공시킬 수 있었다.

가정에서는 아들이 우선시되는 문화에서 오빠나 남동생의 학비를 대기 위해 일찍 학교를 그만두고 공장에 일하러 온 여성들은 공장에서는 남성노동자들과 관리자에 비해 차별을 받고 하대 당했으며, 사회일반에서도 이유 없는 멸시를 받았다. 이들은 사회에서 '공순이'라고 놀림을 받았으며, 공장에서 일한다는 것 자체를 남들에게 숨겨야하고 떳떳하게 말할 수 없는 부끄러운 것으로 만들었다.[18] 이들은 차별과 멸시, 인격적인 모독, 굴욕적이고 비인간적인 대우에 대해 울분을 쌓아갔지만, 이것이 노조결성과 지속적인 노조활동으로 이어져 자신들의 권리를 찾고, 노동조건을 개선시킬 수 있는 노동운동으로 발전할 수 있는 것은 또 다른 문제였다. 여성노동자들이 비슷한 처지에 있다 하여 자연적으로 이해하

---

18) 특히 1960년대 말 강화도에서는 여성노동자들을 '공장걸레'라고 부르며 멸시하였다(이옥지 2001, 117). 이와는 대조적으로 노조가 활성화되었던 원풍모방의 노동자들은 버스를 타면 일부러 공장에서의 이야기를 하며 자기네들이 공장노동자인 것을 드러내어 보이고 공장에서 일하는 노동자들이 떳떳한 직업인임을 자타에 알리려하였다(장남수 1984, 54-55).

고 서로 마음을 터놓는 것은 아니었다. 노동자들을 위한 어떤 공간이 마련되어 서로 취미나 생활을 공유하면서 서서히 서로 이야기하게 되고 이해하게 되기 전까지는 비슷한 처지에 있는 여성노동자들끼리 서로 편안하게 지내지 못하고 사소한 일을 가지고도 반목과 질시가 심했다. 그 예로 조화순 목사는 1966~67년 공장선교를 위해 동일방직에 들어가서 일하면서 여성노동자들이 사소한 일에 서로 증오하고 욕을 하며 싸우기도 하는 것을 보았다고 하였다(Cho 1988, 52). 이런 사정은 반도상사에서도 마찬가지여서 노동조합이 설립되어 활발한 활동을 벌이기 전까지는 여성노동자들끼리 하찮은 것을 두고 서로 싸움이 잦았다(필자면접, ㅈ 씨, 1986년 4월 17일).

이런 곳에서 일부 선배노동자들의 노력으로 노조가 설립되고 노조교육을 계속함으로써 동료들간에 점차 자매애가 생기게 되고 자신들이 처지가 동일함을 느끼게 된다. 초기 기독교 교회단체에서는 여성노동자들의 소집단 활동으로 꽃꽂이나 요리, 한문 등을 가르쳤고, 여성노동자들은 여기에서 자신들의 상황과 공장생활에 대해 함께 이야기 할 수 있었던 것이다. 이렇게 교회가 여성노동자들이 서로 만나서 이야기할 수 있는 공간을 제공한 것이 후일 이들이 노동운동을 시작하는데 큰 도움이 되었다고 할 수 있겠다.[19]

이와 같이 여성노동자들이 처한 일반적 상태가 더 나빴다고 해서, 또 멸시와 굴욕적인 대우를 받는다고 해서, 그것이 노동운동에 참여하게 하는 직접적인 이유가 되지 못한다. 그런 여성노동자들의 객관적 상태가 특정업체에서 일하는 여성노동자들의 주관적인

---

19) 물론 여성노동자들의 노동운동이 어려움에 봉착했을 때, 교회단체가 그들에게 민주의식과 권리투쟁 의식에 눈뜨도록 하는데 상당한 영향력을 미쳤다고 볼 수 있다(신인령 1985a, 53 - 54).

체험과 맞물릴 때, 여태까지는 생각지도 못했던 방향으로 나아가
게 된다.

3. 여성 노조지도자와 조합원들의 노조에 대한 헌신과 자신들의 도덕적 우월성에 대한 믿음

사회적 열세에 있는 여성노동자들은 각자 자기가 고용되어 있
는 사업체에서 기업주의 착취와 현장감독자들에게 당해야했던 구
타, 성희롱 등의 처참하고 굴욕적인 대우에 직면하여, 그러한 비인
간적인 행위를 어쩔 수 없이 참고 지내다가 마침내 함께 정당한
대우를 받아내기로 힘을 합쳐 노조를 결성한다. 이들은 여러 가지
박해를 받지만 쉽게 움추러 들지 않는다. 왜냐하면, 움츠려드는 것
은 그전까지 그들이 감내하고 있었던 온갖 굴욕적인 대접에 아무
말도 하지 못하는 노예와 같은 생활로 돌아감을 체험으로 알기 때
문이었다. 이렇게 노동운동을 하면 구타당하고, 감옥에 가고, 고문
까지 당하는 줄 뻔히 알면서 노동운동을 하는 이유를 "우리가 아
니면 안 된다"(여노회 원풍면접 1997, 18, 장기선 ; 이옥지 2001,
398), 혹은 "아무도 안 하는데 우리라도 해야한다" 와 같은 노조지
도자와 핵심조합원들의 헌신과 사명감이 없었더라면 가능하지 않
았을 것이다.

노조결성 초기에는 거의 모든 사례에서 정도의 차이가 있긴 했
지만 사용자의 부당노동행위가 나타나기 때문에 지도자들의 헌신
없이는 노조결성이 불가능했다. 결성 후에도 노조가 조합원을 위
한 투쟁을 하게되면, 예외 없이 경찰이나 정보부에서 나와 지도자
들을 연행해 갔고, 이들은 취조를 받고, 구타를 당하고 또 고문까
지 당하는 경우도 있었다. 예를 들어 노조결성 직전인 1974년 반

도상사의 한순임은 중앙정보부에서 몸이 새까맣게 멍들도록 맞으면서 파업 시 간첩이 관여되었다는 거짓자백을 강요당했으며, 이것을 본 여성노동자들은 그를 전적으로 신임하게되고 압도적인 지지로 노조지부장에 당선시켰다(이옥지 2001, 199).

이와 같이 어떤 계기로 말미암아 노조가 결성되고 기업주의 매수, 협박이나 정부기관의 압력에도 살아남아 여성조합원을 위한 활동을 하게되면, 노조는 조합원들을 감싸 안을 수 있는 장소로 변하게된다. 이제까지 현장관리자들에 의해 끊임없이 경쟁을 부추기던 회사분위기에서 탈피하여, 노조는 노동자들이 평등하며 모두가 같은 상황에 있음을 교육프로그램을 통해 강조하게 되고, 따라서 동료들 간의 유대관계는 급속히 좋아지게 된다. 조합원들은 함께 소집단 활동을 하기도 하고, 노조소식지 등을 만들면서 생활을 공유하게된다. 또한 노조가 주말이나 하기휴가 때 개최하는 대의원교육이나 수련회를 통해서, 여성노동자들은 작업현장이 아닌 야외의 느긋한 분위기에서 자신들을 열어보이는 기회를 갖게 되고, 자신들이 이제까지는 모르고 있었지만 너무나 유사한 가정환경을 가졌고 비슷한 길을 거쳐왔음을 처음으로 깨닫게 된다(YH노조(전) 1984, 113 - 122 ; 장남수 1984, 141 - 147 ; 필자면접 1986, 4월 29일, 반도상사노조간부 ㅇ 씨). 또한 민주노조가 활성화된 이후에는 기숙사가 예전의 삭막했던 분위기에서 벗어나 작업 후에 방식구들끼리 모여 놀기도 하고 노조에 대해 이야기할 수 있는 분위기로 바뀌었다. 이때 고참노동자들은 노조가 튼튼해 질 수 있도록 의식이 없는 신입생들을 비공식적으로 교육하기도 하였다(필자면접 1986, 4월 15일, 전 원풍노동자; 동일방직복직투쟁위원회 1985, 379 - 380). 예를 들어, 삼성제약 여성노동자들 중 많은 수가 지방출신으로 공장근처에서 자취를 하고 있었으며 퇴근 후에도 시간을 함께 보내는 경우가 많았다. 그들이 갖는 자매애나 유대감, 연대감, 동료에 대한 배려 같은 것은 노동조합이 만들어진 이후에 노동조합활동을 통해서 더욱 그 범위가 넓어지고 공고해졌다. 다시 말하면, 노동조합이 만들어지기 전까지는 한 회사에 근무해도 다른 부서 사람들을 잘 몰랐는데, 노동조합이 만들어지면서 함께 힘을 모아야 한다는 것 때문에 서로 친밀함을 갖게되었고, 중식거부, 농성 등의 고통을 나누고 난 이후에는 여성노동자들간의 유대감이 더욱 굳건해졌다(방혜신 1993, 47－48). 이와 같이 자매애는 자연스럽게 후에 노조가 단체행동을 하면서 평조합원들이 관리자들의 압력 때문에 자신들의 뜻대로 행동하는 것이 어려울 때, 노조의 행동을 적극적으로 지지하게되는 커다란 요인으로 작용했다.[20]

노조가 자리잡기까지 노조 초기에는 상집간부들이나 소모임을 통해서 교육이나 의식화 작업이 많이 필요하였다. 조합원들은 기숙사 사감의 감시, 외출규제 등에 대해 문제의식을 느끼면, 토론을 통해서 의식전환을 이루어냈다. 예를 들어 원풍모방에서는 당시에는 아주 획기적이었던 기숙사에 자치회를 만들어 자율적으로 내규를 정하고 자치회에서 운영하였다. 또한 기숙사에서 생일잔치를 열어 주기도 하고, 여가 시간에 무언가를 만들어 가지고 바자회를 개최하여, 참여한 사람들에게 큰 기쁨을 안겨주기도 하였다(여노회 원풍면접 1997, 19－20).

작은 권리쟁취투쟁이나 기숙사자치회 같은 것에 참여해본 노동자들은 이러한 자신들의 행동이 정부나 기업부 등이 말하는 소위 '무서운 일'이 아니고, 오히려 사용자의 임금(퇴직금)착복 등에 대

---

20) 동일방직의 김민심은 평소에 따뜻하게 대해주는 이총각에 대해, 언니가 하는 것이면 무엇이라도 따라할 준비가 되어 있었다고 말했다(동일방직 복직투쟁위원회 1985, 381).

하여 처벌을 하지 않는 정부에 대항하여 자신의 권리를 찾는 일이 정당한 것임을 절감하게 된다. 그리고 한 번 참여한 여성노동자들은 자신에 대한 자긍심과 자신들이 하는 일에 대해 자부심을 갖게 되고, 동시에 자기 권리에 대해 깨닫게되고, 자신들이 처한 열악한 노동환경도 변화시킬 수도 있다고 믿게되면서 이를 위해 헌신적으로 투쟁할 여지를 갖게 되는 것이다. 여성노동자들은 노조활동을 통해 무언가를 이루었을 때 자긍심을 갖게 되고, 콘트롤데이타 노동자가 말하듯이 "기가 살고" 또 "목에 힘주고 일할 수" 있게 된다(방혜신 1993, 36 – 37). 장남수(1984, 55) 역시 노조활동을 통해 노동자의 긍지를 알게 되었고, 노동조합의 필요성과 노동자가 자랑스럽고 떳떳하게 느끼게 되었다고 하였다.

　이렇게 자매애를 기반으로 한 노조를 중심으로 여성노동자들은 자신들이 처해있던 노동조건을 개선해 나갔고 임금인상을 가져왔을 뿐 아니라 남녀차별을 개선해 나갔다. 예를 들어, 원풍에서는 민주노조로 전환되기 전에는 12시간 교대노동에다 극심한 남녀 임금차가 있었는데 민주노조 이후에는 많이 개선되었다(여노회 원풍면접 1997, 11 – 13, 이영자, 박순희, 구지회). 여성 생산직노동자에게는 주지 않던 것이 관례였던 상여금도 민주노조가 활발한 곳에서는 점차 높아져 몇 년 후에는 남성사원들과 동일한 비율로 받게 되었다. 반도상사노조는 마침내 1978년 6월 20~21일의 노사협의회에서 상여금을 360%에서 사무기술직 사원들과 균등한 비율인 420%로 높이게 되었는데(전국 섬유노동조합 반도상사 부평공장지부 회의자료 1979, 42), 반도상사 여성노동자들은 1974년 노조가 결성되기 전에는 상여금이란 한푼도 받지 못했었다.[21] 또한 일부

---

21) YH무역에서도 사정은 비슷하여, 노조결성 전에는 명절에 '떡값'이란 것조차 없었다. 노조설립 후 노조가 처음으로 상여금지급을 요구하자, 회사측은 "억울하면 여러분도 관리직으로 취직하세요 … 여러분은 국민학교

노조에서는(반도, 콘트롤데이타, 삼성제약 등) 남성사원이 여성노동자를 성희롱하는 것, 예를 들어 엉덩이를 치거나 성차별적인 언행 등으로 여성노동자들이 자신의 성으로 인해 모멸감을 갖지 않도록 회사측에 이런 행동을 금지하게 하고, 기업주로 하여금 남성사원들에게 소위 성희롱 예방교육을 시키도록 요구하고, "앞으로 반말을 하면 해고"라는 회사방침을 발표하게 만들었다(방혜신 1993, 35, 39 ; 필자면접 1998년 4월 20일, 한명희) 이런 모든 것들은 여성노동자들이 노조를 결성하여 힘을 발휘하게 된 결과이고, 따라서 이들은 예전의 괴롭고 주눅이 들었던 공장생활에서 즐거움과 자부심을 찾게 되었다. 민주노조가 활동하는 곳에서는 이직률이 낮아지고 결혼할 때까지는 거의 퇴직하는 사람이 없어졌다.

이렇게 여성노동자들은 많은 것들을 성취하면서 오랫동안 열성적으로 노동운동을 계속했음에도 불구하고, 유신체제하에서 여성들이 노동운동에 더 적극적일 수 있었던 것은 결혼하여 가족의 생계를 책임져야하는 남성들과 달리 노동운동을 하다 범법자가 되더라도 집에 들어앉으면 그만이기 때문에 더 쉬웠을 것이라고 말한다. 그러나 자신들이 "시집가서 집에 들어앉으면 그만"이라는 생각을 갖고 노동운동을 했었느냐 라는 질문에는 부인하였다. 그들은 당시에는 그런 생각을 할 여유도 없이 즉, 해고당하면 어떻게 되겠다 생각할 겨를도 없이 바로 앞에 닥친 상황만을 처리하느라 다른 사건에 계속 휘말렸다고 말했다. 이들은 우리가 아니면 안된다는 생각, 일종의 사명감을 갖고 참여하였다(여노회 원풍면접 1997, 18-19, 이영자, 장기선, 박순희). 물론 이들은 가정형편

밖에 나오지 않아서 키우는데 돈이 적게 들어갔지만, 관리직은 적어도 고졸이상입니다. 그런데 함께 대우해 달라는 게 말이 됩니까?"(이옥지 2001, 357)라고 대답하여, 가난 때문에 일찍 학업의 꿈을 접은 여성들의 마음을 더 아프게 했었다.

상 돈을 벌어야했고, 노동조합을 통해서 함께 행동했을 때 노동조
건개선과 복지향상에 효과가 있음을 알게 되었다. 노조가 어느 정
도 제자리를 찾고부터는 자신들이 한 투쟁에 대한 가시적인 효과
가 나타나고, 조합원들은 '하면 된다'는 걸 느끼게 됨에 따라 더
많은 조합원들이 참여하게 되고 그래서 조직력도 더 강해지고 노
조활동도 더 잘하게 되었다(원풍여성노동자회면접 1997, 18 – 19).

　실제로 여성노동자들이 말하고 있는 것은 조직에 대한 전적인
헌신과 노동운동에 대한 사명감이었다. 이런 사명감은 개인노동자
가 정보기관에 끌려가 고난을 당하고 온 뒤에도 계속되었으며, 여
성노동자들의 불의에 대한 저항과 노동운동에 대한 헌신은 그것
을 그만두게 하려고 했던 관계기관이 의도했던 것과는 달리 더 굳
건해지기도 하였다. 예를 들어, 경찰서에서 중앙정보부까지 끌려
가서 며칠간 취조를 받았던 여성노조지도자들은 20대 초반의 젊
은 여공들로서 개인적으로는 너무나 무서웠지만 오기가 생기더라
는 이야기를 하고 있다. 장현자는 그 당시 매우 열성적인 기독교
신자로서, "그래 예수님은 십자가에 못 박혀 돌아가셨는데, 내가
이까짓 것 못 당하겠느냐? …너네들이 무슨 짓을 해봐라 절대 내
가 이걸 그만두나. 그만두지 않는다. 이게 옳은 일이면 한다. 무슨
일이 있더라도 한다"라고 말하고 있다. 그리하여, 가족의 반대에
도 불구하고, 또 회사가 부서이동과 화장실 청소 등으로 압력을
가하는데도, "그래 너네 화장실 청소를 일년 열두 달 시켜봐라 내
가 안 하는가. 나는 절대로 내 손으로 사표 쓰고 나가지 않겠다"
라는 각오로 있었고, 자신뿐만 아니라 한순임이도 마찬가지였다고
하였다(반도여성노동자회면접 1997, 14, 장현자). 여성노동자들의
민주노조들은 유신시대의 갖은 박해에도 헤쳐나갔으며, 원풍모방
의 정선순 조합장과 같이 초인적인 저항을 보인 경우도 있게 된
다.22)

이들 민주노조들의 약진은 독재정권에 위협이 되었다. 이들 민
주노조에 속한 인원은 소수이기는 하지만 노동조건이 다른 유사
업체들에 비해 좋아 다른 업체들의 노동자들에게 항상 비교대상
이 되고, 노사협의에서 타 업체들보다 높은 임금인상이 정부의 임
금 가이드라인을 유명무실화하고, 또 단결력이 굳건하여 어떤 방
법을 동원하여도 집단행동을 막을 수 없었기 때문이다. 그리하여
1978년 동일방직노조를 시작으로 사용주와 산별노조, 그리고 정부
당국의 합작으로 이들 민주노조들은 파괴되기 시작했다. 동일방직
은 사용주가 노조를 깨는데 주도적이었고 산별노조와 정부가 합
심하여 이루어졌다. YH무역은 기업주의 외자도피가 문제가 되어
폐업하게되면서 정부와 은행 등이 이에 대한 뚜렷한 해결책을 내
놓지 않은 채 노동자들의 농성을 막는 데만 급급하자, 여성노동자
들은 신민당사에 몰려가 농성을 시작하였고 이것이 도화선이 되
어 유신체제는 몰락하게 되었다. 노조파괴에 있어서 전두환정권은
박정희의 군사독재정권을 이어갔으며, 1981년 1월 청계노조, 1981
년 4월 반도상사노조, 1982년 7월 콘트롤데이타노조, 1982년 10월
원풍노조의 순으로 파괴되었다. 청계노조(서울시의 해산명령), 콘
트롤데이타(노동부가 폐업을 부추김), 원풍의 파괴에서는 정부기
관이 그 파괴의 주역이었음을 알 수 있다.

　민주노조에서 활동했던 동일방직, 원풍 등의 해고자들은 노조가
파괴된 후에도 '사문서위조죄'로 부당해고 당하면서까지 취업을
계속하였다(동일방직 복직투쟁위원회 1985, 370 – 377). 일반사람들

---

22) 1982년 원풍노조를 파괴하려고 폭력배들이 노조에 들이 닥쳐, 조합장 정
　　선순을 17시간동안 인질로 잡고 둘러싸고 사직을 강요하자, "내 목숨과
　　사표를 바꾸자"며 죽어도 폭력 앞에 노조를 넘길 수 없다고 하였다. 화장
　　실까지 보내주지 않아 남자들이 둘러싸고 있는 사무실 바닥에 용변을 보
　　아야 했어도 그녀는 폭력에 굴하지 않았다(이옥지 2001, 406).

에겐 당장 힘이 빠지고 주눅이 들게 될만한 이런 해고반대 취업투쟁을 수없이 계속할 수 있었던 것은 이들이 공장에 다니면서 노조활동을 통해서 여러 가지 권리투쟁에 참여하여 이겨냈던 사건들처럼 이 해고반대/취업투쟁도 정부나 언론이 말하는 소위 '무서운 일'이 아니라 자신들이 해야하는 정당한 일임을 알고 있었기 때문이다.

이들의 행동에는 조직에 대한 헌신과 함께 자신들의 행동에 대한 도덕적 우월성에 대한 믿음까지 들어있다고 보아진다. 우리는 이 점을 YH여성노동자들의 투쟁 선언문에서 찾아볼 수 있다. YH노동자들은 기숙사에서 쫓겨나는 것이 임박해졌던 당시 귀숙사 농성투쟁에서 아래의 마지막 선언문를 발표했다.

> … 저희들은 이대로 물러설 수가 없습니다.
> 이제 회사는 극악한 방법으로 우리를 길거리로 내몰려고 하고 있습니다.
> 저희들은 … 끝까지 버티고 싸울 것입니다.
> 저희들은 이 투쟁을 해오면서 이 투쟁이 결코 작은 투쟁이 아니며, 우리만을 위한 투쟁이 아니라는 확신을 합니다.
> 악덕기업주가 기업과 노동자를 헌신짝 버리듯 팽개치고 외화도피를 했다는 말을 주변에서 많이 들었습니다.
> 그리고 외국으로 도망간 사람은 물론 돈도 찾아올 수 없다고 합니다.
>
> 여러분!
> 그 돈이 어떤 돈인가 저희는 생각해 봅니다.
> 진정 우리의 피와 땀을 짜내고 우리의 청춘을 불살라 얻어진 귀한 돈이 아닙니까?
> 그 돈이 기업의 발전에 쓰이고 노동자가 충업하며, 그래서 조국의 발전에 쓰여져야 할 귀중한 우리 전체의 돈이 아닙니까?
> …
> 저희들은 투쟁을 통하여 우리의 권리를 찾을 수 있도록 힘을 주

는 노동조합을 지켜야 할 것도 깊이 배웠습니다.
　노동조합이 없었다면, 누구하나 거들떠보지 않는 YH에서 벌써 우리도 떠나 이 불황의 길거리를 방황하고 있었을 테니까요.
　저희들은 이겨서 우리의 생존권을 되찾고 이사회에 정의를 심어 조국의 발전에 힘차게 참여하는 역군이 되고 싶습니다.
　(전국섬유노동조합 YH 무역지부 1979, "우리는 이대로 물러설 수 없다" 8월 7일, 23~25쪽)

　우리는 이 선언문에서 여성노동자들이 갖고 있는 도덕적 우월성과 세상이 아무리 비합리적으로 돌아가더라도 자신들이 올바르다는 자부심을 읽을 수 있다. 자신들의 피와 땀을 짜내고 청춘을 바쳐 획득한 외화는 마땅히 기업이 성장하고, 고용을 늘리고, 그리하여 조국의 발전에 쓰여야 할 귀중한 우리국민 전체의 돈이다. 그런데 악덕 기업가는 우리 나라 전체의 발전에 역행하는 행동을 한 반면, 자신들은 국가발전, 고용촉진, 기업성장을 가능하도록 피와 땀과 청춘을 바쳐 일한 노동자들인 것이다.

　여성노동자들은 자신들에게 권리를 찾을 수 있는 힘을 준 것이 노동조합이며, 권리를 지켜야 함을 배웠고 자신들의 투쟁은 자신들만을 위한 것, 즉 집단이기주의가 아니라 자신들의 생존권을 찾고 우리사회의 정의를 심어 조국의 발전에 참여하는 역군이고 싶다고 당당하게 선언하고 있다. 언제 쫓겨날지 모르는 상황에서 여성노동자들은 정부기관도 은행도 기업가도 하지 못하는 노동자들의 생존권 찾기와 우리사회에 정의를 심어 조국의 발전에 기여하는 일을 노동자들이 해왔고, 또 그것을 위해 싸우겠다는 투쟁의지를 보임으로써 100% 헌신할 것과 자신들이 갖고 있는 도덕적인 우월성에 대한 믿음을 명료하게 드러내 보였다.

Ⅵ. 맺음말

이 글은 1970년대, 정확히 말하자면 1960년대 말부터 1980년대 초 민주노조들이 파괴되는 시기까지의 한국 여성노동자운동을 살펴본 것으로, 그 시대적 배경으로 박정희정권의 경제개발정책과 유신체제까지 거슬러 올라가 살펴보았다. 박정권의 경제개발은 세계가 놀랄 만한 높은 성장률을 기록하였으나, 고도성장에도 불구하고 수출상품의 국제경쟁력을 유지하기 위해 노동자들의 임금인상과 노동조건 개선에 대해서는 인색하였고, 억압적인 법 제정 혹은 개정과 정부기관의 직접적인 노사관계 개입으로 노동자들의 노동운동이 퍼져나가는 것을 막았다.

제3절에서는 정부기관이 노조결성 과정에 개입하는 경우와 어용노조 하에서의 여성노동자들의 운동사례를 구체적으로 살펴보았는데, 그 이유는 그 당시 정부기관의 이러한 행동들은 비일비재하였기 때문이다. 또한 이런 일들이 발생했다는 것은 정부의 통제, 압력, 폭력에 대항하는 힘이 얼마나 강해야, 즉 노동자들의 헌신이나 단결력 등이 얼마나 철저해야 노동조합으로 또 노동운동으로 살아남을 수 있는 것인가를 간접적으로 보여주기 위한 것이었다. 정부기관의 방해와 또 그 당시 일상적으로 일어났던 사용자의 부당노동행위에 대항한 여성노동자들의 저항은 여러 가지 차원에서 있을 수 있지만, 제4절에서는 노조운동이라는 조직차원의 노력은 따로 논의하지 않고, 이제까지 잘 드러나지 않았던 조합원이나 노조간부들이 개별적으로 또 소규모 집단적으로 당한 압력에 대해 저항하고 노력한 몇 가지 사례들을 살펴보았다.

마지막으로 이 글에서 찾아보려고 했던, "왜 1970년대의 한국에서는 여성노동자들이 활발한 노동운동을 벌였으며, 노동운동의 전면에 나서게 되었는가"그리고 한국의 여성노동자들이, 여성들의 노조가 억압체제 하에서 어떻게 그처럼 강력한 투쟁을 벌일 수 있었는가라는 질문에 대해 요약해서 정리해보고자 한다.

필자는 우선 그 당시 노동시장의 상황이 여성들의 노동운동 참여가능성을 높여주었다고 보았다. 남성노동자들은 여성노동자들에 비해 대규모의 사업체에 생산직으로 고용된 경우가 상대적으로 드물었다. 또한 대규모 업체에 고용된 남성노동자들은 모든 산업에 고루 분포되었을 뿐 아니라 많은 남성들이 대규모 여성사업장에서 기사, 현장감독, 관리자 등으로 일했던 것에 비해, 여성노동자들은 섬유, 전자 등의 수출산업의 대기업에 집중분포 되었을 뿐더러, 이런 기업체에서의 여성노동자들간에는 임금이나 지위 등의 차이가 거의 없었기 때문에 생산직 여성노동자간의 결집력은 매우 강력해 질 수 있었다.

그러나 이런 노동시장에서의 차이점, 여성의 더 낮은 임금과 열악한 노동조건, 많은 여성노동자들이 함께 기숙사에 거주했던 점 등은 여성의 노동운동 참여와 노조결성, 그리고 그 성공의 가능성을 높여주는 요인일 뿐이다. 이들이 공장과 사회에서 아무 이유 없이 하대 받았고 인격적인 모욕을 받았다는 것도 노동운동과 직접적으로 연결되지는 못한다. 그렇지만 이 모든 것들이 노동운동 참여와 노조결성 가능성을 가져다주는 요인으로 작용할 수 있다는 것은 중요한 사실이다. 즉 이런 요인들이 여성노동자들의 다른 체험들과 합쳐질 때 큰 힘을 발휘하게 되는 것이다.

필자는 1970년대 여성노동자들의 여러 가지 운동사례들과 특히 민주노조 사례들을 검토하면서 여성노동자들은 아래에 든 과정을 거치면서 점점 더 노동조합에 또 노동운동에 열중하게 되었음을 알게 되었다.

노동운동에 참여하기 위해서 여성노동자들은 첫째, 서로 만나서 자신들의 생활을 이야기할 기회를 가져야 한다. 그 다음 두 번째로는 노조결성을 이루어야 하는데, 부당노동행위가 극심한 상황에서 지도자들의 헌신이 없으면 노조결성을 이루기가 어렵다. 셋째, 일단 노조가 결성되어 조합원교육을 하고 조합원들을 위해 일하게 되면, 여성노동자들은 처음으로 동료간의 자매애 같은 것을 느끼게 된다. 넷째, 노조의 일상적인 업무를 함께 나누어 하고 단체행동을 체험함으로써, 동료, 선후배간에 끈끈한 인간관계가 생기게 된다. 다섯째, 이런 인간관계가 다시 다른 단체행동을 지지하게 되고 적극적으로 참여하게 한다. 단체행동을 통해 싸워 이겼을 때, 동참했던 여성노동자들은 자긍심과 노조에 대한 자부심을 갖게 된다. 이런 방식으로 노동자들은 점차 더 나은 노동조건을 쟁취하게 된다. 노동조건이 좋아지면, 노동자들은 자긍심과 자신이 속한 노조에 대한 자부심을 갖게 되고, 자신의 권리찾기가 정당한 일임을 절감하며, 자신들이 노동환경을 변화시킬 수 있음을 믿게되고 지속적으로 투쟁에 참여하게 된다. 여성노동자들이 노동운동에 투철하게 되는 것은 예전의 체험이 그 다음의 행동을 유발하는 연쇄적인 과정을 통해서 상승작용이 생기는 것이라고 볼 수 있고, 나중에는 투쟁을 두려워하지 않는 상태까지 다다르게 된다.

1970년대 민주노동운동을 해 온 많은 여성노동자들은 이와 같이 투쟁을 두려워하지 않은 상태까지 갔으며, 열성적인 여성노동자들은 노조대표나 노조간부가 아니라도 "우리가 아니면 안 된다"는 사명감을 갖고 일했고, 앞서 예로 든 몇몇의 노조지도자들의 경우처럼 "무슨 일이 일어나더라도 굴복하지 않겠다" 는 강한 결의를 갖고 있었다. 이들은 자신들이 처음 노조에 대해 가졌던 '무시무시한 일'이라는 생각이 틀렸으며, 그 일이 바로 자신들의 권리찾기를 위한 '정당한 일'임을 알게된다. 그리하여 여성노동자들은 노조가 파괴된 후에도, 해고반대/취업투쟁을 지속적으로 할 수 있게 되는 것이다. 이러한 꿋꿋한 행동의 근원에는 YH노동자들의 선언문에서 나타나는 것과 같은 조직에 대한 헌신과 자신들이 갖고 있는 도덕적 우월성에 대한 믿음 즉, 노동자로서의 자긍심이 자리잡고 있다.

□ 참고문헌 □

교회협(한국기독교교회협의회). 1984.『노동현장과 증언』. 풀빛.

김백산. 1983. "70년대 노동자계급의 상황과 성장."『민중』, 제1권. 35~72쪽. 청사출판사.

김형배. 1980. "한국노동법의 변천." 임종철 배무기 편.『한국의 노동경제』. 문학과지성사.

______. 1983. "노동관계법과 노동정책 및 노동행정."『한국의 노동문제: 그 현황과 과제』. 산업노동관계연구 11. 서강대학교 부설 산업문제연구소.

노동청. 1971. 노동통계연감.

______. 1978. 노동통계연감.

동일방직 복직투쟁위원회. 1985.『동일방직노동조합운동사』. 돌베개.

박찬일. 1983. "60년대 한국의 공업화와 실질임금수준."『한국노동문제의 인식』. pp. 287~308. 동녘출판사.

박현채. 1983. "한국노동운동의 현황과 당면과제: 70년대를 중심으로."『한국노동문제의 인식』. pp. 354~385. 동녘출판사.

방혜신. 1993.「70년대 여성노동운동에서 여성특수과제의 실현조건에 관한 연구」. 석사학위논문. 서강대학교 대학원 사회학과.

노동청. 1974. 사업체 노동실태조사 보고서.

______. 1976. 사업체 노동실태조사 보고서.

______. 1980. 사업체 노동실태조사 보고서.

석정남. 1984. 『공장의 불빛』. 일월서각.

신영복·조희연. 2001. "개발독재 시기의 국가폭력과 저항". 「동남 아시아의 식민주의, 권위주의, 민주주의 및 인권」. 전남대 5·18연구소/5·18기념재단 주최. 제2차 국제학술대회. 2001 년 5월 15일~5월 17일.

신인령. 1985a. "한국의 조직노동자와 여성." 『여성 노동 법: 신인령 평론집』. 풀빛.

______. 1985b. "한국의 조직노동자와 여성." 이화여자대학교 한국 여성연구소 편. 『한국여성과 일』. 이대출판부.

YH(전)노동조합·한국노동자 복지협의회 엮음. 1984. 『YH 노동조 합사』. 형성사.

이원보. 1996. "1960－70년대 한국의 산별 노조." 김금수 외. 『산별 노조의 과거, 현재 그리고 미래』. 한국노동사회연구소.

이옥지. 2001. 『한국여성노동자운동사1』. 도서출판 한울.

장남수. 1984. 『빼앗긴 일터』. 창작과 비평사.

전국섬유노동조합 반도상사 부평공장 지부. 1979. 정기대의원회 회 의자료. 1979년 4월 19일.

전국섬유노동조합 YH 무역지부. 1979. "우리는 이대로 물러설 수 없다." 1979년 8월 7일. 23~25쪽. 「한국교회사회선교협의회 자료집」. 1979.

최장집. 1988. 『한국의 노동운동과 국가』. 열음사.

한국노동조합총연맹. 1978. 「조직여성근로자의 근로실태에 관한 조 사연구 보고서」.

Cho, Wha Soon. 1988. Let the Weak Be Strong. Meyer and Stone Books.

Cho, Soon. 1983. "The Development of Economic Relations During the Postwar Period, Reflections: On a Century of United States—

Korea Relations." Conference Papers, Academy of Korean Studies and the Wilson Center. University Press of America. Lanham.

Lee, Ok—jie. 1990. "Labor Control and Labor Protest in the South Korean Textile Industry, 1945~1985." Ph.D. Dissertation, University of Wisconsin—Madison.

Ogle, George E.. 1977. Liberty to the Captives: The Struggle against Oppression in South Korea. Atlanta: John Knox Press.

□ 면접자료 □

필자면접. 1986년 4월 17일. 반도상사노조간부 ㅈ 씨.

필자면접. 1986, 4월 29일. 반도상사노조간부 ㅇ 씨.

필자면접. 1986, 4월 15일. 전 원풍노동자 집단면접.

필자면접. 1998년 4월 20일. 한명희.

원풍여성노동자회면접. 1997. 전 원풍모방 여성노동자.

반도여성노동자회면접. 1997. 전 반도상사 여성노동자.

제5장
여성과 역사

제주 4·3과 여성경험:
폭력의 기억에서 생존의 연대로*

김 성 례**

Ⅰ. 서 론: 역사의 황폐와 생존의 서사

  1948년 제주도에서 발생한 4·3사건의 역사적 진실은 아직 제대로 밝혀지지 않고 있다. 그동안 4·3사건에 관한 논의는 4·3 당시의 정치적 상황을 어떻게 볼 것이냐, 즉 4·3의 역사적 배경과 그 성격의 규명에 집중되었다. 4·3의 역사적 성격에 대한 논의 가운데에는 4·3을 좌·우익의 이념적 갈등의 산물이며 반공 국가체제에 대한 반란으로 보는 공식적 입장과 미군정과 대한민국 국가, 그리고 이들의 대리인으로서 서북청년단과 같은 반공 우익단체의 폭력적 행위에 대한 제주민중의 저항으로 보는 비공식적 입장의 해석이 지배적이었다(고창훈 1989). 제주 4·3사건을 공산폭동으로

  * 이 논문은 필자의 제주 4·3 관련 기존의 연구결과물을 부분적으로 발췌하여 주어진 주제에 맞게 다시 연결시키고 새로운 해석을 시도한 것이다(김성례 1991, 1999, 2001; 김성례 외 2001).
 ** 서강대학교 종교학과 교수.

보는 공식적 입장이나 민중항쟁으로 보는 비공식적 입장 양편 모두, 4·3의 피해를 그 원인과 결과가 분명한 인과론으로 설명하고 있다. 그러나 실제로 4·3의 대다수 피해자들은 어떤 유형의 권력에도 불가항력적인 주민들로서 사상이나 행동의 측면에서 폭력과 대응폭력의 원인을 제공하지 않았는데도 불구하고 그러한 폭력에 의해 집단적으로 죽임을 당한 '무고한' 희생자이다(김성례 1999, 240).

　제주 4·3은 제주도민 전체가 연루된 전도적인 사건이라는 면에서 다른 지역의 유사한 양민학살 사건과 성격이 구별된다. 4·3을 양민학살 사건으로 보는 시각은 1987년 민주화 운동과 함께 시작된 4·3 피해에 대한 개인적인 증언 활동과 1992년 제주도 도의회의 4·3특별위원회의 피해조사 활동을 통해 굳어졌다. 1999년 12월 16일에 국회에서 '제주4·3사건진상규명및희생자명예회복에관한특별법'이 통과된 이후 4·3의 진상규명 활동은 제주 4·3사건 진상규명위원회의 공식적인 활동을 통해 지금도 진행 중이다. 2003년 3월 29일 정부에 의해서 제주 4·3사건 진상보고서가 채택되었고 현재 6개월간의 유예기간을 두고 새로운 자료의 발굴에 따라 추가 심의를 통한 수정을 대기하고 있는 실정이다. 국가 공권력에 의한 불법학살로 사건을 규정해온 희생자측과 이에 반발하는 군·경간의 갈등이 계속될 소지는 여전히 남아있다.

　지금까지 제주 4·3사건을 바라보는 시각은 대체로 과거 시점에 머물러 있으며 거대한 역사적 구조의 틀 안에서 조명하는 것이었다. 이러한 논의는 4·3의 역사적 이미지를 외부세력의 개입에 의한 '과거의 불행한 사건'으로 고착시키는 위험이 있다. 우리는 4·3사건에 대한 진상규명이 이루어지고 있는 과정에서 실제 피해 당사자인 제주도 주민들에게 4·3사건이 '의미 있는 역사'로 부활하고 있는 현재의 상황에 주목해볼 필요가 있다. 소위 4·3 문제는 일련의 추모제와 위령공원 조성과 같은 가시적인 기념사업으로 해결되기에는 그 역사적 의미가 깊다. 4·3은 과거의 역사적 사건이 아니라 현재 제주도민의 일상적 삶에 깊이 그림자를 드리우고 앞으로도 결코 잊혀질 수 없는, 영구하게 자리잡은 사건인 것이다.

4·3사건 이후의 제주도 역사는 "모든 축적된 것은 사라졌다"라는 역사의 황폐에 대한 인식에서 출발한다. 4·3 당시 군경에 의한 초토화 작전에 의해 중산간 지역의 마을 과반수가 불태워졌으며, 마을 사람들은 해안가 마을로 강제 이주당하고 난민수용소나 전략촌에 흩어지면서 마을 자체가 없어진 경우도 많았다(제주 4·3 제50주년 학술·문화사업추진위원회 편 1998). 또한 4·3의 인명피해는 제주도의회의 4·3특별위원회가 1994~96년에 '4·3 피해신고접수처'를 개설하여 조사한 바로는 14,504명에 달하며 피해자의 80%가 남성들이었고, 전체사망자의 절반 가량이 20~40세 청장년층이었다는 사실은 4·3으로 인한 제주도의 황폐화를 입증하고 있다(제주도의회 4·3특별위원회 1997, 49-51). 제주도 의회 4·3특별위원회에서 1995년 발간한 『제1차 제주도 4·3피해조사 보고서』에 의하면 피해신고를 받은 경우만 해도 15,000명에 이른다. 그러나 정확한 4·3 희생자의 수는 아직 밝혀지지 않고 있으며 4·3 연구자들은 대략 3만 명 정도로 추산하고 있다. 그래서 4·3 생존자들은 4·3 이후에 태어난 세대를 "새사람"이라고 부르며 4·3 이전과 이후를 구별하여 인식하고 있다. "죽지 않으니 살았다"고 증언하는 이들 생존자들에게 지난 50여 년의 삶은 4·3의 피해경험과 늘 대면하면서 생존의 가능성을 지속적으로 모색해야 하는 "긴급한 상태의 삶"이었다.

4·3의 생존경험은 피해양상에 따라 마을마다 조금씩 다르게 인

식되지만, 집단살상과 마을파괴의 기억으로부터 살아남는 것, 즉 생존 그 자체가 4·3 당시뿐 아니라 그 이후에도 제주도민의 지배적인 삶의 양식으로 작용하고 있다. 4·3 이후의 역사는 폐허 속에서 새로운 공동체 문화를 창조해나가는 생존의 서사라 할 수 있다. 그리고 생존의 서사는 4·3 당시 거의 몰살당한 '남성이 없는 마을'에 남은 생존자들, 즉 '홀어멍'들의 생애사를 통해 전승되고 있다. 제주 여성들은 4·3이 끝나고 복귀한 마을을 '남성이 없는 마을'로 불렀다. 특히 피해가 심한 중산간 마을에서 4·3이 끝나 마을이 재건되었을 때 전체가구의 약 70%가 '홀어멍' 가구였다.[1] 4·3 학살 과정에서 젊은 남자들은 대부분 죽고 여성들만 살아남았던 것이다.

4·3에 관한 이제까지의 연구들은 제주도민 혹은 마을사람이라는 일반적인 범주를 통해 논하여 왔다. 제주도민 혹은 마을사람이라는 보편적 범주는 대부분 남성을 의미해 왔기 때문에 4·3 당시의 여성들이 받은 피해와 그 이후 마을 복구 과정에서 여성들이 수행한 역할과 피해를 주변화 시키거나 왜곡시켜왔다. 세계사적인 맥락에서 전쟁이나 이에 준하는 군사적 갈등의 상황에서 실제 전투에 참여하지 않는 민간인 피해의 대부분을 차지하는 여성 피해의 경우 일상적인 성불평등의 논리에 따르는 성폭력의 양상을 갖게 된다(Gardam and Jarvis 2001, 7). 전시와 평화시의 구분 없이 여성들은 가정폭력이나 인종청소의 대상이 되며, 강간, 성적 모욕과 학대, 강제결혼으로 인한 강제임신이나 혹은 강제피임, 강제매춘 등 다양한 형태의 성적 학대와 성폭력의 희생자이다(Mackinnon 1994, 184). 여성의 성폭력 피해는 신체적, 정신적 상처를 남길 뿐

---

1) 1998년 필자가 여러 학자들과 공동으로 현지조사한 제주도 호미마을의 경우는(김성례 외 2001, 125) 중산간 마을 피해의 대표적인 사례라 할 수 있다.

아니라 여성에게 강요된 순결이데올로기 때문에 사회적 배척과 추방을 초래할 수도 있다. 4·3사건 당시 여성들이 겪은 피해도 마찬가지로 성적 수치감과 사회적 추방에 대한 두려움 때문에 생존자들과 피해자의 가족들에 의해 사회적으로 은폐되었고, 근래에 이루어진 4·3사건의 진상규명이나 증언과정에서도 공식적으로 부각되지 않았다. 여성피해에 대한 이러한 성차별적인 사회적 인식은 4·3 이후 제주도 마을공동체 사회의 복구과정에서 여성들이 담당한 역할에 대한 평가에 있어서도 그대로 적용되어, 4·3사건의 여성경험에 대한 연구는 4·3연구 전체에서 제대로 평가받지 못하거나 미미한 위치에 놓이게 되었다.[2]

이 논문은 4·3의 연구는 과거의 진상규명 뿐만 아니라 그 이후의 제주도민의 생존과 공동체 복구 과정에 대한 경험적 연구가 이루어져야 한다고 전제하고, 특히 여성경험의 측면에서 4·3의 역사적 의미와 생존의 서사를 재구성해보고자 한다. 먼저 4·3 당시의 여성 피해경험의 양상은 어떠했는지 4·3 학살의 구조적 측면에서 살펴보고, 다음에 4·3 이후 남성이 없는 마을을 재건하고 공동체 문화를 재활성화하는 여성들의 활동을 북제주군 호미마을(가명)의 사례를 통해 제주 여성들이 폭력의 고통에 어떻게 대응하며 생존을 위한 연대를 어떻게 구축해갔는가 살펴보고자 한다.

---

2) 4·3사건 당시 여성들 가운데에는 무장대 활동을 한 경우도 있으나, 대부분의 경우 민간인으로 피해를 입었다. 당시 제주 여성들의 피해를 여성인권의 시각에서 문제를 제기한 오금숙(1999)의 사례보고가 있으며, 여성들의 피해경험을 여성주의적인 시각에서 해석한 연구는 김성례(2001)와 이정주(1999)의 연구가 있다. 4·3당시와 이후에 제주여성의 경험을 자주적이고 평화주의적인 여성문화의 시각에서 평가한 연구로는 한림화와 김순희(2003)의 연구가 있다.

Ⅱ. 빨갱이 증오와 국가폭력의 성정치

먼저 4·3 사건 당시 제주도민의 대량학살을 정당화하는 국가폭력의 논리는 어떻게 구성되고 전개되었는지 국가폭력의 정치적 기술을 성정치의 관점에서 논의해보고자 한다.

4·3의 양민학살은 1948년 11월 중순 계엄령이 선포된 이후 이듬해 3월까지 4개월 간의 군경에 의한 초토화작전 시기에 중산간 지역에서 집중적으로 일어났다. 제주도 사태는 남한에 단독정부가 수립되면서 단순한 지방의 공산폭동 사건 이상으로 정권의 정통성에 대한 도전으로 인식되어 강경하게 진압되었다. 해안선에서 5km 지점부터 적성지역으로 선포되어 군경 토벌대의 초토화 작전이 수행되는 동안 중산간 지역의 130개 이상의 마을이 불태워지고 남녀노소 가릴 것 없이 대부분의 주민들이 '빨갱이' 혹은 '폭도가족'이란 혐의를 받고 무차별 학살당하였다(제민일보사 1995, 81).

4·3 사건의 대량학살은 '빨갱이에 대한 증오'의 산물이었다. '빨갱이 소탕', '공비토벌'이란 이름 하에 제주의 마을을 불태우고 주민을 '통비분자'(공비와 내통한 자)로 몰아 대량으로 학살한 가혹 행위자의 모토는 "빨갱이를 뿌리뽑고, 그 종자를 말려야 한다"는 것이었다. 여기서 "뿌리뽑고 말리는" 폭력적 행위의 묘사에서 볼 수 있듯이 그러한 행위의 대상물로서 '빨갱이'는 인간이 아니라 잡초와 같은 열등한 인종으로 제거의 대상이 되는 것이다. '빨갱이 사냥'의 선봉대로 제주도에 파견된 극우 반공주의집단 서북청년단원들이 제주도에 온 이유를 묘사한 말, "제주도는 붉게 물들었다"에서 볼 수 있듯이 '제주도'는 하나의 빨갱이 집단으로 그리고 붉게 물들은 하나의 생명체로 인식되고 있다. 제주도 주민은

다름 아닌 '빨갱이의 몸'이었다.[3]

　빨갱이에 대한 증오는 한국에서 반공국가의 정체성을 확립하고 도덕적 반공주의 사회질서를 정립하는 정초로서 정당화되었다. 반공이념은 이차 대전 직후나 1948년 4·3 사건 때 반란을 막기 위해 전략적으로 잠시 취해진 것이 아니라, 정부수립 이후 줄곧 남한정부의 국가정책으로 고착화되었다. 반공주의는 1961년 박정희 군사정권의 국가안보 이데올로기와 결합되어 더 강화되었다. 걸핏하면 친공적 활동이라는 죄목으로 급진파 학생들과 반체제 인사들을 고문한 사실은 정부가 국가안보라는 의식(ritual)을 정기적으로 실행했음을 입증한다. 정부는 그들을 '국가의 적'으로 규정했다. Gregory와 Timerman(1996)이 아르헨티나 군사정권 시(1976~1984) 군사정부의 만행을 '죽음의 의식'(the ritual of deaths)으로 묘사한 것처럼, 이 정치적 죄목은 단지 범죄행위를 고발하기 위한 제도적 수단이었을 뿐만 아니라 "사람들에게 공포감을 조장하고 국가의 전제적 통치에 대한 명분을 정당화하는 과정"으로 비춰졌음이 분명하다.

　이러한 국가폭력의 정당화는 푸꼬의 이른바 근대국가의 "생체통제정치"(bio-politics)와 "죽음의 정치"(thanatopolitics)의 이율배반적 특성에서 연원한다(1997, 267). 여기에서 죽음의 정치는 국가가 주민의 삶을 관리하고 조직하기 위한 생체통제정치의 일면이며 또한 주민에 대한 국가폭력과 살상은 이러한 생체통제정치의 논리에 의해 합리화된다. 주민의 삶을 떠맡는 것이 임무인 국가권력은 지속적인 조절과 교정의 기제로서 반공주의를 규준으로 해서 주민들의 자격을 정하고 평가하고 등급을 매긴다. '빨갱이'에 대한

---

3) 황상익(1999, 316)은 4·3의 집단학살과 집단광기는 토벌대나 서북청년단의 특수한 집단적 특성에서 비롯되는 것이 아니라, 빨갱이에 대한 증오심을 정당화하고 합리화했던 공식적 국가이데올로기로서의 반공주의에서 비롯된다고 보았다.

증오와 학살은 이러한 규준화를 추구하는 반공국가의 권력기술체계의 실천이며 주민을 대상으로 한 생체통제정치로써 합리화된다. 제주 4·3의 대량양민학살은 반공주의 규준에 의한 국가에 의한 계획적 살해였다고 할 수 있다. 이러한 현상, 즉 국가가 생명체로서 자신의 존립을 위하여 자신의 주민을 학살하는 모순은 한국이 성취한 근대성의 형해적(形骸的) 단면이라고 할 수 있다(Milchman and Rosenberg 1996, 103). 4·3 사태가 성공적으로 진압됨으로써 고문과 살육으로 참혹하게 희생당한 제주도 주민들은 역설적으로 반공국가의 규율체계를 확립하는 모태가 된 셈이다. 그러나 그것은 유혈이 낭자한 상처받은 모태였다.[4]

이러한 맥락에서 4·3 당시의 '빨갱이 소탕'(red hunt)은 나치 독일의 계획적인 유태인 말살과 같은 인종말살이라고 할 수 있다. 반공주의를 새로운 국가 정체성의 중심 가치로 하는 반공국가가 형성되는 과정에서 이미 '빨갱이 섬'으로 주목받은 제주도의 주민들은 국가정체성을 오염시키는 열등한 인종의 위치에 놓인 것이다. 4·3 이후에도 한번 찍힌 '빨갱이' 혹은 '폭도'라는 낙인은 나머지 생존 가족이나 친족에게 '빨갱이 가족', '폭도가족'의 유산으로 남아 연좌제 피해를 받았다. 제주도 주민 전체는 '빨갱이 인종의 몸'을 상징하며 또한 빨갱이를 재생산할 위험이 있는 '여성화된 몸'(gendered body)으로서 반공폭력과 성폭력의 이중적 희생자들이 된 것이다. 더욱이 4·3 의 여성 피해자들은 그러한 폭력이 행사되는 가시적 실체로서 일상의 가부장제 폭력과 함께 삼중의

---

4) 4·3 당시 토벌대의 활동에 대해서 주한미군의 G-2 보고서 (1949년 4월 1일)는 빨갱이 사냥(red hunt)으로, 토벌의 성공 이유를 '민간인 대량살륙작전'이라고 평가하고 있는데, 이것은 당시의 '빨갱이' 소탕이 친미반공 정부와 미국의 계획된 주민살륙이며 인종말살이었음이 확실해진다(제민일보사 1997, 361-363).

고통을 받았다. 이와 같이 국가가 주민을 '빨갱이'로 인종화하고 (racialization) 국가권력이 행사되는 장소로서 또한 폭력의 정치적 자원으로서 주민의 몸을 '여성화된 몸'으로 기표화하는 국가폭력의 성정치 기술(technology of sexual politics)은 제주도 주민의 인종적 타자성과 성적 타자성을 국가폭력의 구조 안에서 하나로 융합한다(Eisenstein, 1996).

Ⅲ. 여성에 대한 성폭력 피해의 양상

제주도 주민을 '빨갱이' 섬의 '여성화된 몸'으로 인종화하는 국가폭력의 정치기술은 실제 여성 피해자들에게는 성폭력의 형태로 나타난다. 4·3 당시 여성들도 남성들이 당하는 고문, 실종, 임의처형 등의 폭력을 당했지만, 이러한 폭력이 여성들에게 행사될 때는 성을 매개로 한 성폭력의 형태로 나타난다. 4·3당시 보편화되었던 성고문의 방법은 여성들을 나체로 거꾸로 매달아놓고 쇠좆매로 때리는 것이었다(제민일보사 1997, 223). 여성 피해자들은 대부분 '빨갱이년' 혹은 '빨갱이 가족'이라 하여 남편이나 아버지 그리고 남자 형제 대신 무고하게 고문당하고 강간당하였다. 빨갱이 혐의가 있는 여성의 몸은 '빨갱이'의 위험을 성적인 기호로 각인하고 그러한 위험에 대한 공포를 재현하는 장소가 되기 때문에 성폭력은 빨갱이에 대한 증오와 가부장제적 성적 판타지가 전개되는 스펙타클이었다 할 수 있다.

성폭력은 빨갱이와 관련되었다고 여겨지는 여성들, 특히 입산자 아내로 홀로된 여성들에 대해서는 비일비재하게 일어났다. 필자가 1998년 현지조사한 호미마을 사람들의 증언에 따르면, 토벌대의 일원이었던 서북청년단(서청)은 "홀어멍들 따먹는" 일을 서슴지 않고 행했으며, "아무에게나 덤빌 수" 있었다고 한다. 서청은 여성의 몸을 정복함으로써 그녀의 남편, 부모, 마을공동체를 파괴하였고, 피해여성의 몸에 고통을 각인시켰다. 서청은 도피 중이던 젊은 여성을 붙잡았을 때에는 집단적으로 강간하였으며 이러한 성폭력은 해안마을의 수용소에 있는 동안에도 계속적으로 일어났다(김성례 외 2001). 또한 호미마을 여성들은 남편이나 아들이 폭력을 피해 도망간 공간을 지키면서 그들에게 행해졌을 모든 폭력을 대신 감당해야 했다. 이것을 대살(代殺)이라고 한다. 4·3 발생 직전 호미마을의 숲 벌채사건과 관련하여 마을청년들과 서청의 다툼이 있었는데, 이 사건 때문에 마을의 청년들은 입산하거나 도피 중이었다. 4·3이 발발하자 서청은 젊은 여성에게는 '서방 내놓으라'고, 40이 넘은 여성에게는 '아들 내놓으라'며 폭력을 일삼았다. 여성들에 대한 테러는 남성의 부재로부터 기인한 것이므로 남자들이 돌아와야만 중단될 수 있었다. 결국 많은 여성들이 '빨갱이 년', '폭도가족'이라는 이름으로 남성을 대신해서 폭력과 죽음을 겪었다.

또 다른 폭력의 형태는 강제결혼이었다. 호미마을에서 군인이나 경찰이나 서청과 강제결혼을 하여 마을을 떠난 사례들이 있었지만, 많은 사람들이 이 부분에 대해 이야기하는 것을 꺼려했다. 서청은 이북에서 피난 오면서 모든 경제적 기반을 상실하였기 때문에 제주도에 들어왔을 때 정착하고자 한 단원들이 많았다. 그들은 정착의 기반으로 여성을 이용하였다. 서청은 마음에 드는 여성을 강간한 후 결혼을 요구하거나, 그 여성의 남성친족을 볼모로 강제로 결혼하기도 하였다. 한편 여성들은 남자형제나 집안의 안녕을 위해 서청이나 토벌대와 강제결혼에 응했던 사실은 남성의 생존을 위해 여성의 몸을 도구화한 것이다. 이것은 일상에서 여성이 갖는 열등한 지위가 4·3에서 가시화되어 드러난 것이다.

특히 무장대 편이라고 간주된 호미마을 여성들도 많이 죽었다. 자발적인 것이든 억압에 의한 것이든 무장대 지원활동은 제주도에서 광범위하게 벌어졌다. 4·3 때 무장대 편에 섰던 여성들의 역할은 주로 식량과 의복 등 물자를 제공하는 것이었다. 주로 20대의 젊은 미혼여성들이 머리를 땋은 사이에 혹은 짚신 사이에 삐라를 넣어서 어디 어디 가서 "머리를 빗고 와"든가 "신발을 갈아 신고 오라"든가 하는 암호로 정보를 전달하였다. 호미마을에서 이런 역할을 맡았던 여성들은 대부분 처형을 당했다. 마을사람들은 이들 여성들에 대해 "요망진(똑똑한)" 사람들이었다고 기억하고 있다. 토벌대가 젊은 여성들을 죽인 이유는 한가지였다. "젊은 사람을 살려두면 산 쪽에 붙는다"는 것이 이유였다.[5]

4·3 사건이 진행되는 과정에서 발생한 여성에 대한 폭력의 논리는 여성 개인의 몸에 대한 공격이라기보다는 여성이 속한 집단에 대한 응징, 처벌, 수치나 불명예로 표상된다. 이는 여성의 순결이나 모성성을 공동체의 순수성 그리고 보루라고 인식하는 가부장제 사회에서 성폭력은 공동체의 수치이며 위반이라고 간주되기 때문이다. 그리고 개인 자신의 수치라기보다는 집단의 수치를 드러낸다는 이유 때문에 피해 여성들은 자신에게 일어났던 사건에 대해 고개를 숙이고 침묵한다. 대신 그들은 '죄를 지었다'고 말한다. 1994년이래 제주도의회의 4·3 피해신고실에 접수된 4·3 피해에 관한 증언은 대부분 직접 피해자가 아닌 가족이나 친족, 이웃과 같이 제3자인 경우가 많다. 그 중에서도 생존해 있는 여성피해자들 가운데 성폭력의 피해자인 경우에 공식적으로 알려진 직접

---

5) 여기까지 설명한 호미마을 여성에게 가해지는 성폭력의 양상은 현지조사에 공동으로 참가한 이화여대 김은실교수와의 공동연구 결과임을 밝힌다 (김성례 외 2001, 123 – 124).

적인 증언은 아직 없다. 특히 강간을 비롯하여 성적 유린에 관한 증언은 주로 남성들이 하고 있다는 사실에 주목할 필요가 있다. 여성들의 피해는 모두 간접 체험으로 이야기되고 있다.

1998년 4월 1일 제주 4·3 50주년 기념 도민 해원상생굿에서 유족들을 대표하여 4·3의 피해에 대해 증언한 김양학(남, 58세)은 토산리 주민 157명의 집단학살에 덧붙여서 마을 여성들이 토벌대에 의해 9일간 당한 집단적 성적 학대에 대해 언급하고 있다. 직접 체험자가 돌아가시기 전에 증거자료를 녹음해서 남기려고 김씨는 자신의 친구 어머니에게 접근하였으나 그 사건에 대해 말만 꺼내면 혼절하는 바람에 실제로 직접 그 사건에 대해 들은 적은 없다. 피해 여성들은 그 사건이 "너무 지긋지긋한 사건"이어서 "육신이 떨려 말하지 않으려 한다"고 김양학은 전하고 있다(김성례 2001).

이 사례에서 성폭력의 사건을 언급하는 것만으로도 여성 피해자가 혼절하는 이유는 무엇인가? 왜 그들은 자신들의 경험에 대해 직접 증언하지 않는가? 그들이 침묵하도록 강제하는 것은 무엇인가? 여성 피해자들이 자신들의 경험에 대해 침묵하는 것은 여성의 순결과 정조에 대한 가부장제 이데올로기 때문이다. 여성의 정조와 모성은 공동체 정체성의 보루이며 여성의 몸은 가족이나 친족과 같은 가부장제 집단의 사회적 몸(social body)에 귀속되기 때문에, 여성의 수치와 모성의 파괴는 공동체 전체의 수치이며 상실이 된다. 집단 강간의 사실을 공개하는 것은 가부장제 사회의 와해를 의미하는 것이기 때문에, 피해 여성의 침묵은 가부장제 사회의 수치를 보호하기 위해 암묵적으로 강제되는 것이다.

전시상태에서 발생한 여성의 성폭력 피해는 평화시의 가부장제 사회에서 겪는 피해의 연속이라 할 수 있다. 그러나 전시의 경우 여성에 대한 성폭력은 즉각적으로 전체 공동체에 영향력을 미친다는 의미에서 평화시의 성폭력과 구별된다. 그 이유는 성폭력의 양상이 여성 피해자 개인을 넘어서 여성이 속해있는 공동체 사회에 공포를 야기하며 파괴하기 위한 명시적인 목적을 갖기 때문에 집단성을 가지고 더욱 가혹하게 나타난다. 집단적인 성폭력은 또한 같은 이유로 피해 사실에 대한 은폐와 침묵의 강요에 있어서도 집단적 성격을 갖는다(Salzman 2000, 80). 올루직은 보스니아와 크로아티아에서 여성의 정조를 가족과 친족의 명예의 상징적 저장소로 인식하는 평화시의 가부장제 이데올로기가 어떻게 전시에도 그대로 적용되는지 연구했다(Olujic 1995, 40–43 ; 1996). 그녀의 연구에 의하면 전쟁강간과 성고문으로 인한 여성의 수치는 가족과 친족의 수치로 간주되어 여성들이 자신의 체험을 고발하는 것이 억압되고 있다. 그녀는 평화시와 전시에 공통적으로 적용되는 명예와 수치의 이데올로기가 여성의 몸을 가족이나 친족과 같은 남성집단의 사회적 몸에 귀속시킴으로서, 강간과 성폭력은 세르비아와 보스니아 두 가부장제적 민족집단 사이의 명예와 수치의 상징적 경쟁이 되고 있음을 지적한 바 있다. 마찬가지로 일제시대 강제로 끌려간 군위안부의 전쟁강간은 식민지 치하의 한국인에 대한 인종적 강간을 의미한다. 군위안부 문제는 한국과 일본 사이의 민족적, 국가적 성정치 차원에서 이루어진 인종적인 프로젝트로 볼 수도 있다(Yang 1997, 63).

Ⅳ. 고통의 연대: 꿈, 울음, 신들림

가부장제 권력에 귀속된 여성의 몸은 지배적 언어로부터 소외되어 있다. "육신이 떨려 말할 수 없다"고 직접적인 증언을 거부하거나 경험 그 자체를 부정하는 제주 4·3의 여성 피해자들의 몸에 각인된 국가폭력과 성폭력의 고통과 참혹한 상처와 죽음의 기억은 침묵하고 있는 것이다. 여성 피해자들의 "육신이 떨려 말할 수 없는" 침묵의 고통은 사회적인 고통이다. 성폭력의 피해자는 몸에 대한 통제력을 상실하기 때문에 자신의 몸 안에서 집 없는 상태(homeless)가 되어 자아 정체성도 상실하게 된다(Copelan 1994, 202). 성폭력의 직접적 피해자는 자아를 잃어버린 상처받은 몸 그 자체로 이야기할 뿐이다. 실제로 4·3사건의 피해 여성들 스스로 자신의 체험을 직접 증언하는 경우는 하나도 없다. 제주도 의회 4·3 피해신고실에 생존자 가족이나 친족이 신고한 경우도 없다. 위의 김양학의 경우처럼 당사자와 이해관계가 없는 제3자나 먼 이웃에 의해 마치 공공연한 비밀처럼 숙덕공론(gossip)의 형태로 알려져 있을 뿐이다. 그 동안 공식적인 증언집이나 제민일보사에서 발행한 『4·3은 말한다』에도 이러한 사실은 기록되어 있지 않다.

그러므로 성폭력의 체험을 증언하는 것은 그 폭력과 폭력의 공포에 저항하는 용기를 필요로 한다. 그러한 용기는 피해자 자신－생존자이든 이미 죽은 자이든－과 그러한 피해 경험을 공유하거나 인지하고 있는 다른 여성들과의 연대, 즉 고통의 연대(solidarity of suffering)를 통해 집단적으로 발휘될 수 있다. 고통의 연대는 한 여성이 자신의 몸을 통해 다른 여성의 고통을 담지할 때, 엠마누엘 레비나스의 말을 빌면 "타인을 위한 볼모가 되어 줄 때" 이루어진다(Levinas 1974, 94 ; Kang, 1997 재인용). 그녀가 타인의 자리를 대신할 수 있을 때, 단지 '타자를 위한 것'이라는 이유로 타자의 고통에 의미를 부여할 수 있게 되는 것이다. 레비나스는 그것을 대리적 고통(the pain in substitution)이라고 불렀다. 물론 대리적 고통이 모두 의미를 갖는 것은 아니다. 고통의 연대는 타인과 마찬가지로 자신도 상처 입을 가능성에 노출시킴으로써 비로소 이루어질 수 있는 것이다. 비나 다스는 이것을 "타자를 위한 볼모" 혹은 "타자의 목소리에 저당잡힘"(pawning of voice of the other)이라고 철학자 스탠리 카벨(Stanley Cavell)의 말을 빌어 표현하고 있다(Das 1996, 69 ; Cavell 1992).

성폭력의 기억이 피해자에게 침묵의 고통을 강요하는 가부장제 사회에서 고통의 연대는 언어 이전의 상처받은 몸이 이미지나 소리의 '날 것으로' 드러나는 울음(laments), 꿈, 신들림과 같은 비의적인 방식을 통해 이루어진다. 다음의 사례는 제주도의 고유한 문화의 맥락에서 어떻게 고통의 연대가 이루어지는가를 보여줄 것이다. 4·3 당시 여성들에 대한 성폭력은 직접적인 강간 외에도 임신한 여성들의 학살이 포함된다. 특히 입산자의 아내로서 임신한 상태에 있는 경우, 그녀의 살해는 빨갱이를 재생산할 위험을 우려하여 자행된 상징적인 차원의 성폭력이라 할 수 있다. 제주도 하귀리에 사는 안인순(75세)은 아이를 출산하는 도중에 학살당한 자신의 동서 문씨(당시 21세)의 죽음에 대한 증언을 다음과 같이 하였다. 동서 문씨는 남편이 무장대를 따라 한라산에 입산한 이후 친정 하귀리에서 출산하는 도중에 살해당하였다. 안인순은 그녀의 죽음을 목격한 증언자였다.

> 보릿짚을 깔아놓은 방에서 출산 진통을 시작하던 동서에게 이른바 '하귀특공대'가 들이닥친 것이다. 특공대 소속 2명은 "입산자 가족은 종자를 말려야한다"면서 마을 뒤편 원뱅디[뱅디는 너른 들판을 가르키는 제주도 방언: 필자 주]로 문씨를 끌고 갔다. 소식을 듣고 안씨가 달려갔을 때 동서는 가슴 여덟 군데를 포함해 모두 열세 군데를 철창에 찔려 숨을 거둔 뒤였다. 하문에는 나오다 만 아기가 걸려 있었다. 안씨는 남들 눈이 무서워 대충 흙만 덮은 가매장을 했다. 학살의 광풍이 잠잠해진 2년 뒤 안씨는 무당을 불러 굿을 했다.

꿈에 자꾸 동서가 나타났기 때문이다. 안씨의 조카의 몸에 실린 영혼은 "배를 갈라 달라"고 간절하게 호소했다. "아기가 다리 사이에 걸려 있어 걸을 수 없고, 저승에서도 받아주지 않는다"는 것이었다. 영혼은 또 생전에 '오라방'이라고 부르며 따르던 사람이 자기를 죽였다며 몸부림쳤다. 굿을 치른 뒤 안씨는 동서의 시신을 지금의 무덤 자리로 옮겨 제대로 수습해 주었다. 핏덩이 아기도 시신에서 분리하여 곁에 묻어 주었다.[6]

위의 사례에서 출산하는 도중에 학살당한 동서 문씨는 동서 안인순의 꿈에 나타나 자신의 죽음에 대해 진술하며 그 원한을 풀어줄 것을 요구하고, 굿에서 안인순의 조카에게 영혼이 실려 "아기가 다리 사이에 걸려 있어 걸을 수 없고, 저승에서도 받아주지 않으니까 배를 갈라달라"고 호소했다. 죽은 자의 호소를 제주도 무속에서는 '영게울림' 즉 영혼의 울음이라 한다. 제주도의 무당은 무복을 입고 굿을 하는 신자리('신령의 자리', 즉 무당이 신령이나 영혼에 의해 빙의되는 의례공간의 중심자리)에 앉으면 저절로 말이 나오고 보인다고 한다. 그 이유는 "영혼이 하고 싶은 말이 있기" 때문이다. 살해당할 당시 죽음의 진실이 밝혀지지 않은 동서 문씨의 경우 원혼의 영게울림은 증언과 같다. 안인순의 꿈은 실제로 상상계가 아닌 영역에서 동료 여성의 살해에 대한 목격자로서 무의식적으로나마 죽은 자의 고통을 늘 기억하고 동일시하고자 하는 안인순의 용기와 윤리적 의지를 표현한 것이라고 볼 수 있다. 또한 굿에서 무당의 입을 통해 전해지는 문씨 원혼의 증언을 토대로 그녀와 아기의 시신을 수습하고 무덤을 만들어 줌으

---

6) 시사저널 1998년 4월 9일호. 필자는 1997년 4월 제주도 의회 4·3 피해신고실을 방문했을 때 마침 안인순씨의 증언을 직접 들을 수 있었다. 그녀는 울면서 누가 들을까 조심하는 작은 목소리로 당시의 상황을 증언하였다. 그 후 그녀의 증언은 4·3사건의 여성경험에 대한 대표적인 증언으로 언론에 알려지게 되었다.

로써 안인순은 윤리적 의지를 실현한 것이다.

이와 같이 종교적 상상계에서 죽은 자와 산 자는 죽음의 현실과 기억의 고통에 맞서는 방법으로서 꿈과 신들림, 울음의 방법을 활용하여 고통의 연대를 수행한다. 한국의 무속적 현실에서는 비정상적인 방법에 의해 죽은 사람의 영혼은 저승에 가지 못하고 이승에서 원혼으로 떠돌다가, 생전에 가장 가까웠던 가족이나 이웃에게 꿈으로나마 자신의 죽음의 진실을 얘기하려고 한다. 원혼은 자신의 이야기를 제대로 이해하고 전달해줄 수 있는 자로 비슷한 고통의 경험을 가진 사람들에게 들린다. 한 집안의 원혼은 대체로 가족 가운데서도 주부에게 빙의한다. 그 이유는 가부장제 사회질서 안에서 원혼은 비정상적인 죽음의 상태 때문에 '조상세계'에 들어가지 못하고 공식적인 조상의례인 제사에서도 소외 대상이 되는데, 가부장제 질서 안에서 주어지는 여성의 주변적이고 애매모호한 지위와 동일시되기 때문이다(Kim 1989). 가부장제 가족구조에서 원혼에 손쉽게 들리는 사람은 가장 권력이 없는 주변적인 존재, 즉, 주부나 어린아이이다. 역설적으로 역사적 현실을 대체하는 꿈과 신들림과 같은 비현실적 세계는 경험적 진실을 있는 그대로 말할 수 없고 오히려 진실이 왜곡되기 쉬운 현실세계에서 보다 '더 진실한 것'으로 인정받을 수 있다. 꿈의 이미지와 원혼의 울음은 적어도 민속적 종교전통에서는 다른 무엇보다 그 진실성이 신앙에 의해 보장되기 때문이다.

4·3이후 50여 년이 지난 지금까지 아직도 그 역사적 진상이 '폭동', '항쟁', '학살' 어느 하나의 명칭으로 규명되지 않은 제주 4·3의 증언은 "분명하게 드러나지 않고 어떤 이념이나 실천 그리고 감정으로 결코 천착할 수 없는 모호한 의식의 형태"로 나타나는 고통의 재현양식에 주목해야 할 것이다(Scott 1992). 4·3 피해자의

폭력적인 고통은 희생자와 생존자 사이의 비밀스런 합의-꿈이나 신들림과 같이 모호한 의식상태에서 이루어지는-에 의해 현실세계에 드러난다. 생존자가 겪는 강요된 침묵의 고통은 살아있는 죽음과 같다. 생존자가 신체적 상처와 피해의 기억을 언어로 표현하는 것은 때로 너무 고통스러운 과정이다. 누가 당시의 억울한 죽음을 애도하는 의례의 행위 주체이며 언어를 통제하느냐에 따라 4·3의 진실은 규명되기도 하고 왜곡될 수 있다. 산 자의 고통은 죽은 자의 유산이다. 산 자와 죽은 자의 고통은 동일하게 인식된다. 죽은 자의 고통이 치유되지 않는 한 산 자는 평안하게 살 수 없기 때문이다.[7]

V. 4·3 이후 여성의 생존 방식: 호미마을 '홀어멍 네트워크'

다음은 4·3사건으로 파괴된 제주도 마을공동체를 복구하는데 주도적으로 참여한 여성들이 어떻게 4·3의 폭력적 경험에 대응하고 극복하였는가에 대하여 1998년에 실시한 북제주군 호미마을의 인류학적 사례연구를 통해 살펴보기로 한다(김성례 외 2001).

호미마을은 제주도의 중산간 마을의 하나이다.[8] 4·3 때 호미마

---

7) 벤야민의 말을 빈다면, 빙의된 상태에서 죽은 혼들의 이야기를 하는 제주 무당 심방은 "죽은 자들을 깨어나게 하고 조각난 것들을 재결합하는 역사의 천사"로서의 역할을 한다(Benjamin 1969, 257). 조상들의 비극적 죽음에 관한 이야기들은 자손들에게 닥친 당장의 불행에 대해 표현하는 것은 물론이고, 산 자들을 위해 암시적이고 대체적인 역사적 담론의 법칙을 정립한다.

8) 호미마을은 조선시대 제주읍과 정의현, 대정현을 잇는 내륙의 관도(官道) 주변에 대체로 300년 전쯤에서 500년 전쯤 사이에 형성된 양반 유림촌이

을 사람들은 다른 중산간 마을의 경우와 마찬가지로 1948년 11월 중순부터 1949년 3월까지 계속된 이른바 '초토화 작전'의 와중에서 많이 죽었다. 4·3을 거치면서 300여 명의 사람들이 희생되었고, 전체 가구의 70%가 "홀어멍" 가구가 되었다. 다행히 살아남은 여자와 아이들은 친척이 있는 해안가 다른 마을이나 토벌대 대대본부가 있던 해수마을(가명)의 수용소로 내려가 갖은 고생을 하였다. 해안가로 내려가 집단수용소에서 임시로 거처하던 중산간 사람들은 그후 고향과 가까운 곳에 세워진 전략촌에서 지내게 된다.

4·3으로 '남성이 없는 마을'에서 호미마을 여성들은 전략촌을 세우는 일에 앞장을 서게 되었다. 무장대를 막기 위해 성을 쌓고 보초를 서는 일, 군경의 수발을 드는 일, 불타버린 마을을 재건하는 일을 하였다. 또한 중산간 마을의 초토화 작전으로 호미마을의 15세에서 30세까지의 남성들은 모두 도피중이거나 수용소 생활을 하거나 죽었기 때문에 여성들이 가족의 생계를 담당해야 했다. 여성들은 남아있는 자들의 삶을 위해 그들의 표현처럼 "백번 죽었다 살아날" 정도로 일을 했다. 성으로 둘러싸인 전략촌에서 마을사람들은 향토방위라는 경찰의 보조기능을 하였던 민보단(民保團)의 일원으로서 돌아가면서 보초를 섰다. 매일 밤 성곽 보초를 서야 하는 민보단의 단원들도 주로 여성들이었다.

1953년도에 웃호미라 불리는 본동(本洞)이 재건되었다. 그러나 본동에 집을 짓기 시작한 것은 1951년부터이다. 남성노동력이 많지 않은 마을에서 홀어멍들은 '육지'(한국네에서 제주도가 아닌 모든 곳)에서의 품앗이와 유사한 노동교환 형태인 '수눌음'으로 집을 지었다. 78세난 조씨 할머니의 이야기를 들어보자. "수눌어

었다. 그러나 4·3사건을 계기로 마을 토박이 집단 가운데 지배적인 양반 집안은 몰락하고 마을자체의 명성도 사라졌다.

가며 집도 짓고, 나무 해다가 목수 빌어다 경해 집을 짓고. 흙질할 때는 우리끼리 수눌어가며 흙도 바르고, 여자들끼리. 남자들 없으니까 여자들끼리 수눌어가며 흙질도 하고, 먼 데 가서 물길어다 흙 밟으며 바르고. 그 전에는 그런 일 안 했어. 남 하는 거 보며, 남자들 있는 집 하는 거 보며, 옆 집 사람들과 수눌며. 수눌어 그 집에 가 하루 해주고, 우리집 하루 해주고. 다섯 명씩, 여섯 명씩." 홀어멍들끼리 "한 집 일을 하듯 다 같이" 집을 지어갔다. 집을 짓는 데는 두어 달이 걸렸는데, 그 동안은 "억새를 캐서 동그랗게 만들어 펴서, 그 위에 벗들이랑 의지해 누워" 추위를 견디어냈다. 소개 당시 세간도 모두 불타버렸기 때문에, 한 곳에 모여 함께 밥을 지어 나누어 먹으며 지냈다.

4·3에서 살아남은 여성들이 느끼는 가장 큰 피해는 남편, 형제, 부모가 4·3에서 죽었다는 것이고, 그것이 이들의 삶의 기반을 와해시켰다는 것이다. 남편, 남자형제, 아버지의 죽음은 가부장제 사회에서 여성들이 갖는 지지기반과 자원이 박탈되었다는 것을 의미한다. 남성중심의 가부장적 친족관계에 의해 조직되었던 마을에서 남성이 없어졌다는 것은 남성이 매개되었던 사회관계의 붕괴를 동시에 의미했다. 따라서 남성들에 의해 맺어졌던 친족관계와 노동의 교환관계가 파괴되었다. 호미마을은 육지 농촌사회와는 달리 예로부터 마을내혼이나 인근 마을혼을 해왔다. 이는 중산간 마을의 농업에 있어 가장 중요한 요소는 육지에서처럼 토지가 아니라 노동이었기 때문이다. 마을내혼으로 한 마을 내에 시집과 친정이 함께 거주하는 경우가 많았으므로, 마을공동체의 파괴는 친족사회의 붕괴를 초래했고, 이것은 곧 개인의 지원체계의 상실을 의미했다. 부계중심의 친족체계에서 남성(아버지, 남편)의 죽음은 그로 인해 연계되는 관계의 단절을 의미하는 것이다. 강한 가부장적

부계원칙에 의해 사회가 조직화되고 있었던 호미마을에서 여성은 언제나 남성과의 관계를 통해서야만 친족사회에 속할 수 있는 것이었다. 따라서 '홀어멍' 중에는 남편의 죽음으로 인해 시집과의 관계가 단절된 여성들이 많았으며, 부모마저 죽은 여성들의 경우 친정쪽으로나 시집쪽으로나 의지할 곳이 없었다.

이런 여성들에게 가장 큰 문제는 시집과 관계가 끊어지면서 경제적·사회적 기반을 완전히 상실하게 된다는 것이다. 4·3으로 인한 친족사회의 붕괴는 여성들에게 경제적 기반인 토지의 상실을 초래하였고, 어디에도 적을 가지지 못하는 사회적 정체성의 상실을 가져왔다. 77세 난 고씨 할머니는 4·3 과정에서 남자형제 둘과 남자형제의 아들들 모두를 잃었다. 남편의 죽음으로 시집과의 관계는 끊어졌고, 아들이 하나 있었지만 혼인신고와 출생신고가 되어 있지 않은 상태에서 아들의 상속권도 주장하지 못했다. 전략촌에서 갓난아이와 어머니와 함께 살던 중 어머니마저 병으로 돌아가셨다. 그러자 작은아버지의 아들이 양자로 들어와 제사와 재산을 모두 가져갔다. 토지를 잃어버린 고씨 할머니는 머물 거처도 없어 호미마을에서 이 집 저 집 옮겨 다니며 더부살이를 해야 했다. 제주도 여성들은 남편과 사별하게 되면 특히 자녀가 있는 경우에는 대개 재혼하지 않고, 남편과 이혼한 여성들은 재혼하는 것이 일반적인 경향이다(최재석 1979).

호미마을 여성들은 남편을 잃고 나서도 혼자 살아온 것을 '강한 것'으로 생각하고 자랑스럽게 여긴다. '홀어멍'이 된 여성들은 결혼을 매개로 새로운 친족관계를 형성하기보다는 '홀어멍'이 된 여성들간의 협동과 유대관계를 통해 지원체계를 구축하였다. 이 속에서 여성들은 폐허가 된 마을을 재건하고, 공동체를 새롭게 복원해 내어야 했다. "죽자해도 아이들 때문에 죽지도 못하는" '홀어멍'들끼리 서로 의지하며, 죽음보다 더 고통스런 모진 삶을 견디어내야 했다. 다시 말해 4·3을 극복하기 위해 여성들이 만들어낸 관계는 '홀어멍 네트워크'였다. "홀어멍끼리 벗들하며 친목도 하며 도와가며 살았주게"라는 그들의 표현처럼 여성들은 이 관계를 통해 위로를 받고 도움을 주고받으며 새로운 사회관계를 일구어 냈다.

VI. '할망당' 신앙의 복구: 생존을 위한 여성공동체 의례

　제주도의 마을에서 공동체 의식은 조상제사와 당제와 같은 종교의례를 통해 전승된다. 조상의례와 당제는 모두 4·3의 경험을 공동의 운명으로 인식하고 그러한 인식을 바탕으로 가족과 친족, 그리고 마을의 집단적 정체성과 공동체를 재구성하는 문화적 실천이다. 4·3 당시 집단학살을 경험한 호미마을에서는 각기 학살장소에 따라 음력 10월 25일, 26일, 27일 등 3일에 걸쳐 집중적으로 기제사가 행해진다. 같은 날 여러 가구에서 동시에 행하는 4·3 희생자들의 기제사는 가족과 친족의 범위를 넘어서 '동네제사'와 같이 인식된다. 가족이 모두 학살되거나 자식이 없는 20~30대 청년 희생자들이 많아서 양자 또는 10~15촌의 먼 친척이 모시는 기제사가 대부분이었다.

　제주도에서는 "사람 죽으면 잘 해주는 것"이 육지보다 더하다. 심방을 빌어 하는 '영혼질침' 굿은 기제사와 마찬가지로 4·3 희생자의 참혹한 죽음을 애도하는 중요한 조상의례이다. "산사람이건 죽은 사람이건 오래가면 잊어버린다"는 할머니들의 탄식에도 불구하고 지금도 제삿날을 앞두고 죽은 영혼이 가끔 꿈에 나타나기도 한다고 이야기한다. 4·3 직후에는 죽은 영혼들이 마을 안에서 떠도는 것 같아 골목길에 다니는 것도 두려웠는데, 마을에 복귀한 후 10년쯤 지나 경제적으로 윤택해지면서 죽은 영혼들의 극락왕생을 기원하는 질침굿도 더러 하게 되었다. '홀어멍'들은 "풀을 뜯어먹으며 애기들과 어떻게 사나 걱정하느라 울음도 나오지 않으나" 영혼질침굿에서 심방이 대신 울어주었다. 질침굿을 하고 나면 아픈 몸도 좋아지고 자손들도 평안해졌다 한다.

이와 같이 봉사손을 확보하지 못했을 때 외손봉사나 까마귀 모른 식개를 통해서라도 제사를 거르지 않는 제주도의 제사풍습과 영혼질침굿은 4·3의 희생자들을 자손의 길흉화복을 주재하는 조상신으로 신격화하는 조상숭배의 형태라 할 수 있다. 제주도의 조상제사는 부계 가계계승 의지를 핵심원리로 하는 한국의 전통적인 조상제사와 달리, 조상신의 초자연적인 힘에 의존하여 현실을 극복하고자 하는 초월적 신앙이 핵심을 이룬다(이창기 1992). 이러한 제주도의 조상신 신앙의 특징은 열악한 제주도의 환경조건에 대한 적응의 메커니즘이기도 하지만, 4·3의 고통스런 경험에 대응하고 초월하려는 생존의 의지에서 발단한다고 볼 수 있다.

호미마을에는 공동체 의례공간으로 웃호미의 '일뤠할망당'과 알호미의 '본향하르방당' 2개의 당이 있고 웃호미에 1개의 포제단이 있는데, 4·3당시 모두 파괴되었다가 전략촌에서의 함바생활 5년이 지나고 1953년 마을에 복귀한 이듬해 장소를 옮겨 재건되었다. 그중에서도 할망당의 재건이 먼저 이루어지고, 1955년에 포제단과 '본향하르방당'이 재건되었다. '일뤠할망당'은 '홀어멍'들이 주축이 되어 손수 돌과 흙을 등에 지어와서 탈낭밧이라고 부르는 현재의 장소에 재건하였다. 포제단은 생존자 가운데 토박이 원로 6명이 주축이 되어 현재 위치에 재건되었다. 알호미의 '본향하르방당'은 본래 낙선동의 당동산에 위치해 있었는데, 4·3 당시 토벌대가 당을 불태우고 성담을 쌓아 당동산 자리에 전략촌을 만들었기 때문에 장소를 옮겨 알호미 토박이 소유의 밭에 재건되었다.

이와 같이 장소를 옮겨가며 지속되어온 호미마을의 공동체 신앙은 생명의 보존에 초점이 맞추어지고 있다. 호미마을 사람들은 마을복귀와 동시에 이루어진 공동체 의례의 복구를 "[4·3] 사태에 사람이 많이 죽어 마을 평안을 위해서"라고 설명한다. '홀어멍'들의 생존의 의지는 '일뤳당 할망신'에 대한 신앙에서 가장 잘 나타난다. 마을에 복귀한 이듬해 생활이 안정되기도 전에 먼저 한 일이 '할망당'을 재건하는 것이었다는 사실은 마을공동체 전체성원에게 생명의 보존이 얼마나 긴급한 것이었는지 대변해주고 있다. 특히 4·3 이후 대부분의 생존자가 여성과 아이들이라는 사실에서 육아를 전담하는 여성신격으로서의 '일뤳당 할망신'에 대한 신앙이 각별했다는 것은 주목할 만하다. "이녁 굶는데 귀신도 굶었다"는 호미마을 '홀어멍'들의 진술처럼 4·3 직후에는 극심한 가난과 기아 때문에 제사도 제대로 못했다. 낙선동 전략촌 생활에서 "굶음 반, 먹음 반"하는 궁핍과 기아의 연속에서 노인들과 어린아이들은 영양실조로 죽기도 했다. 가족의 생계부양자로 살아야 했던 여성들은 자신의 가족이 영양실조로 죽어 가는 상실의 비통함을 겪어야 했다. 가장들이 대부분 학살당하고 어린아이들만 데리고 '홀어멍'으로 가난과 기아에 시달리며 어려운 삶을 살아온 호미마을의 여성 생존자들은, "아이들 살리기 위해 이녁은 굶어도 먹는 양식 쌀 한 홉으로 심방을 빌어다 넋들이고, '아이들 살려줍서' 하며 '할망당'에 가서 빌었다"고 진술하고 있다.

'홀어멍'들에게 4·3 때 학살당한 남편과 친족의 죽음은 "소죽은 것만도 못한” 의미 없는 죽음이었다. “이녁만 살았다. 죽은 사람 생각해 볼 필요도 없다”고 단호하게 4·3의 참혹에 저항하는 홀어멍들에게 아이들은 모두의 생명을 상징하는 것이었다. 의식주의 해결 곧 생존 자체가 위협받고 있는 절박한 상황에서 할망당 신앙은 생존자들을 정신적으로 심리적으로 ‘살려낼’ 수 있었고 황폐화된 마을을 재건할 수 있는 의지를 집결시켰던 상징적 구심점이었다. ‘할망당’의 재건에 대하여 “본향삼으려고 했다”는 진술에서 볼 수 있듯이 ‘할망당’ 신앙은 ‘홀어멍’들의 여성공동체 문화의 본향이었다. 본향신은 토지관으로서 신앙권 내의 토지, 산수, 나무, 자연의 주인이며 마을사람들의 호적, 출산, 사망, 생업을 관장하는데, 본향신을 신앙하는 집단은 하나의 신앙권을 형성하며 신앙민들에게 공동의 삶의 터전에서 살아가는 이웃이라는 혈연이상의 지연적 동질감을 부여한다. 4·3이후 호미마을을 비롯하여 중산간의 잃어버린 마을을 하나의 통합된 생활세계로 재건하는 원동력은 ‘홀어멍’의 네트워크였고, ‘홀어멍’들의 당신앙은 4·3에 연루된 국가폭력과 성폭력의 기억으로부터 생존의 연대를 일구어나가는 원동력이었다.

Ⅶ. 결론: 4·3 경험의 지속적 기억과 여성인권의 문제

4·3 이후 50여 년이 지난 지금도 제주사람들은 4·3에 대한 공포와 피해의식을 가지고 있다. 4·3의 명칭은 공산폭동에서, 민중항쟁, 양민학살, 민주화 운동으로 변화해 왔다. 아직 그 어느 것도 4·3의 공식명칭으로 정해지지 않았기 때문에, 그냥 4·3으로 남아있

다. 제주도 사람들은 아직도 빨갱이나 폭도의 낙인으로부터 자유롭지 않다. 4·3의 진실이 밝혀지지 않았기 때문이다. 그러나 4·3의 역사적 진실이 공식적으로 규명된다 할지라도 4·3 이전과 이후의 정치·사회적 구조가 반공주의 이념에 기반하는 한 4·3으로 인한 복합적인 원한의 정서는 쉽사리 해소되지 않으리라고 본다. 오히려 '한맺힌' 4·3의 경험 이야기는 역사적 진실이 은폐되어 있는 한 그 서사적 진실은 더욱 진정성을 갖게 될 것이다.

4·3사건의 통칭으로 사용되는 '4·3'은 과거의 사건이 아니라 현재에도 지속되고 있는 4·3의 비극적 경험의 전체를 상징하고 있다. 4·3경험은 개인의 체험 이상의 것으로, 그런 체험에 대한 '특별한 해석'까지도 포함하며, 보다 넓은 문화적 맥락에서 '비극적 전통'으로 고착된 것을 뜻한다. "비극적"인 것이 제주도 현대사의 "전통"으로 이미 자리잡은 것을 이른다. "시국"이란 말에 이 사실이 잘 드러난다. 제주도에서는 4·3을 직접적으로 일상적 대화에서 거론하지 않는다. '시국'이란 말은 특정한 역사적 사건이나 시대를 지칭하지 않으면서 실제로는 4·3사건을 뜻하는 것으로 주지되고 있다. 또한 항쟁이니 폭동이니 하는 특정한 역사적 의미나 해석이 개입되어 있지 않는 말로서 지극히 평범하고 탈이념적인 '시국'이나 '4·3'이라는 말은 그 투명한 일상성 뒷전에 역사의 폭력적 이미지를 감추고 있는 만큼, 그 '비극적 전통'의 비장함은 내면적으로 더 심화됐다고 할 수 있겠다.

호미마을에서 만난 여성들은 4·3을 '시국'이나 '사태'로 인식하고 있었으며, 4·3의 구체적인 내용이 무엇인지 그리고 4·3이 왜 일어났는지에 대해 자세히 알고 있지 못했다. 왜 그 많은 사람들이 죽어야 했는지, 당시 죽은 사람도, 생존한 사람도 모른다는 식의 4·3의 진실에 대한 깊은 의혹은 남성들보다도 여성들에게서 두

러지게 나타난다. 4·3의 피해에 대한 증언 가운데 공식적인 증언은 주로 남성들의 경험을 중심으로 이루어지고 있다. 호미마을의 경우에도 남성들은 공적인 영역에서 활동하거나 외부사람들과의 접촉을 통해 4·3에 대한 정치적 담론을 듣고 있고, 그래서 나름대로의 평가와 해석을 가지고 있다. 그렇지만 4·3이라는 시국에서 가족의 생계를 걱정하며 삶을 유지해 온 여성들에게 당시 4·3은 주어져 있는 하나의 한계상황이었다. 여성들은 자신들에게 닥친 고통의 원인도 알지 못한 채 반공체제 하에서 어떠한 분노나 슬픔, 혹은 의구심을 표현할 수가 없었다. 호미마을 여성들은 자신들이 살았지만 죽은 거나 마찬가지이다라고 말한다. 단지 죽자고 해도 아이들 때문에 죽지도 못했을 뿐이었다. 자신들의 삶이 죽음보다 더 고통스러웠다고 말하는데, 거기에 대해 더 이상 말할 필요를 느끼지 않는다고 했다. 호미마을 여성들은 "두르 서러워야 말도 허주(덜 서러워야 말도 하지)"라고 말을 삼킨다. 여성들은 '홀어멍'들끼리 혹은 마을의 남성들과 함께 있을 때에도 지나간 것들에 대해 침묵한다. 그들은 4·3에 대해 서로 말하지 않는다고 했는데, 그것은 마을여성들 모두 같은 경험을 했기 때문이다. 그러나 공식적인 방식으로는 아니지만 자신의 고통과 희생을 인정받고 싶어서 '홀어멍'들은 아들과 며느리들에게 자신의 서러운 삶을 이야기하고 싶어하지만, 아래 세대들은 그들의 이야기를 귀담아 듣지 않는다. 그들의 경험은 단절되어 있다. 여성들의 4·3 경험은 사회적 관계뿐만 아니라 사적인 관계에서조차 나누어지지 못하는 것이다.

그러나 최근 4·3에 대한 피해증언이 시작되고 있고, 광주민주화운동에 관한 청문회가 텔레비전을 통해 방영되면서 '홀어멍'들 중에는 침묵하고 무관심하던 세상에 대해 말하고 싶고, 자신의 기억을 불러오고 싶다는 욕구를 느끼는 사람들이 나타나고 있다. 연구자가 호미마을 여성들을 인터뷰할 때 이들은 처음에 "다 잊어버렸다", "무슨 할 말이 있겠냐"라고 했다. 그러다가 자신의 생애 이야기를 하면서 스스로 놀라, "다 잊어버렸는 줄 알았는데, 이렇게 들으려고 하는 사람이 있으니 고라졈저(이야기해지는구나)"라고 말했다. 광주의 사례를 보면서 시국 때문에 일어난 남편이나 가족의 죽음에 대해, 그리고 자신의 고통과 아픔, 헌신을 '나라'가 인정하고 설명해주기를 기대하는 것이다. '시국'은 이제까지 이들의 사적인 경험을 통제하고 규제했고, 이들의 삶을 봉쇄해왔는데, 그 '시국'이 움직이면서 그들의 기억을 의미 있게 호명해줄 수 있다고 기대하는 것이다.

50여 년이 지난 이제 제주 여성들은 꿈이나 울음, 신들림의 언어 이전의 방식이 아니라 대낮의 환한 현실세계에서 자신의 4·3경험을 증언하고 여성들의 시국관에 대하여 말하려고 기다리고 있다. 여성들의 증언은 성폭력과 침묵으로 강요된 고통의 몸을 가시화할 수 있는 정치적 장이다. 여성의 고통은 국가가 대표하는 가부장적 성적 환상의 결과이다. 여성의 몸에 기표화된 국가 폭력의 성적 환상을 해체하기 위해서 여성은 이제 스스로의 목소리로 자신의 경험을 말해야 한다. 피해경험을 스스로 말하는 것은 견고한 겹겹의 가부장제 체제가 가두어 놓은 말없는, 대상없는, 텅빈 기억의 공간(void of memory)을, 단지 죽은 자들의 영혼과 울음으로 채울 수 밖에 없었던 상상계의 그 현장을, 다시 목격함으로써 고통과 죽음의 현실과 직면하며 거기서 생존을 꾀하는 투쟁의 한 형태이다(Laub 1995, 69-70).

여러 가지 장애와 과정상의 어려움에도 불구하고 제주 4·3사건의 진상규명과 제주도민의 명예회복은 개개인의 삶과 죽음에 대한 권리, 즉 인권의 회복에서 출발한다. 1999년부터 활동한 제주 4·3사건 진상규명위원회는 4·3의 폭력과 공포에 대한 증언을 공공연하게 들을 수 있는 공적 공간을 제공하였다. 그 동안 잊혀지고 억눌린 기억과 고통스런 트라우마의 이야기를 법적으로 인정하는 계기가 마련된 것이다. 그러나 4·3사건의 경험에 대한 증언에서 중요하게 고려해야 할 것은 사건의 객관적 진실에 대한 기억뿐 아니라 사건에서 증언자들이 차지하고 있는 위치이다. 4·3사건의 트라우마가 언어로 표현될 때 증언내용뿐 아니라 증언자 개인이나 개인이 속해있는 공동체 사회의 경험세계 안에서 트라우마가 형성되는 과정에 주목해야 한다. 증언을 하는 과정에서 죽은 희생자뿐아니라, 가해자, 증언자 사이에 과거와는 다른 새로운 관계가 형성되기 때문이다(Langer 1996). 랭거는 유대인 홀로코스트 경험에 대한 생존자 여성의 TV 증언에 대한 분석을 통해 트라우마를 언어화하는데 있어서 기억의 지속성(durational memory)에 대한 문제를 제기한다(즉, 4·3사건의 경험은 4·3 이후의 일상적 삶과의 지속적인 연계 속에서 비로소 의미 있는 사건이 될 것이다).

4·3 이후 살아남은 호미마을의 '홀어멍'들에게 4·3은 과거의 사건이 아니며 결코 잊을 수 없는 현재에도 지속되는 사건이다. 이들의 삶은 기억에 의해 유지되어온 것이며 그 상처는 결코 완전히 치유되지는 않을 것이다. 여성들의 생존에 대한 증언은 결국 자신과 가족의 죽음에 대한 이야기가 될 것이기 때문이다. 여기서 4·3의 트라우마 경험을 증언하는 데 있어서 여성적인 특성에 대해 주목할 필요가 있다. 여성들은 대체로 자신의 남편, 아들, 남자 형제들에게 가해진 비인도적 폭력에 대해 증언하지만 자신이 겪은 일에 대해서는 함구한다(Das and Kleinman 2001, 12). 바로 이러한 이유때문에 4·3사건의 진상규명 과정에서 여성들이 스스로의 경험

을 진술할 수 있도록 하는 특별한 배려가 있어야 한다. 4·3사건의 폭력성에 대한 여성들의 진술이 내포하고 있는 진짜 공포는 4·3의 기억이 일상생활의 맥락에서 작용하는 방식에서 나타난다. 4·3으로 인한 가족과 공동체의 파괴에 대해 진술하면서 동시에 일상생활을 영위해야하는 여성들에게 4·3의 기억은 영웅적인 투쟁이라기보다 일상적 생존을 위한 연대라고 할 수 있다.

여성인권을 4·3사건의 진실을 규명하고 명예회복을 위한 공적인 활동의 영역에서 제대로 자리매김하기 위해서는 일상생활의 맥락에서 이루어지는 생존자 여성들의 생존이야기에 귀를 기울이는 것부터 시작해야 할 것이다. 이러한 작업이야말로 진정한 의미에서 '고통받는 몸에 대한 예의'이며, 국가에 의한 반공주의 폭력과 4·3의 지속적인 기억으로부터 상처를 치유하는 계기가 될 것이다.

□ 참고문헌 □

김성례. 1991. "제주무속: 폭력의 역사적 담론."『종교신학연구』4집. 서강대 종교신학연구소.

______. 1999. "근대성과 폭력: 제주 4·3의 담론정치." 역사문제연구소 편.『제주 4·3연구』. 역사비평사.

______. 2001a. "국가폭력의 성정치학—제주 4·3학살을 중심으로."『흔적』2호. 문화과학사.

______. 2001b. "제주 4·3의 경험과 마을공동체의 변화."『한국문화인류학』34(1) 한국문화인류학회. 89~137쪽.

고창훈. 1989. "4·3민중항쟁의 전개와 성격."『해방전후사의 인식 4』. 한길사.

제주 4·3 제50주년 학술·문화사업추진위원회 편. 1998.『잃어버린 마을을 찾아서: 제주 4·3 유적지 기행』. 학민사.

제주도의회 4·3특별위원회. 1997.『제주도 4·3피해조사보고서』.

__________________________. 1995.『제주도 4·3피해조사보고서』.

오금숙. 1999. "4·3을 통해 바라본 여성인권 피해사례." 제주 4·3연구소 편.「동아시아의 평화와 인권: 제주 4·3 제50주년 기념 제2회 동아시아 평화와 인권 국제학술대회 보고서」. 역사비평사. 236~256쪽.

이정주. 1999. "제주 '호미'마을 여성들의 생애사에 대한 여성학적 고찰: 4·3의 경험을 중심으로." 이화여자대학교 대학원 여성학과 석사학위 논문.

이창기. 1992. "제주도의 사회문화적 특성과 환경: 도전, 적응, 초월의 메카니즘."『제주도연구』. 제주도연구회.

한림화·김순희. 2003. "Jeju Womens Lives in the Context of the Jeju April 3rd Uprising." International Conference of Jeju April 3rd(Sasam) Uprising and East Asian Peace: International Legal Issues and Human Rights in the 21st Century Korea. Harvard University.

제민일보사. 1995.『4·3은 말한다』제3권. 전예원.

최재석. 1979.『제주도의 친족조직』. 일지사.

푸코, 미셸(이희원 역). 1997. "개인에 대한 정치의 테크놀로지."『자기의 테크놀로지』. 동문선.

황상익. 1999. "의학사적 측면에서 본 '4·3'." 역사문제연구소 외 편.『제주 4·3 연구』. 역사와비평사.

Benyamin, Walter. 1969. "Theses on the Philosophy of History." Illuminations. trans. Harry John. ed. Hannah Arendt. New York: Schocken Books.

Cavell, Stanley. 1992. A Pitch of Philosophy. Cambridge. PA: University of

Pennsylvania Press.

Copelan, Rhonda. 1994. "Surfacing Gender: Reconceptualizing Crimes Against Women in Time of War." Mass Rape: The War against Women in Bosnia—Herzegovina. ed. Alexandra Stiglmayer. Lincoln: University of Nebraska Press.

Das, Veena, and Kleinman, Arthur. 2001. "Introduction." Remaking a World: violence, social suffering, and recovery. eds. Veena Das, et al. Berkeley: University of California Press.

Das, Veena. 1996. "Language and Body: Transactions in the Construction of Pain." Daedalus 125, No.1, Winter.

Eisenstein, Zillah R.. 1996. Hatreds—Racialized and Sexualized Conflicts in the 21th Century. New York: Routledge.

Gardam, Judith G., and Jarvis, Michelle J.. 2001. Women, Armed Conflict and International Law, Hague. Netherlands: Kluwer Law International.

Gregory, Steven, and Timerman, Daniel. 1986. "Rituals of the Modern State: The Case of Torture in Argentina." Dialectical Anthropology 11(1). pp. 63~72.

Kang, Yongahn. 1997. "Levinas on Suffering and Solidarity." Tijdschrift voor Filosofie, 59. pp. 482~504.

Kim, Seong Nae. 1989. "The Lamentations of the Dead: The Historical Imagery of Violence in Cheju Shamanism, Korea." The Journal of Ritual Studies. 3(2), Summer.

Langer, Lawrence. 1996. "The Alarmed Vision: Social Suffering and Holocaust Atrocity." Daedalus 125(1), Winter.

Laub, Dori. 1995. "Truth and Testimony: The Process and the Struggle." Trauma: Explorations in Memory. ed. Cathy Caruth. The Johns Hopkins University Press.

Mackinnon, Catherine A.. 1994. "Rape, Genocide, and Women's Human

Rights." Mass Rape: The War against Women in Bosnia—Herzegovina. Lincoln: University of Nebraska Press.

Milchman, Alan, and Rosenberg, Alan. 1996. "Michel Foucault, Auschwitz and Modernity." Philosophy & Social Criticism. 22(1)

Olujic, Maria. 1995. "Women, Rape, and War: The Continued Trauma of Refugees and Displaced Persons in Croatia." Anthropology of East Europe Review 13(1), Spring.

Olujic, Maria. 1996. "Embodiment of Terror: Gendered Violence in Peacetime and Wartime Croatia and Bosnia—Herzegovia." M.S.

Salzman, Todd. 2000. "'Rape Camps,' Forced Impregnation, and Ethnic Cleansing: Religious, Cultural, and Ethical Responses to Rape Victims in the Former Yugoslavia." War's Dirty Secret: Rape, Prostitution, and Other Crimes Against Women. Cleveland: The Pilgrim Press.

Scott, James. 1992. "Domination, Acting, and Fantasy." The Paths to Domination, Resistance, and Terror. eds. Carolyn Nordstrom and J. Martin. Berkeley: University of California Press.

Yang, Hyunah. 1997. "Revising the Issue of Korean 'Military Comfort Women': The Question of Truth and Positionality." Positions 5(1).

5·18 민중항쟁과 여성주체의 경험*

강 현 아**

Ⅰ. 문제제기

여성은 자신의 경험이나 삶을 잘 드러내지 않는 비가시성을 특징으로 하는 집단으로 인식되어 왔다. 그러나 여성주의적 시각[1]이 기존 학문의 남성중심성 또는 성맹적(gender-blind) 시각을 비판하는 저항적 인식론으로 등장하면서 여성의 경험과 삶을 가시화 시켜내는 연구들(Smith 1979 ; Harding 1987 ; 즈느비에브 프레스·미셸 페로 편 1998; 우에노 2000)을 통하여 여성의 정체성을 부각시

---

* 이 글은 필자의 졸고, "5·18 민중항쟁 역사의 양면성: 여성 참여와 배제," 광주·전남여성단체연합, 『여성·주체·삶』. 도서출판 티엠씨(2000년)와 "5·18 민중항쟁과 여성활동가들의 삶: 여성주의적 접근," 한국사회학회, 『한국사회학』. 제36집 제1호(2002년)의 내용을 수정·보완한 것이다.

** 전남대학교 5·18연구소 전임연구원.

1) 여성주의적 시각은 여성을 연구 주체로, 지식을 축적하는 적극적인 주체로서 보는 것에서 시작하며, 이는 여성의 경험을 가시적인 것으로 만들고 성차별주의 편향과 남성중심적 관점을 지양하는 성(gender) 문제에 중심을 둔 것이다.

키기 시작하였다. 이 연구들은 여성주의적 인식론에서 여성의 자아정체성이나 경험이 어떻게 타자에 의해서 그리고 사회문화적인 조건과 같은 외부적 상황에 의해서 규정되는가를 보여주고자 노력하였다. 뿐만 아니라, 여성이 언제 어디서나 타자적 존재로만 남아있는 것이 아니라 나름대로의 상황 해석과 그에 대한 대응방식을 선택하며 자신의 경험을 삶 속에 반영시키는 주체적인 존재임을 밝히고자 하였다.

'여성' 연구는 가부장적 사회 또는 성차별적 사회에서 여성이 주변적, 타자적 존재로서 삶을 살아가고 있다는 사실을 비판적으로 인식하는 것만으로는 충분하지 않다. 여성들이 그러한 상황 속에서도 자신들의 주체성을 확보해 나가는 측면을 적극적으로 드러내는 연구가 필요하다. 더 나아가 여성들의 경험이 그들의 삶에 투영된 모습을 분석하는 연구도 필요하다.

이러한 문제의식에서 이 글은 5·18 민중항쟁에 참여했던 여성들의 경험과 그들의 삶을 여성주의적 시각에서 접근해 보고자 한다. 이를 위해 첫째, 5·18 민중항쟁에 참여했던 여성들이 어떻게 항쟁의 모양새를 만들어갔는가를 살펴보고, 항쟁경험에서 형성한 여성의식과 그 특징을 분석할 것이다. 둘째, 5·18 민중항쟁을 통하여 얻은 여성들의 경험이 이후 여성운동 조직화에 어떤 역할을 하였는가를 살펴볼 것이다. 셋째, 5·18 민중항쟁에서 주체적으로 저항했던 여성들이 정치적·조직적으로 어떻게 배제되어 왔는가를 살펴보고, 여성들의 경험을 통해 항쟁의 주체로 이들을 가시화 할 것이다. 더 나아가 5·18 민중항쟁에서 여성들의 경험을 단일한 것으로 규정하는 시각에서 벗어나 이들 내부의 다양성과 차이에 주목할 것이다.

그동안 한편으로는 5·18 민중항쟁에 대한 시각이 편협하거나 왜곡되어 있기도 했으며 다른 한편으로는 서둘러 망각의 세월 속으로 묻어버리려고 하는 경향도 없지 않았다. 그럼에도 불구하고, 학계에서는 5·18 민중항쟁에 대한 연구들을 지속해 왔고 그러한 노력들로 인해 은폐되거나 왜곡되었던 5·18 민중항쟁의 진실에 대해 아직 완전하지는 못하다고 하더라도 많은 부분들을 밝혀 왔다. 특히, 5·18 민중항쟁에 관한 연구는 한국 사회의 민주화과정에 관한 연구와 결부되면서 이론적·경험적 논의들이 풍부하고 다양해졌다. 그렇지만 5·18 민중항쟁에서 여성들의 활동이나 이들의 삶에 미친 영향에 대해 적극적으로 평가하고 있는 연구는 상대적으로 부족하다고 할 수 있다.

따라서 이 글은 5·18 민중항쟁에서의 경험을 통해 여성의 주체적 행위성(agency)을 드러내고, 저항하는 주체로서 여성 경험을 드러냄으로써 여성을 일방적인 피해자로 고착시켜왔던 기존 연구의 한계를 극복하고자 한다. 5·18 민중항쟁은 끊임없이 재해석되고 또 그것을 통해 현재를 바라보는 눈을 더욱 풍부하게 만들어야 한다. 다시 말해서, 5·18 민중항쟁을 과거의 역사적 사건으로 기억하고 이해할 문제로 다루기보다는 현재를 살아가는 여성들의 삶에 어떠한 모습으로 나타나고 있으며 어떤 의미를 담아내고 있는가에 대한 지속적이고 성찰적인 고찰이 필요하다. 이는 5·18 민중항쟁을 추상적, 이념적 차원에서 논의하거나 정치적으로 형상화하고자 했던 그 동안의 관심을 이제는 여성들의 일상생활 공간으로 끌어내려 개인과 역사, 과거와 현재를 연결시켜 보다 구체적인 삶의 차원에서 다루어져야 할 문제이기 때문이다.

Ⅱ. 여성주의적 시각에서 5·18 민중항쟁 접근하기

여성주의적 시각에서 5·18 민중항쟁을 재해석하는 접근은 매우 의미있다고 할 수 있다. 기존의 남성중심적 해석을 지양하고 여성을 수동적 존재에서 주체적 의사결정자 또는 능동적 주체로 전환시키는 인식전환의 필요성을 강조하는 연구들(scott 1988 ; 러너 1993 ; 고디노 1998 ; 우에노 2000)은 역사재해석을 통해 여성의 경험과 삶을 재평가하였다. 특히, 러너(1993)는 기록된 역사(History)에서 여성들이 배제되거나 주변을 차지하고 있을 뿐이라고 비판하면서 여성들의 삶의 경험의 가치를 제대로 평가할 수 있어야 함을 강조하고 있다. 이러한 의미에서 여성의 경험과 삶은 이미 주어져 있는 고정된 실재가 아니라 끊임없이 재해석되고 재구성될 수 있으며 이를 통해 여성 경험의 가치를 다양화할 수 있다(조순경 2000, 181).

그러면서도 굉장히 조직적으로 됐거든. 실은. 조직적으로 안된 것 같지만은 실은 조직적으로 그 역할을 다 했어 … 20여년이 다 되지만 지금도 우리가 무엇을 했는가에 대한, 여성들에 대한 정확한 것들은 하나도 없어, 다 남자들이 남성들이 다 해부렀어 …. <사례 1>

어떤 일이 있었을 때 철저히 남성들은 카바하고 자기들의 권리를 주장해주고 감싸주고 그리고 그 사람들이 한 행위에 대해서 철저히 변증해 주는 그런 모습들이 있거든요. 우리가 보기에는 하찮게 저거 무시할만한 일인데도 거기에 대해서 의미를 부여해주고 가치를 부여해주고 심지어는 역사성까지도 부여해주는 모습 많이 봐요. 근데 우리들은 그렇지 못하고 있다는 생각이 들어요. 여성들은 그래서 아마 저에 대해서 자꾸 제가 인터뷰를 해야된다고 주장을 한 사람들은 그런 이유에서였을 거예요. 여성들이 그 동안 한 일이 너무 많은데 묻혀가지고 얘기가 안 되는 부분들이 너무 많아서 ….
<사례 10>

5·18 민중항쟁에 참여했던 여성인 <사례 1>과 <사례 10>의 인터뷰 내용에서도 지적하고 있듯이, 민중항쟁에 관한 기존 연구가 남성의 경험에 맞춰 씌어진 남성중심적 해석이라면 여성의 경험을 가시화할 수 있는 재해석이 필요하다.[2] 더 나아가 여성들은 배제와 주변화라는 이중억압을 겪어오면서 그 배제와 주변화에 순응하고 적응하며, 자신을 억압하는 체계를 만들어내고 유지해왔는데 이에 대해서도 비판적 인식을 견지하는 것이 필요하다.

그러므로 5·18 민중항쟁에 참여했던 여성들의 경험을 재해석하는 연구는 '여자도 그 곳에 있었다(women were also there)'라고 하면서(우에노 2000, 185-6), 여성을 단순히 포함시키는 것으로는 부족하다. 여성들의 경험은 젠더(gender)가 작동하는 사적 영역에 초점을 맞추고, 남성들의 경험은 젠더가 작동하지 않는다고 여겨지는 공적 영역에 초점을 맞추는, 성별이분화를 지양해야 한다. 여성주의적 접근을 통해서 공적 영역에도 젠더가 작동한다는 관점을 견지해야 하며, 젠더 중립적이라고 간주되었던 개념을 젠더 관

---

2) 기존에 이루어진 5·18 민중항쟁과 관련된 '여성' 연구는 항쟁 시기 여성들의 활동상(안진 1991 ; 이춘희 1991), 한국 여성운동에 미친 영향(서선희 1991 ; 이수애 1991), 사상자 및 부상자 등 5·18 민중항쟁 이후 광주전남지역 여성들의 피해사례(이경순 1991 ; 김난희 2000) 등을 규명하고 있다. 이를 통해서 5·18 민중항쟁에 여성들이 참여했다는 사실을 부각시켜 내고, '여성성'의 긍정적인 측면을 강조하였다. 5·18 민중항쟁에 관한 많은 연구들이 남성중심적이고 여성배제적으로 수행되어 왔다는 사실을 고려해 볼 때, '여성'에 초점을 맞춘 연구라는 점에서 그 연구 의의를 찾아볼 수 있다. 그러나 이 연구들은 '피해자로서의 여성' 이미지를 부각시키고 있다는 점, 성역할 분담체계에 의한 여성활동을 '여성의식 수준의 미비'에서 찾고 있다는 점에서 일정 정도 한계가 있다.

점에서 밝혀야 하는 것이다.[3] 따라서 기존 연구에서 정치나 경제와 같은 공적 영역에 여성이 없었다면 그 여성 부재현상을 젠더 관점에서 재구성해야 한다.

이와 같이, 여성의 경험과 삶에 대한 의미와 가치를 재해석하는 것은 여성주의적 인식의 폭을 넓히는 것이며, 그 동안 가치 있다고 평가되어 온 공적·정치적 활동뿐만 아니라, 개인적·주관적 경험에 대한 가치평가도 대등하게 이루어져야 한다는 것을 의미한다(Scott 1988). 그래서 이 글에서는 기존 연구에서 보여지는 남성중심성을 비판하고 여성이 소외되거나 주변화되지 않는, 여성 경험과 삶에 대한 여성주의적 접근을 시도하고자 한다. 일상생활 영역에서의 성평등지향성과 이를 위한 여성들의 저항경험을 연구하는 것은 이러한 맥락에서 가치 있는 일이다.

그래서 이 글은 5·18 민중항쟁에 참여했던 여성들의 경험과 삶에 대한 연구를 목적으로 하여 항쟁 당시의 경험과 기억이 현재의 삶에 어떻게 영향을 미치고 있는가를 거꾸로 바라볼 수 있는 방법론을 찾고자 했다. 이를 위하여 재구성적인 방법론으로서 질적 연구방법을 사용하였다. 특히, 인터뷰를 시도하였는데, 인터뷰 대상자가 직접 주체로서 자기 자신의 삶의 과정, 느낌, 생각 등을 자연스럽게 이야기하도록 했다. 질적 연구방법은 연구대상자의 경험을 연구대상자의 관점 내지는 주관적 관점에서 연구하고 이해하는 것이다(Denzin 1989 ; Reinharz 1992). 따라서 이 연구방법을 통해서 이제까지 5·18 민중항쟁 관련 연구에서 상대적으로 소외되었던 여성들의 다양한 경험을 드러내고자 했다.

여성 자신한테 있었던 일을 기억하고 나름대로 평가하여 이야기하도록 한 것은 있었던 사실을 단순하게 반복하는 것이 아니라

---

3) 젠더 중립성이란 실제로는 남성의 독점과 여성의 배제를 의미한다.

자기 자신을 재구성하여 표현하는 것이다. 이러한 경험의 표현을 통해 인터뷰 대상자의 주관적 관점과 인터뷰 내용을 해석하고자 하였다. 특히, 인터뷰 대상자 여성들이 자유롭게 자신의 경험을 이야기하도록 하기 위해 구조화된 질문은 하지 않았다. 처음 인터뷰를 시작할 때 5·18 민중항쟁 당시의 경험과 현재까지의 자신의 삶에 대해 이야기하도록 요구하였을 뿐이다.

<표1> 인터뷰 대상자 여성들의 특성

내용	인터뷰 일시	5·18 민중항쟁 당시 직업	5·18 민중항쟁 당시 활동 장소	5·18 민중항쟁 당시 활동 내용	현재 직업	여성조직 활동
사례 1	2000년 1월 6일	로케트전자 노동조합대의원	YWCA →도청	취사조	하남생협 대표	×
사례 2*	2000년 1월 17일	로케트전자 노동조합원	YWCA→도청	취사조	가정주부	×
사례 3*	2000년 1월 17일	신학대학생	YWCA→도청	취사조	리서치사원	×
사례 4	2000년 1월 17일	무직	YWCA→도청	취사조	무직	×
사례 5	2000년 2월 25일	고등학생 (3학년)	도청	취사조	교사	×
사례 6	1999년 8월 10일	YWCA간사	YWCA	선전활동	1990년 시의원 활동 양심수후원회 활동 김준배열사 추모사업회장	'광주전남 여성회' 지도위원

사례 7	2000년 4월 1일	교사	YWCA	선전활동	교사	'광주전남 여성회' 지도위원
사례 8	1999년 9월 6일	현대문화연구소 간사	YWCA	선전활동	김남주 기념사업회 활동	'광주전남 여성회' 지도위원
사례 9	2000년 2월 22일	간호사	병원	부상자 간호	가정주부	×
사례 10	2000년 3월 11일	기독교청년회 활동	서울	윤항봉의 밀항을 도움	전주성폭력 예방치료센타 소장	×
사례 11	2000년 3월 31일	무직	광주 전 지역	가두선전 활동	×	×

1) 주: ×는 활동사항이 없는 경우. * 는 5·18 민중항쟁 이후 처음으로 인터뷰한 경우이다.
2) 자료: 인터뷰 내용을 토대로 구성하였다.

인터뷰 대상자들은 5·18 민중항쟁에 직접 참여했고 항쟁 기간 동안 적극적으로 활동했던 11명의 여성들이다. 이들은 도청에서 취사활동을 했던 여성(사례 1~사례 5), YWCA에서 활동했던 여성(사례 6~사례 8), 병원에서 부상자를 간호했던 여성(사례 9), 광주지역이 아닌 다른 지역에서 활동했던 여성(사례 10), 거리에서 선전활동을 했던 여성(사례 11)으로 구성되었다.

인터뷰 대상자 여성들은 집단이나 조직적 차원에서 참여했던 것이 아니라 개인적으로 참여하였다. 이들을 인터뷰 대상자로 선정한 이유는 두 가지다. 첫째, 5·18 민중항쟁에 참여했던 여성들 중에서 지금까지 그 신분이 구체적으로 밝혀진 경우다. 둘째, 그 여성들 중에서 인터뷰에 거부감을 나타내지 않고 적극적으로 응해 준 경우다. 5·18 민중항쟁에 적극적으로 참여했지만 아직까지 밝혀지지 않은 여성들도 다수 존재할 뿐만 아니라, 알려져 있더라도 인터뷰를 거절하는 여성들도 존재한다. 따라서 이 글에서 인터뷰한 여성들이 5·18 민중항쟁에 참여했던 모든 여성들을 대표하는 '일반 여성'이라고 할 수는 없다. 주로 항쟁 기간 동안 적극적으로 참여했던 여성들 가운데 일부 여성들이라고 할 수 있다.[4]

Ⅲ. 5·18 민중항쟁의 정치적·조직적 배경

5·18 민중항쟁은 직접적으로는 민중의 '생존권'과 정치적 권리를 박탈해왔던 유신체제와 국가주도적 축적체제에 대한 민중적 저항의 연장선상에서 이루어진 것이다. 1960년대부터 지속되어 온 국가주도의 해외수출지향적 축적체제는 그 반민주성과 민중배제적 성격으로 인해서 끊임없는 저항에 직면하였다. 특히, 20여 년 동안 노동3권을 부정하고 유혈적·병영적 노동통제를 통해 노동자와 노동조합운동을 억압해 온 데서 그 성격을 여실히 드러냈다. 이러한 극단적인 억압상황 하에서 1970년대 후반에 이르러 학생과 지식인들의 민주화운동과 기층 민중의 생존권 투쟁은 다양하게 분출되었다. 동일방직 노동자들의 투쟁이나 '함평 고구마사건' 등은 학생과 지식인들의 동참을 가져왔으며, YH노동자들의 투쟁은 유신체제의 붕괴를 촉발시켰다(손호철 1995 ; 김상곤 1997). 이처럼 한편으로는 민중의 광범위한 생존권 투쟁이, 다른 한편으로

---

4) 인터뷰 내용은 본문 내용에 직접 인용하였는데, 그 가운데 2000년에 실시한 모든 인터뷰 자료는 필자가 광주전남여성단체연합과 공동으로 실시한 내용이며, 1999년 인터뷰 자료는 전남대학교 5·18연구소에서 실시한 인터뷰 내용을 일부 인용하였음을 밝혀둔다.

는 학생과 지식인 중심의 민주화운동이 상호결합하면서 상승작용을 일으켰다.

그리하여 1979년 10·26 이후, 1980년 봄에는 정치적 민주주의의 확대와 민중의 생존권 확보라는 두 가지 과제가 전면적으로 제기될 수 있었다. 광주지역에서도 1970년대부터 유신체제에 저항해 온 지역운동역량이 성장해 왔으며, 1978년에 이르면 각계의 운동역량이 체계적으로 구성되어 민주화운동을 수행하고 있었다. 특히, 학생운동의 결집이라 할만한 녹두서점과 현대문화연구소는 1970년대 후반기를 거치면서 학생운동권의 논의구조가 모아지는 장소가 되었다. 녹두서점은 초창기 학생운동가들의 모임인 '전남구속청년협의회'의 모임터였으며 학생운동 인자들을 각종의 독서그룹을 통해 배출시켰고, 다른 지역과의 다양한 정보교환을 할 수 있는 교량역할을 수행했다. 또한 현대문화연구소는 사회운동권의 결집을 모색하면서 비(非)교회운동과 현장운동에 대한 접근을 꾀하였고, 하부조직으로 양서조합, 민주청년협의회, 송백회, 야학, 문화패인 '광대'를 두고 있었다(황석영·전남사회운동협의회, 1996). 또한 1960년대 중반부터 노동운동의 중심이 되었던 JOC(카톨릭노동청년회)가 1970년대 들어서면서 노동자들의 요구에 부응할 수 있는 민주노동조합을 결성하기 위한 활동을 활발하게 진행하고 있었다. JOC는 현장노동자들을 중심으로 소집단활동을 통해서 교육과 노동운동역량을 형성해 왔다.

1970년대 후반의 이러한 정치적·조직적 상황에서 광주지역 여성들의 조직적인 움직임은 크게 두 가지로 나타났다. 첫째는 JOC를 통한 제조업체 생산직 여성노동자들의 조직화와 노동운동의 활성화였다. 1970년대 말 광주지역은 일신방직, 전남방직, 로케트전기(호남전기) 등 대규모 사업장에 여성노동자들이 집중되어 있었다. 여기에 고용된 여성노동자들은 JOC에서 소그룹 학습활동을 통해서 민주노동조합 결성을 위해 현장노동자들을 조직화하는 데 중점을 둔 활동을 하였다.[5]

이를 통해서 1970년대 이 지역 노동운동은 여성노동자들이 중심이 되어 전개되었고, 활동의 방향은 민주노동조합의 결성과 노동3권의 보장 등 노동자들의 '생존권'과 직결되는 것이었다. 이 외에도 광주지역 노동자들을 위한 야학이 1970년대 후반부터 생겨났다. '백제야학'과 '들불야학'이 대표적인 야학모임이었는데, 노동자들을 대상으로 정규교과과정을 가르쳤을 뿐만 아니라, 노동법과 노동기본권 등 노동조합을 결성하는데 토대가 될 수 있는 내용의 교육을 실시하였다. 이러한 야학활동은 JOC 여성노동자들과 긴밀한 연결고리를 가지면서 형성되어 갔다.

이렇게 JOC를 중심으로 활동했던 여성노동자들은 민주노동조합의 결성, 노동3권 보장 등 기본적인 노동운동적 요구와 활동을 전개하였지만, '여성'노동자로서의 문제에 대해서는 별다른 문제제기나 활동을 전개하지는 않았다고 할 수 있다.

둘째는 학생운동 출신 여성들 및 지식인 여성들로 이루어진, 1970년대 광주지역의 유일한 여성단체로서 송백회가 활동하고 있었다. 송백회는 교사, 간호사, 가정주부, 학생운동 출신 여성 등 지식인 엘리트 여성들을 핵심 성원으로 1978년에 창립된 단체이다. 이들은 조직성원들의 소모임 학습과 구속자 옥바라지 등을 중심

---

5) JOC 활동을 매개로 하여 섬유업계 산업별 노동조합에는 17개의 단위노조들 가운데 12개 사업체에 소그룹이 결성되어 있었고, 이들이 1970년대 후반의 노동조합 민주화를 주도하였다. 이 시기 광주지역에 결성되어 있던 노동조합의 대부분이 여성노동자가 집중되어 있던 섬유업체였다는 점은 이러한 사실과 관련되는 것이다(안진 1991, 26-31). 따라서 1970년대 이후 광주지역에서의 노동운동이 여성노동자들에 의해 주도되었다는 것을 알 수 있다.

으로 활동하였다. 20여명으로 창립한 송백회는 50~80명 정도로 인원이 늘어나면서 소모임 학습을 통해 한국근현대사, 환경공해문제, 기생관광문제 등 사회문제 전반에 대해 토론하면서 인식을 공유하였다.6)

송백회는 1970년대까지 광주지역에서 유일한 독자적 여성조직이었다고 할 수 있다. 진보적인 의식을 가진 지식인 여성들이 민주화운동을 하다가 구속된 남성들의 옥바라지와 사회문제에 대한 인식의 공유를 위해 만든 조직이다. 그러나 이념적으로 투철한 모임이거나 투쟁적인 조직은 아니고, 특히 '여성'문제에 대한 집중적인 문제의식보다는 변혁운동의 연장선 내지 변혁운동을 위한 사회문제의 이슈화에 관심을 가지고 있었다.

이상에서 살펴보았듯이, 1980년 5·18 민중항쟁 이전까지 광주지역에서는 독자적인 여성운동조직이 미비한 상태였고 '여성문제'에 관한 인식보다는 변혁운동 지향적인 인식이 확산되어 있었다. 그럼에도 불구하고, 송백회 조직이 구성되면서 점차 여성문제에 대한 관심이 싹트기 시작했다고 할 수 있다.

---

6) 송백회는 민주화운동을 한 남성을 남편으로 둔 여성들과 학생운동 출신의 여성들이 중심이 되어 활동하였고, 1년 동안 조직을 확장하는 한편 민주화운동 지식인들의 옥바라지 사업을 하면서 매월 1회 정기모임을 현대문화연구소에서 가졌다.

Ⅳ. 5·18 민중항쟁시기 여성들의 경험: 참여와 배제

1. 주체적이고 자발적인 여성들의 활동

광주지역에서는 여성조직과 여성노동운동이 일정 정도 가시화되는 상황에서 1980년 5·18 민중항쟁을 맞이하였다. 광주지역 노동운동단체에서는 1980년 5월 18일 두 곳에서 노동자교육을 실시하기로 되어 있었다. 14일부터 16일까지 민족민주화성회와 횃불행진에 참여했던 노동자들은 민주화의 열기가 사회적으로 고조되고 있다고 판단하였고, 연초부터 시작된 로케트전기 임금투쟁의 성과에 대한 반성과 자체 의식교육을 실시하여 민주노동조합운동을 활성화시킬 목적으로 노동자교육을 실시하였다. 전남대학교 정문 앞 사레지오 고등학교 안의 수도원에서는 JOC가 주관하는 노동자교육이 로케트전기, 삼양제사 등에서 일하던 주로 여성노동자들을 대상으로 실시되고 있었다. 또한 YWCA에서도 삼양제사, 일신방직, 전남제사, 전남방직 등 여성노동자들이 참가한 가운데 노동자교육이 진행되었다(황석영·전남사회운동협의회 1996). 교육이 진행되고 있는 동안 시위대열의 분위기는 심각했고, 노동자들은 시위에 조직적으로 참여할지 여부를 논의하였다. 그러나 전체가 조직적으로 참여하지 않고, 교육을 해산하고 개인적으로 참여여부를 결정하기로 합의하였다.

> 오늘 횃불시위가 있다고 하더라, 우리는 거기에 동참을 하자, 이렇게 홍보를 했제. 그래갖고 우리가 적극적으로 여성노동자들이 끝날 때까지 참여를 하게 된 동기지. 참여를 하면서도 우리는 뭣을 했

> 나면 다 궂은 일을 했지 뭐. 리본 달기부터 시작해 가지고 그 안에 밥 취사하는 거 하며 …. <사례 1>

5월 18일 이전의 민주화 요구시위에 자발적으로 참여했던 여성노동자들은 이 날 이후에도 자발적으로 가두시위에 참여하였다. 노동조합이 조직적으로 참여하지 않고 개별적으로 참여여부를 결정하기로 한 상황에서 여성노동자들 가운데 일부는 <사례 1>의 내용에서도 확인할 수 있듯이, 5·18 민중항쟁 기간 동안 적극적으로 활동하였다.

5·18 민중항쟁 이전에 조직되었던 송백회원들 가운데 일부 여성들도 개별적으로 항쟁 초기부터 시위에 참여하면서 화염병을 투척하기도 하고, 물품조달이나 선전활동을 하는 등 5월 27일 계엄군이 도청에 진입하기 직전까지 YWCA[7]를 중심으로 활동하였다. 송백회원들은 5월 19일부터 녹두서점에서 화염병을 제작하였고, 계엄군이 퇴각한 후 5월 23일부터는 YWCA를 중심으로 물품접수, 모금, 시체처리, 간호, 선전활동 등의 역할을 맡게 되었다.

항쟁기간 동안 여성들의 활동을 결집시키고 조직화했던 주도세력은 한편으로는 송백회 여성들이었고, 다른 한편으로는 여성노동자들이었다. 특히 해방기간(5월 22일~26일) 동안 도청과 YWCA를 중심으로 한 여성들의 다양한 활동은 JOC와 들불야학 여성노동자, 송백회원, 여중·고생 등 다양한 여성들에 의해 이루어졌다. 이들은 모두 조직적 또는 집단적으로 참여한 것이 아니라 개별적으로 참여하였다.

항쟁의 초기국면인 5월 18일부터 여성들의 참여는 두드러졌다. 5월 18일에는 여성노동자들과 여대생들이 시위에 참여하였고, 5월

---

7) 이 글에서 언급하는 YWCA는 단체로서의 의미가 아니라, 5·18 민중항쟁 당시 도청 앞 전일빌딩에 위치하고 있던 장소로서의 YWCA를 의미한다.

19일부터는 여고생들과 송백회원들이 각각 참여하였다. 5월 20일
에 이르면 할머니, 주부에 이르기까지 수만 명의 여성들이 가두시
위에 가담하는데, 이 때 여성들은 대열후위에서 시위전위부대와
민중들을 연결시켜 주는 역할을 하였다. 또한 각 시장의 노점상
아주머니들과 각 동별 주부들은 음식물을 손수 만들어 시위대에
전달하는 지원활동을 하였다.

특히, 전춘심이나 차명숙과 같은 여성들은 가두선무방송을 통해
시위대를 진두지휘하였다(황석영·전남사회운동협의회 1996). 민
중들의 시위참여를 촉발시키는 데 여성들의 활동과 목소리가 큰
기여를 하였다.

> 그 때 내가 운동가도 아니었고 사상가도 아니었지만 스무살 그
> 나이에 광주에 산다는 그 하나 때문에 광주에 내가 살고 있는 사람
> 이었다는 것, 광주시민이 죽어가고 있기 때문에 모든 방송 모든 시
> 설이 차단된 상황에서 내가 할 수 있는 것. 내 목숨 하나는 죽어도
> 좋다, 갈리면서 죽는다면 그것만큼 당당한 길은 어디 있을까 그런
> 생각이었어. <사례 11>

언론과 매스컴이 광주를 외면하는 상황에서 유인물, 가두방송,
궐기대회로 대별되는 선전활동은 5·18 민중항쟁에서 중요한 역할
을 하였다. 이러한 선전활동은 <사례 11>과 같이 대부분 자발적
으로 참여한 여성들에 의해 이루어졌다. <사례 11>의 경우 항쟁
이 일어난 직후부터 차량에 올라탄 채 선동과 선전활동을 하였다.

뿐만 아니라, 무기접수를 위해 광주 외곽지역을 다녀온 시위차
량에 여성들이 동승하였고, 일신방직 여성노동자들은 해남, 강진
등의 차량원정시위에 참여하였다. 이처럼 5·18 민중항쟁 초기에는
여성들이 무장투쟁에 활발하게 동참하였다(강현아 2000a ; 2000b).
5월 20일 민주기사들의 봉기를 매개로 차량시위가 등장하자 여

중·고생과 여성노동자들이 시위차량에 탑승하여 무기접수를 위해 전남지역 일원을 원정하는데 참여하였다. 또한 무장의 필요성을 느낀 여성들은 5월 25일경 도청 안에서 총기사용법과 수류탄 투척법을 훈련받는 적극성을 발휘하기도 하였다. 5월 21일부터 5월 25일까지 일신방직 등 제조업에 종사하는 여성노동자들은 근무복 차림으로 차량시위에 합세하였다. 이들 여성노동자들은 대형버스에 집단적으로 탑승하여 '김대중 석방, 노동3권 보장' 등을 주장하며 가두시위를 벌였다(이춘희 1991, 145). 그러나 시민군이 도청을 장악한 5월 22일부터는 여성들의 조직적인 역량이 선전활동과 물적 제공에 집중됨에 따라 여성들이 무장투쟁에 적극적인 역할을 수행하지 못했다. 그 결과 무장조직(시민군, 기동타격대)은 전원 남성들로 편성되었고 이들 조직으로부터 여성들은 배제되었다.

부상자와 사망자가 발생하기 시작하면서 여성들은 헌혈활동에 앞장서기도 하면서 검은 리본을 만들기 시작하였고, 5월 23일부터는 YWCA를 중심으로 선전활동과 물적 제공활동을 계속하였다. 그리고 도청에서는 여성들이 대민업무, 시체처리, 취사활동 등을 담당하였다. 5월 24일부터는 YWCA에서 윤상원, 정상용, 이양현, 박효선, 박용준, 김상집, 정유아, 이윤정 등이 회합하여 시민궐기대회를 효과적으로 조직하기 위해 시민궐기대회추진위원회 집행부를 구성하였다. 조직구성은 기획부(이양현, 정상용, 윤강옥), 홍보부(박용준, 윤상원), 집행부(정현애, 정유아, 이윤정)로 형성되었다.

YWCA에서 활동하는 인원이 50여 명으로 늘어나게 되면서 보다 체계적으로 역할을 분담하여 조직적으로 대처하였다. YWCA에는 여고생들과 학생운동 측의 여대생, 여성노동자들, 그리고 도청 항쟁지도부와 긴밀한 연계를 갖고 있었던 송백회원들이 있었다. 이

곳에서는 모금, 취사, 궐기대회 준비, 유인물과 대자보 제작 및 배포, 가두방송 등의 활동이 추진되었다.[8] 홍보조에 김정희, 이현주, 임희숙 등이 적극 가담하였고, 임영희, 이윤정, 정유아 등은 대자보, 모금활동, 조기제작, 리본제작, 궐기대회 준비 등의 실무를 맡았다.

5월 18일부터 극단 광대 단원들과 들불야학의 구성원들이 각각 제작, 배포하던 유인물은 5월 22일 윤상원을 중심으로 '투사회보'로 일원화되었다. 투사회보 제작팀은 문안작성, 필경등사, 물자조달, 배포조로 편성하여 조직적 체계를 갖추면서 그 내용도 사실의 폭로뿐 아니라 투쟁대상, 행동지침까지 담아내게 하였다. 송백회원들은 5월 21일까지는 들불야학 구성원이 제작한 유인물을 전달받아 여성노동자들과 함께 배포하다가 5월 22일부터는 YWCA의 투사회보 및 대자보 제작작업에 합류하였다.

한편, 구속자 가족이면서 노동자 출신인 이정(<사례 4>)이 3개 조로 구성된 취사조의 책임자가 되어 13명의 여성들을 이끌고 도청으로 들어가 도청 취사부를 인수하게 되었다(광주광역시 5·18 사료편찬위원회 편 1998, 172). 도청은 해방기간 동안 질서를 회복하고 항쟁의 전열을 가다듬기 위해 무기회수 및 관리, 부상자 수송 및 시체관리, 식량보급, 도청 및 외곽 경비, 조사 및 상황실 업무가 수행되었다. 도청에서는 30여 명의 여성들이 활동하였는데 이들의 업무는 상황실, 부상자 수송 및 시체처리, 식량보급활동이었다. 특히, 시체처리작업은 악취 속에서 염을 하고 입관하는 일로 헌신성 없이는 해낼 수 없었는데, 매춘 여성 2명이 시체처리작업

---

8) YWCA에는 궐기대회 및 가두방송의 선전조가 40여 명, 송백회원 5명, 취사담당 여성노동자 15명, 경비담당 10여 명으로 총 70여 명 정도가 있었는데 이들 중에는 여성이 50여 명, 남성이 20여 명으로 대부분 여성들이었다(황석영 외 1996, 234).

을 묵묵히 수행하였다(이춘희 1991, 134-5).

> 여성들은 지킬려고 하잖아요. 그리고 뭔가를 보살피려 하죠. 이런 것들이 여성들의 본연의, 우리 쪽에 있는 사람들은 모성애라 하는데 5·18 민중항쟁을 관통하는 중요한 힘이었다고 봐요. 이를테면 녹두서점만 하더라도, 여자들은 도망갈 생각을 전혀 안 했거든요. 왜냐면 여자들이니까 얼마나 위험한 일들이 있겠냐 이런 게 있었기 때문에 근거지를 만든 거죠. 그랬고 시위에 참여한 많은 일반 여성들도 김밥을 싸고 격려를 해주고 이런 것들도, 또 제가 그 때 거리에서 만난 시민군들하고 얘기를 해보면 여자들도 이렇게 시민군들을 도와주고 그러는데 우리들이 어떻게 그 소홀히 할 수 있겠느냐, 남자들이 할 수 있는 일을 더 열심히 하겠다. 총을 든 시민군들도 그렇게 말했거든요. 그러니까 이건 남자들만의 일이 아니고 사회를 변화시키는 이런 것들이 모든 사람들이 참여하는 여자들도 같이 함께 할 수 있다는 것을 여성들 스스로에게 뿐만 아니라 남성들도 이만큼 보편적 가치를 실현한다는 게 엄청 힘을 실어줬죠. 아주머니들이 머리에 달걀을 쪄가지고 나와서 이것 먹고 해 학생, 이렇게 요구르트 건네면서 목 마를 테니까 이것 먹고 해, 이렇게 격려하고 다독거려주니까 이게 얼마나 힘이 되겠어요. 나도 그런 경험을 몇 번이나 했는데, 내가 가게 되면 사람들이 먹을 것을 주고, 시장 아주머니들이 다 검은 리본 잘라서 만들어 주고, 그러니까 모든 사람이 필요로 하는 일을 한다는 충족감이 있는 거죠. <사례 7>

5·18 민중항쟁 초기부터 마지막까지 여성들의 참여와 활동은 두드러지게 나타났다. <사례 7>의 내용에서와 같이, 이들의 활동은 누군가의 지도나 명령에 의해서가 아니라, 자발적이고 창발적으로 자연스럽게 분출된 것이었다. 여성들은 자신들이 해야 할 일을 '찾아서' 했다. 5·18 민중항쟁의 초기 국면에서부터 여성들이 적극적으로 활동하였고 이들의 역할과 활동은 항쟁에서 핵심적이었다.

또한 5·18 민중항쟁 당시 여성들은 뭔가 할 말이 있으면 공식적으로 이야기했다. 즉 유인물이나 필사물 또는 공식 연설문을 활용해 어떻게든 협소한 범위의 친족이나 친구관계와 같은 사적 영역을 넘어서 가능한 한 많은 대중에게 공식적·정치적으로 자신의 의견을 전달하고자 했다.

> 방송매체에 대한 문제, 언론, 언론에 대한 … 선전홍보 되겠죠. 좀 선전홍보와는 달리 날마다 도청 앞에 모이는 많은 시민들을 어떻게 끌어낼 것인가에 대한 고민, 그런 고민들을 많이 했었거든요. <사례 6>

> 남자들이 하라 마라 해서 한 것 아니에요. 우리가 다 내용 만들어서 대자보 쓰고, 프랑카드 쓰고, 궐기대회 준비하고 그랬어요. 그 여자들이 거의 대자보랑 프랑카드 썼었고 선전대의 활동을 많이 했어요. <사례 8>

여성들이 공식적·정치적 영역을 통해 자신들의 의견을 드러낸 경험(<사례 6>과 <사례 8>)은 5·18 민중항쟁 이전까지 "여성=사적 영역"이라고 하는, 공적 영역으로부터 분리된 삶의 틀을 깨뜨리는 것이었다. 다시 말해서, 정치적 영역에서 자신의 의견을 전달했던 여성들의 경험은 5·18 민중항쟁 이전에 경험해보지 못했던 분명 다른 것이었다.

2. 여성배제의 불평등구조

5·18 민중항쟁 기간 동안, 여성들의 주체적 저항활동은 두드러지게 나타났다. 이들의 활동은 자발적이고 창발적으로 자연스럽게 분출된 것이었다. 그러나 계엄군이 퇴각하면서 항쟁의 상황이 진전되자, 초기에 피신했던 남성활동가들이 등장하면서 공식적인 정치적·조직적 영역으로부터 여성들이 배제되었다.

계엄군이 후퇴한 5월 22일 이후부터 도청이 함락되는 5월 27일까지 해방기간 동안 도청에는 새로운 지도부가 등장하였다. 시위대열을 형성해 온 시민군과 민중들은 5월 22일까지만 해도 총체적인 정치적 권력을 장악하지 못하고 있었다. 그리하여 각각의 영역에서 새로운 권력체가 등장하였다. 이 기간 동안의 권력체는 세 가지로 분류될 수 있다. 첫째, 무기를 버리고 투항하자고 한 '일반수습대책위원회'와 '남동성당수습대책위원회'이다. 둘째, 무기회수를 주장하던 투항파와 계속 투쟁을 주장하던 학생들이 공존한 '학생수습대책위원회'이다. 셋째, 끝까지 무기를 들고 투쟁할 것을 요구한 '민주시민투쟁위원회'이다. 이들은 5월 22일부터 5월 25일까지 권력투쟁을 거쳐 마침내 '민주시민투쟁위원회'가 새로운 항쟁지도부로 조직되었다.

이 과정을 보다 구체적으로 살펴보면, 5월 22일 도청이 시민군에 의해 접수된 이후 여성들의 호소와 활동은 질서회복을 빠르게 했다. 이 날 광주지역의 목사, 신부, 변호사, 관료, 기업주 등 15명의 인사가 '5·18 광주사태 수습대책위원회'를 결성하였다. 이들은 "사태 수습전 군투입금지, 연행자 전원석방 및 사후 보복금지가 보장될 경우 무장을 해제하겠다는 협상 내용"을 가지고 전남북 계엄분소를 찾아가 계엄군 측과 협상하였다. 그러나 협상내용 자체가 지극히 미온적이었고 계엄군 측의 별다른 반응이 없는 가운데 수습위원들의 '무기회수'에 대해 민중들이 거세게 반발하였다(안진 1991; 황석영 외 1996). 이 날 오후에는 대학생 15인으로 '학생수습위원회'가 구성되었다.

5월 23일에는 그 동안 남동성당에서 회합해 왔던 종교계, 학계, 법조계의 재야인사들이 합류하여 '5·18 광주사태 수습대책위원회'를 개편하였다. 개편된 수습위원회는 무기를 반납하고 계엄군의 사과를 받아내자는 온건하고 유화적인 입장을 취했다. 그리고 학생수습위원회는 "총기회수, 차량통제와 치안유지, 사체처리 및 장례 담당, 수리보수, 의료" 등 대민업무에 주력하였다. 이들은 위원장에 김창길(전남대), 총무에 정해민(전남대), 대변인에 양원식(조선대), 허규정(조선대), 부위원장 겸 장례담당 김종배(조선대), 이외에 총기회수반, 차량통제반, 수리보수반, 질서회복반, 의료반 등의 부서를 두고 활동을 전개하였다. 그러나 학생수습위원회는 시간이 경과함에 따라 무기회수를 둘러싸고 투항파와 투쟁파의 의견대립이 심화되었다.

한편 '들불야학'을 중심으로 한 노동자들, 민청학련 관련 학생운동 출신 운동가들은 끝까지 저항할 것을 요구하였다. 이 과정에서 이들은 5월 25일, 학생수습위원회의 투쟁파와 결합하여 항쟁지도부인 '민주시민 투쟁위원회'를 조직하였고, 무기반납을 주장하던 학생수습위원회 일부세력은 도청을 이탈하였다.

도청 항쟁지도부의 조직구성은 다음과 같다. 위원장에 김종배(조선대학교 3학년), 내무담당 부위원장에 허규정(조선대학교 2학년), 외무담당 부위원장에 정상용(보성기업 영업부장), 대변인에 윤상원(들불야학 대표), 상황실장에 박남선(골재차량 운전사), 기획실장에 박영철(YWCA 신협 이사), 홍보부장에 박효선(극단 '광대' 회원), 조사부장에 김준봉(고려시멘트 회사원), 보급부장에 구성주로 조직되었다. 각 부서별로 업무를 분담하여 집행하였으며, 5·18 민중항쟁 기간의 공식적인 정치조직으로서 활동하였다(한국현대사사료연구소 편 1990).

그렇다면, '5·18 광주사태 수습대책위원회'와 '학생수습위원회', 그리고 항쟁지도부였던 '민주시민 투쟁위원회' 조직에서 여성들이 포함되었는가? 조아라 YWCA회장과 이애신 YWCA총무가 남동성

당 재야인사회합에 참석하다 '5·18 광주사태 수습대책위원회'에
포함되었고, 김선옥(전남대학교 4학년)이 22일부터 '학생수습위원
회'에 포함되었다. 이들을 제외하고 5·18 민중항쟁 초기부터 지속
적으로 항쟁에 참여하였고, 도청과 YWCA를 중심으로 연락업무,
선전활동, 물적 제공을 조직적으로 수행했던 여성들은 공식적인
정치적 조직구성에서 배제되었다.

　5·18 민중항쟁 기간 동안 여성들은 항쟁의 핵심에 있었고 주체
적이고 자발적인 저항을 하였지만, 정치적·조직적 영역에서 배제
되었다. 그리하여 5·18 민중항쟁에 관한 평가는 정치적·조직적
영역에서의 '남성들의 활동'에 초점을 맞추었고, 이는 상대적으로
여성들의 활동에 대한 가치부여가 낮게 되는 부분과 맞물려졌다.
정작 정치적·공적 영역에서의 평가가 남성들의 몫이었던데 대해
여성들은 비판적인 인식을 공유하고 있다.

　　　하나의 인간의 시각으로 볼 때 참여했던 여성분 있잖아요. 물론
우리가 수류탄 투척작업도 해보고 총 쏘는 것도 가르쳐 달라, 근데
단순히 군대갔다 온 사람들이 총기를 사용할 줄 안다, 근데 그 총기
라는 게 일반 군인들에게 탈취된 총하고는 다른 거예요. M16이라는
것이 쏴봤자 별로 안 맞는다고 그러더라구요. 정말 우리가 그런 한
계를 넘어설 수 있는 그런 저력들은 있었다고 나는 생각해요. 있었
고 훨씬 남성들보다 강했던 건 사실이에요. 끝까지 어떤 그 소위 말
해서 정현애랄지 정유아, 이윤정, 저까지 포함해서 주축 멤버들이
안 있었다면 집단적인 흐름을, 이런 존재를 갖지 않았다면 항쟁파
가 그렇게 만들어서 들어갔을까 의심스러워요. YWCA에서 그만큼
둥지를 틀어주어서 가능했다는 얘기죠. 저는 그걸 이야기를 하고
싶어요. 그렇지 않으면 도청상황에서 할 수가 없어요. 그니까 정리
된 단계는 YWCA에서 다 정리해서 들어갔던 거고, 거기에는 우리가
강경하게 끝까지 싸워야 한다는 뒷받침은 여성들이 강하게 갖고 있
었기 때문에 뒷받침되지 않았나 싶어요. 그것은 어떤 의미에서는
정말 여자들이 역할을 단단히 해줬다고 생각해요. <사례 8>

무장한 남성들로 구성된 '시민군'이 등장하면서 여성과 남성의 역할분담은 말없는 가운데 보다 뚜렷해져 갔다. <사례 8>의 인터뷰 내용에서 확인할 수 있듯이, 남성들이 총을 드는 대신 여성들은 후진에서 필요한 모든 사무절차와 물품보급과 자금확보, 취사조, 유인물 제작과 선전조 담당, 사망자 및 부상자 신원파악 등을 맡았다.

계엄군에 맞서기 위해 무장을 하게 되면서 양성의 역할이 보다 확연하게 분담되어져 갔다. 남성들이 가세해 무장봉기가 본격화되기 시작하면서 여성들은 '남성들을 지원해 주는' 위치로 되돌아갔음을 알 수 있다(<사례 10>과 <사례 5>). 5·18 민중항쟁기간 동안 남녀의 역할이 엄연히 구분되었으며, 이러한 불균등한 역할분담이 당연시되었다고 할 수 있다.

> 5·18 민중항쟁 전후로 해서 여성들의 역할이라는 것이 굉장히 한정되고 규정되어진 느낌들은 얘기되고 있고, 느낌이 아니라 사실 그렇게 얘기되고, 또 역할에 있어서 그것을 남녀를 구분하고 해야 될 일이었음에도 불구하고 저희들이 해야될 역할이 있었거든요. 여성들이 가치부여가 안되고 있는 그런 부분들이 우리 여자들이 그 뭐랄까 쟁취적이지 않아서 그럴까요. <사례 10>

> 여자라서 내세우지 않는 것이 아니라 제가 생각하기에는 자기 역할에 가장 충실한 삶이 그게 아닌가 싶어요. 만약에 그 때 우리에게 맡겨진 역할이 총 들고 나가는 것이었다면 총 들고 나갔겠죠. 앞에 나가서 어떤 역할을 해야 될 역할이었다면 그 역할이 맞겠죠. 우리에게 주어진 일이 그것이었으니까. <사례 5>

민중항쟁이 막 일어나려는 단계에서는 남성이나 여성 어느 쪽도 조직화되어 있지 않았기 때문에 양성이 함께 참여할 수 있는 여지가 있었다. 그런데 일단 한쪽이 실전에 동원할 수 있는 유력한 정치기구를 결성해 항쟁의 초기단계에서 균형잡혀 있던 양성

관계의 균형을 깨버리고도 항쟁을 효율적으로 지휘할 수 있게 되면서 항쟁 지도부 기구는 조직의 정통성을 뒷받침하는 양성 전체를 대표해야 하는데도 막상 여성을 배제해 버렸던 것이다. 이렇게 해서 여성들은 5·18 민중항쟁 기간 동안 공식적인 정치기구로부터 배제되었다.

5·18 민중항쟁에 참여한 여성들은 전통적인 여성의 역할과 활동에서 크게 벗어나지는 않았을지라도 새로이 열린 정치활동의 장에 능동적으로 참여하였다. 그러나 5·18 민중항쟁과 함께 새롭게 조직된 온갖 종류의 공식적 지도부 조직에 여성들은 들어갈 수 없었다. 따라서 자연발생적으로 일어난 5·18 민중항쟁에서 민중을 선동하고, 활기를 불어넣는 일은 분명 여성들의 몫이었지만 공식적 지도부가 항쟁을 주도하면서부터 여성들은 '여성적 역할'을 담당하면서 주변화되었다.

> 그거 남성중심 주도적으로, 그 도청 안에 있는 사람들끼리 짰고 우리는 그 지도부가 올바로 갈 수 있도록 견인하고. 정말 중요한 역할들을 한 거죠. 그리고 우리가 지도부 역할을 했구요. 그런데 저는 항상 도청항쟁에 우리가 지도부였다고 생각하지 외곽에서 활동했다고 생각하지 않아요. <사례 6>

5·18 민중항쟁의 공식적 지도부에 있어서 여성의 배제를 정치지도력의 미성숙에 기인하는 것이라는 평가(이춘희 1991)가 있으나, 이는 지극히 남성중심적 시각에서 벗어나지 못한 것이다. 선전활동을 통해 여성활동가들은 자신들의 의견을 공식적인 정치의 장에서 전달하면서 정치지도력을 발휘하였음에도 불구하고 지도부 구성에 있어서 여성들이 배제되었다는 사실에 더 주목할 필요가 있다. 이러한 부분들에 대해서 <사례 6>과 같이, 여성들은 비판적으로 인식하고 있었다.

V. 5·18 민중항쟁 이후 여성들의 경험: 조직화와 배제

1. 새로운 조직활동을 통한 침묵깨기

5·18 민중항쟁 기간 동안 도청과 YWCA를 거점으로 활동했던 많은 사람들은 항쟁 이후 침묵을 지켰다. 5·18 민중항쟁에 참여했던 사람들의 사망, 구속, 도피, 그리고 정부의 감시와 압력 속에서 침묵을 강요받기도 하였다. 구속자들이 풀려난 뒤에도 5·18 민중항쟁에 의한 심리적 충격과 '죽은 자들에 대한 산 자로서의 죄책감'(<사례 7>) 때문에 더욱 침묵하기도 하였다.

그러나 이러한 상황에서도 한편으로는 5·18 민중항쟁의 정신을 전국적으로 알려내는 작업이 진행되었고, 다른 한편으로는 구속자 가족들과 유가족들을 중심으로 '5월운동'[9]이 시작되고 있었다. 침묵을 강요받고 스스로 침묵하던 시기에 여성들이 주체가 되어 침묵을 깨는 활동을 시작하였던 것이다.

5·18 민중항쟁의 정신과 그 실상을 전국적으로 알려내는 활동은 항쟁에 직접 참여했던 들불야학팀과 문화패 '광대' 회원들, 송백회원들이 수행하였고, 광주지역 출신 여성노동자들도 노동현장을 중심으로 활동하였다.

5월 27일 이후 서울에서 도피생활을 했다. 도피생활 중 광대의

---

9) 1980년 5월 18일부터 27일까지의 기간이 5·18 민중항쟁 기간이라면, 이후부터 현재까지 진행된 진상규명운동, 학살자 처벌운동, 5·18 특별법 제정운동 등 5·18 민중항쟁과 관련하여 일어난 모든 투쟁의 형태를 '5월운동'이라 규정한다.

김선출, 투사회보의 전영호 등과 '광주 5·18 민중항쟁'을 알리기 위
한 작업을 하였다. 유인물과 테이프를 제작하여 배포하였다. 9월 이
후 구속대상 명단에서 누락된 것을 알고 광주에 내려왔다. 그러나
박용준과 윤상원의 죽음으로 정신적 고통이 컸다. <사례 8>

5·18 민중항쟁 당시에는 서울에서 활동중이었고 예비검속 때문
에 내려오지 못했다. 5·18 민중항쟁 직후 문화패 '광대'하고 들불야
학팀이 서울로 올라와서 5·18 민중항쟁 알리기 작업을 했는데 이들
과 결합해서 활동하면서 이들을 뒷바라지했다. 또한 윤한봉을 밀항
시키는 일을 했고, 이 사건으로 구속되었다. <사례 10>

또한 5·18 민중항쟁 직후였던 1980년대 초반, 항쟁에 대해서 모
두가 침묵하고 있던 그 상황에서 구속자 가족회와 유가족회의 활
동은 매우 중요한 의미를 지닌다. 5·18 민중항쟁 이후 저항운동은
항쟁의 직접 피해자인 유가족과 구속자의 가족에 의해 제일 먼저
추동되었다. 5·18 민중항쟁과 관련된 구속자 가족들은 '구속자 가
족회'를 결성하고 조직화하여 구속자 석방과 진상규명을 위하여
활동을 전개하였다. 이들은 주로 구속자들의 부인과 어머니들이
중심이었다.[10]

이 때 당시 5·18 민중항쟁을 입 밖에 꺼낸다는 것 자체가 허용
되지 않는 상황에서 구속자 가족회와 유가족회 여성들의 활동은
대단한 것이었다. 새로운 '5월 운동'의 시작이 여성들에 의해 주도
되었다는 점에서 더욱 값진 것이었다고 할 수 있다. 정부는 각종
회유와 협박으로 이 조직을 와해시키려고 하였으나 구속자 가족
들은 그러한 가운데서도 조직을 지켰고, 구속된 가족들을 석방하
라는 요구를 넘어서서 5·18 민중항쟁의 진실을 알리기 위한 다양
한 활동들을 하였다.

---

10) '구속자 가족회'의 초대 회장은 안성례, 총무는 이명자가 맡았다. 이 조직
   에는 윤희정(홍남순 변호사의 처), 안성례(명노근 교수의 처), 이명자(정동
   년의 처), 정현애(김상윤의 처), 노영숙(노준현의 누나) 등이 포함되었다.

‘구속자 가족회’는 5·18 민중항쟁 직후 재판이 진행중인 전과정을 통해서 가장 적극적으로 활동하였다. 이들은 주로 구속자 석방운동, 사형수 구명운동, 5·18 민중항쟁 진상 알리기 등을 중심으로 ‘전두환 광주방문 저지운동’, 대법원 사형확정 판결시의 ‘김수환 추기경 사무실 농성’, 1심 재판 당시의 ‘법정 저항운동’ 등을 격렬하게 전개해 나갔다. 이러한 활동의 핵심에는 항상 여성들이 존재하였다. 1982년 12월 5·18 민중항쟁 관련 구속자가 모두 석방된 후에도 다른 구속자 가족을 지원하고 공동으로 대처하기 위해서 1985년 ‘민주화 실천 가족운동 협의회’로 승계되었다. 이 때 석방된 구속자들을 중심으로 유가족과 부상자를 포함하여 1984년 ‘광주구속자협의회’가 결성되었다. 그러다가 구속자들만을 대상으로 한 ‘5·18 광주민중항쟁동지회’(오항동)가 1987년 결성되었다. 오항동은 사회적 지위가 높은 명망가와 학생운동권 출신의 사회운동가가 중심을 형성하고 있다.[11]

JOC를 중심으로 한 여성노동자들은 유가족회 여성들에게 장소를 제공해 주고 이렇게 하면서 5·18 민중항쟁의 역사에 지속적으로 참여하게 된 것이지. 항쟁 직후의 암울했던 시기에 남자들이 싸운 것이 아니라 엄마들, 여성들이 싸웠지. 5·18 민중항쟁의 역사가 재현되기까지 모든 것은 여성으로부터 시작됐고 여성들이 오늘의 이 결과를 낳게 한 거야. <사례 1>

이처럼 5·18 민중항쟁이 끝난 직후, 정치적 탄압과 물리적 억압 속에서도 여성들은 항쟁을 알려내는 활동을 통해 강요된 침묵을 가르는 역할을 수행하였고, 구속자 뒷바라지와 구속자 석방운동

---

11) 오항동에는 분야별 하부조직을 구성하고 있는데, 투사회보, 기동타격대, YWCA, 도청항쟁, 80년 전남대학교 총학생회, 80년 조선대학교 총학생회가 있다.

등을 전개함으로서 5·18 민중항쟁의 문제를 가시화하는 역할을 담당하였다. 이후에도 조직적이고 지속적인 활동은 유가족과 구속자 가족에 의해 주도되었다.

그러나 5·18 민중항쟁 관련 대부분의 조직들에서 5·18 민중항쟁의 주체였던 여성들은 '사라지고' 없다. 물론 몇몇 소수의 여성들은 5·18 민중항쟁 관련 조직의 집행부에 포함되기도 하고 조직을 대표하는 지위에 있으면서 정치적 영역에 진출하여 정치활동을 하기도 했지만, 대부분의 여성들은 5·18 민중항쟁 관련 조직으로부터 배제되었다.

> 5·18 민중항쟁을 왜곡되게 끌어내린다는 걸 느낄 때가 많다. 정말 일선에서 활동했던 사람들은 묻혀지고 그렇지 않고 오히려 뒤에 있던 사람들 이들만 앞서 있어서 오히려 더 부각되어 영웅처럼 되는 게 느껴지더라구. 5·18 민중항쟁 이전에 민주화단체에서 활동하던 사람들? 이 사람들 계엄령 내려지기 전에 피신해 있던 사람들 많았는데 나중에 보니까 더 부각되어 있다는 생각이 들더라구. 내 이익만 추구하고 상대방의 아픔 같은 것 또는 고통 같은 것은 아예 뒷전이고 정치활동에만 개입하려고 하고. <사례 3>

> 너무 힘들게 싸웠고 그랬었는데 5·18 민중항쟁 당시 그 현장에서 열심히 한 사람들은 없어져 버리고 그냥 입만 야문 사람들이 다 내가 했다하니까. 그냥 입다물고 있었다. 그리고 꼭 행사 때만 되면 5·18 민중항쟁 관련 조직에서 연락이 온다. 아무 연락도 없다가 행사 때만 되면 나와서 도청에 있다가 저녁에 나온 사람이다, 살아남은 여성이다, 그런 식으로 말하지. 그런 것이 싫어서 5·18 민중항쟁 관련 조직에 나가지도 않았고. <사례 2>

여성들은 5·18 민중항쟁 기간 동안 항쟁의 주체로서 도청과 YWCA에서 열정적으로 활동했음에도 불구하고 공식적인 정치적 영역에서의 지도부 조직으로부터 배제되었을 뿐만 아니라, 5·18 민중항쟁 직후 암울하고 억압적인 정치적 상황에서도 항쟁의 진상규명과 구속자 석방을 위해 온 몸을 던졌던 여성들이 그 후 5·18 민중항쟁 관련 조직으로부터도 철저하게 배제되는 과정을 겪게 되었다. <사례 3>과 <사례 2>의 인터뷰 내용에서 이러한 '배제'에 대한 여성들의 비판적 인식이 잘 드러나고 있으며, 이는 한편으로는 5·18 민중항쟁에 대한 침묵으로, 다른 한편으로는 5·18 민중항쟁 관련 조직이나 행사에 참여하는 것을 거부하는 것으로 나타났다.

2. 여성운동 조직의 결성과 활동, 그리고 여성들 내부의 차이

5·18 민중항쟁을 통하여 여성들은 자신들의 잠재력을 확인할 수 있었다. 개인적인 삶의 틀에서 벗어나 사회와 역사에 대한 책임의식과 함께 새로운 사회에 대한 전망을 더욱 분명히 할 수 있게 되었을 뿐만 아니라, 항쟁 기간 동안 여성들의 활동과 경험을 통해 남녀평등과 인간평등이라는 공동체 정신의 가치실현을 지향하게 되었다(<사례 6>). 항쟁의 해방기간 동안에 형성된 자치공동체의 가치는 '높낮이 없는 세상'이었다(최정운 1997). '높낮이 없는 세상'은 모든 불평등이 제거된 평등사회를 지향하는 것이다.

> 올바른 역사란 이런 거고, 이 역사 속에서 가장 용기 있고 가장 실천적이고 최선을 다해서 살아가는 사람들은 바로 역사에 동참해서 그 수레바퀴를 반지기라도 끌고가는 사람이지 않나, 그 속에서 함께 공동체의 재현을 맛보고 그 안에서 우리가 함께 더불어 살아가고 사랑하고 그런 사회를 만들어가고 하는 게 우리 인간이 살아야 될 삶의 지향점인데. <사례 6>

이러한 인식은 1980년 5·18 민중항쟁을 경험하기 이전과는 분명 다른 것이다. 특히, 1980년 이전에는 여성문제가 부각되지 않았다. 그 때의 논리는 여성해방이라는 것이 따로 존재할 필요가 없다는 것이었다. 즉, 민족해방과 계급해방을 위해 여성들이 열심히 투쟁할 때만 여성은 해방된다는 논리였다. 하지만 5·18 민중항쟁 이후 운동권 내부에서도 남녀불평등의 문제와 논의기구 속에서 여성들의 소외현상은 흔히 찾아볼 수 있는 것이었고, 권위주의적인 가부장적 체제 하에서 여성들이 이중적으로 착취당하고 있는 (이수애 1991) 엄연한 현실은 결국 여성들이 주체적으로 서야한다는 인식전환을 가져오게 하였다.

따라서 5·18 민중항쟁은 여성들의 의식을 깨우치고 새로운 방식의 삶을 살도록 하는 촉매제 역할을 하였다. 즉 여성들이 이전까지의 개인적인 삶의 틀에서 벗어나 <사례 9>와 <사례 1>처럼 삶에 대한 주체적 인식의 지평을 넓혀 갔다고 할 수 있다. 새로운 사회에 대한 전망은 기존 사회가 배태하고 있는 모순의 본질과 또한 그러한 모순과 여성들의 삶이 어떻게 관련되어 있는가에 대한 구체적이고도 총체적인 인식을 기초로 한 것이다.

중요한 것은 계속 그 때 당시 5·18 민중항쟁 때 아픔을 겪으면서 삶의 자세라고 할까? 이런 것들이 최소한 어떤 식으로 살아야되고 최소한 어떠한 식으로 살아야 되지 않겠다는 이런 것이 있었는데 늘 그렇게 살려고 애쓰지만 너무나 못 미치는 게 많은 것 같애. 안 이해질까봐 스스로 다그치는 부분도 있고 마지막까지 같은 걸음으로 변절하지 않고 한 걸음으로 산다는 게 쉽지 않은데 그렇다고 내가 특별한 일을 하고 있는 것은 아니지만은 사람이 적어도 사람답게 사는 세상, 모든 것이 그런 의미에서 한 맥락을 이루잖아요. <사례 9>

지금의 역사가 재연되기까지는 모든 것은 여성으로부터 시작해 갔고 여성이 오늘의 이 결과를 낳게 한 거야. 역사 속에서 여성들이 어떤 식으로 그런 작은 역할들을 해냈는가 이것이 가장 5·18 민중항쟁에서 우리가 핵심적으로 문제를 제기하면서 끌어내야 할 정신적인 이렇트면 그런 정신적인 그 역할들이지 얼마나 위대하냐 이 말이야. 나는 그 여성들이 오늘날의 이 역사를 이렇게 만들어 줬다고 생각이 드는 것이지. <사례 1>

특히, 5·18 민중항쟁에서 여성들이 중요한 역할을 담당했던 경험을 통해서 여성들도 남성과 동등한 대우를 받아야 하며 부부간의 관계에 있어서도 가부장적 관습을 더 이상 용납해서는 안된다는 남녀평등의식을 갖게 되었다. <사례 2>의 경우는 항쟁에 참여해서 활동한 이후 결혼을 하고 전업주부로 살아오면서 결혼과 가족이라는 가부장적 틀에 대해서 불만을 가지고 있었다. <사례 10>의 경우도 항쟁 당시의 주체적인 활동 경험과 결혼 이후 현재까지의 자신의 삶을 비교하면서 아내, 며느리의 역할에 얽매이기보다는 여성 자신으로서의 삶을 살고 싶다는 의지를 표현하기도 하였다.

그랬었는데 인제 결혼을 하니까 차분해지고 그냥 남편한테 구속된 것 같아버리는데요. 불만이 많죠. 그냥 남편하고 바뀌었으면 하는 그런 생각도 있고 나는 확실하고 끊고 맺고 그런 게 좋은데 그게 아니고. 이렇게 보면은 우리 활동하고 그랬던 사람들 보면은 그런 게 있드라고. 자신감, 자존심 그런 게 강한 것 같애요. 보면 그래 갖고 누구나 자기 의견이 옳다고 생각하겠지만 부딪히는 그 부분이 지금은 나한테 스트레스가 쌓이고 그런 것에서. <사례 2>

○○○ 목사 아내이기 때문에 정말 해야될 자리에서 하지 못하고 저같은 경우는 거기도 마찬가지예요. 우리가 인제 비주체적인 위치가 됐어요. 옛날에는 무엇이든지 내가 결정하면 책임지는 삶을 살았지만 지금도 누구누구 목사 아내 더군다나 여기는 시댁이 있어 피해가 되니까 그 여러 가지로 아버님도 배려가 되고 우리 뭐 남편 배려되고 이러니까 제가 내 목소리를 낼 수 없는 그런 부분들이 있고 저는 조금 독립을 시도하고 있어요. 그래서 사람들이 이혼도 많

　이 하고 운동권도 이혼 많이 하거든요. 그것이 현실적인 삶과 이상 속에서 오는 괴리감 그리고 자기 소외감 이런 것 때문에 일어나는 자기분열이라든가 이런 것 때문에 아픔이 참 많을 것 같애. <사례 10>

　5·18 민중항쟁 이후 남녀불평등의 문제와 항쟁에 관한 논의 구조 속에서 여성들의 배제는 흔히 찾아볼 수 있는 것이었고, 권위주의적인 가부장제가 여성들을 이중적으로 억압하는 현실은 여성들로 하여금 여성운동을 하나의 독자적인 영역으로 이끌어야 한다는 인식을 가져다주었다.

　결국, 5·18 민중항쟁에서 중요한 역할을 담당하였던 여성들의 경우 여성들도 남성과 동등한 위치에 있어야 한다는 남녀평등의식이 확장되고 인식의 폭이 넓어지는 토대가 형성되었다. 5·18 민중항쟁에서 활동했던 여성들의 경험이 항쟁 이후 여성운동의 독자성과 이를 위한 여성조직의 필요성을 인식하는 중요한 토대가 되었음을 보여주는 것이다.

　더구나 1980년대 이후 광주지역 여성운동은 각기 처해 있는 입장의 특수성에 따라 운동의 목표설정이나 실천방식에서의 차이는 있으나 여성운동이 단순한 여성들의 지위향상이나 제몫 찾기 식의 운동 차원을 훨씬 넘어 인간해방의 차원으로 성큼 도약할 수 있게 된 것은 여성들의 5·18 민중항쟁을 통한 '드러남'의 체험이 밑받침된 것이다.

　그래서 1988년 2월 '광주전남여성회'가 결성되었다.[12] 특히 5·18 민중항쟁에 참여했던 여성들의 증언을 통해 항쟁에서의 여성

---

12) '광주전남여성회'의 창립발기인은 이소라, 장미화, 홍원영, 이춘희, 도경진, 김선옥, 김혜자, 양혜단, 이종옥, 김석순, 김정희, 정성희, 김현정, 김광희 등이다. 지도위원은 김원자, 안성례, 이수애, 박영선, 김정님, 모애금, 송경자, 정현애, 배은심, 이윤정, 장영숙, 이귀님, 정향자, 심성숙, 홍희윤, 이명자, 임영희, 윤경자 등이다.

들의 역할을 재조명하고 항쟁정신을 여성운동이 어떻게 수렴할 것인가를 모색하기 시작했다는 점에서 5·18 민중항쟁 계승을 위한 조직적인 활동이라고 평가할 수 있다.

'광주전남여성회'는 1990년 여성회 내부의 상담사업부를 구상하면서 이를 확대, 개편하여 '광주여성의 전화'를 설립하였고, 여성회의 농민분과위원회에서 일해온 여성들이 참여하여 1991년 3월 '전남여성농민회'가 결성되었다. 1989년에는 이 지역에서 발생하는 여성문제에 보다 능동적으로 대처하기 위해 상설적 연대활동기구인 '광주전남여성문제특별위원회'를 구성하였다(이수애 1991).[13] 5·18 민중항쟁의 경험을 토대로 조직된 '광주전남여성회'를 시작으로 광주지역 여성운동과 여성조직이 확대되어 왔음을 알 수 있다.

그러나 '광주전남여성회'는 이렇게 여성운동과 조직의 양적 팽창과 질적 발전에 기여했음에도 불구하고, 여러 가지 한계를 드러냈다. 다시 말해서, 광주지역 최초로 여성문제 해결을 중심과제로 하는 독자적인 여성운동조직으로 출발하였으나, 독자적인 여성사업보다는 지역 민주화운동단체들과의 연대활동이 더 큰 비중을 차지하였다. 따라서 여성들의 참여를 확대시켜서 조직의 기반을 탄탄하게 꾸리는 일을 소홀히 할 수밖에 없었다. 그럼으로써 기층 민중의 여성들을 조직화하는 데 많은 문제점을 초래하였다.

> 송백회를 재건하겠다는 재건 모임에 참여하게 됐다. 그러나 이게 잘 안되었는데, 그 이유는 여러 가지가 있겠지만 부문별로 여성운동이 분화되는 시점이었다는 것이다. 그랬기 때문에 일반적인 여성운동에 대한 상이 정립이 되지 않은 상태였고 또 5·18 민중항쟁을 기점으로 여성운동이 여성의 권익신장이라든가, 여성문제를 해결하기 위해 나간 것은 아니었다. 그래도 여성문제에 대한 의식을 가지

---

13) '광주전남여성문제특별위원회'에는 장미화, 이춘희, 안성례 등이 결합되었고, 이 기구는 이후 '광주전남민주여성단체연합'으로 개칭되었다.

고 이끌어 보겠다는 사람들이 광주전남여성회로 뭉쳐졌는데 참여
하는 사람들이 대부분 운동권의 부인들이 많았다. <사례 7>

　5·18 민중항쟁 이후 광주지역 여성운동과 여성조직에서는 5·18
민중항쟁에 참여했던 여성들이 오히려 배제되었다. '광주전남여성
회'가 출범하면서 5·18 민중항쟁에 참여했던 여성은 배제된 것이다.
정현애를 비롯한 몇 명이 참여하긴 했지만. 그래서 광주지역 여성
운동에 있어서는 5·18 민중항쟁 부분이 오히려 더 배제되었다는 생
각이 든다. <사례 8>

<사례 8>의 인터뷰 내용에서 5·18 민중항쟁에 참여했던 여성
들이 여성조직에서 배제되었다는 사실을 확인할 수 있다. 뿐만 아
니라, 5·18 민중항쟁에서 여성들의 경험과 항쟁정신을 계승하기
위해 출발한 '광주전남여성회'가 그 역할을 제대로 수행하지 않았
다는 지적(<사례 7>)도 있다.

이와 같이, 5·18 민중항쟁에 참여했던 여성들의 경험은 여성조
직에 직접적인 영향을 미치지 못했다. 오히려 여성들 개개인에게
직접적으로 드러나는 측면이 더 많았다고 할 수 있다. 특히, 여성
운동과 여성조직은 5·18 민중항쟁 기간 동안 직접적으로 활동했
던 여성들을 조직적으로 끌어들이지 못했다는 비판을 면하기 힘
들다. 광주지역 여성운동이 독자적인 영역을 구축하면서 활발하게
활동하였고 더불어 여성들이 참여한 조직화가 다양하게 이루어진
것은 긍정적인 측면이지만, 5·18 민중항쟁에 참여했던 대다수의
여성들이 배제되었다는 점을 간과할 수는 없다.

따라서 광주지역 여성운동과 여성조직이 5·18 민중항쟁 이후
양적·질적 발전을 이루어 왔으나, 5·18 민중항쟁 기간 동안 직접
적으로 활동했던 여성들이 배제되었다는 점에서 항쟁을 통한 여
성들의 경험이 조직적으로 가시화되었다고 평가하기는 힘들다. 물
론 항쟁에 참여했던 소수의 여성활동가들이 '광주전남여성회'나

‘광주전남여성문제특별위원회’에 개별적으로 결합하였지만, 이들은 대부분 조직의 핵심적 부서보다는 지도위원이나 자문위원 등 조직의 외곽부서에 배치됨으로써 상대적으로 소외의식을 가질 수밖에 없었다.

뿐만 아니라, 5·18 민중항쟁에 참여했던 여성노동자들의 대부분이 여성조직에서 배제되었다. 즉, 여성조직에 포함된 소수의 여성들은 대부분 5·18 민중항쟁 기간 동안 활동했던 송백회 여성활동가들이었고 함께 활동했던 JOC 여성노동자들과 같은 기층민중 여성들은 배제되었다(<표 1> 참고). 다시 말해서, 5·18 민중항쟁 당시 JOC를 중심으로 한 여성노동자들은 공식적인 정치적 영역의 5·18 민중항쟁 관련 조직으로부터도 배제되었을 뿐만 아니라, 여성조직으로부터도 배제되었다.

주변화된 여성들 내부에서도 더욱 주변화된 여성들이 존재한다는 점에서 여성활동가들 내부의 차이가 나타났다. 이는 다음의 한 여성노동자 인터뷰 내용에서도 명확하게 드러나고 있다.

> 5·18 민중항쟁 기간 동안 로케트전기, 일신방직 등에 다니는 여성노동자들이 엄청나게 활동을 많이 한 거야. 구체적으로 JOC가 있었고 YWCA에 송백회가 있었고 야학이 있고. 이렇게 하면서 YWCA에 모임을 갖고 여성노동자들은 도청에 들어갔지. 그런데 여성노동자들의 활동은 송백회원들이나 여대생들의 활동에 비해 아무것도 아닌 것이 돼버렸지. <사례 1>

5·18 민중항쟁 이후 항쟁과 관련된 공식적인 정치적 조직으로부터 여성들이 배제되었지만(강현아 2000a, 143 – 160), 다른 한편으로는 여성들 내부의 차이가 20년 동안 지속되어 왔다는 점에서 또 하나의 배제가 형성되어 왔음을 보여주고 있다.

Ⅵ. 맺음말

5·18 민중항쟁에 관한 기존 연구는 가부장적인 이데올로기를 통해 여성에게 저항의 행위성이나 자율적인 주체성을 부여하지 않았다. 가부장적 남성 엘리트들이 만들어 낸 가치와 그들이 그어 놓은 한계 안에서, 여성들은 항쟁에 참여하기는 했지만 공식적인 정치적 조직에서 배제된, 목소리 없는 조력자의 지위에 머물러 있을 뿐이다.

그래서 이 글은 5·18 민중항쟁이 젠더화되고 젠더화를 지속시키는 방향으로 재현되어 왔다는 점과 여성들의 자율적 주체성이 생략되어 있다는 점을 문제삼아, 이를 비판적으로 분석하였다. 이를 위해 5·18 민중항쟁에서 활동했던 여성들의 저항주체로서의 경험과 공식적인 정치적 조직으로부터 배제된 경험을 여성주의적 시각에서 분석하였다. 여성주의적 시각에서 이러한 여성들의 경험과 삶을 드러낼 수 있는 질적 연구방법으로서 인터뷰를 시도하였다.

여성들은 5·18 민중항쟁의 전 과정에서, 처음부터 끝까지 계속해서 활동을 했고 항쟁의 모양새를 만들어갔다. 특히, 해방기간 동안 여성들은 '자치공동체'를 형성하는데 적극적으로 활동함으로써 평화적으로 민중 자신들을 통치할 수 있다는 것을 보여주었다. 항쟁 기간 동안 여성들의 활동은 자연발생적으로 이루어졌으며, 민중들의 투쟁을 이끌어내는 선동의 역할 또한 여성들이 수행하였다. 즉, 여성들은 물품조달, 선전활동, 시체처리, 취사 등 다양한 활동을 수행했을 뿐만 아니라, 지도부와 대중을 묶어주는 매개자로서 민중의 참여를 촉발시키는 역할을 하였다. 또한 항쟁 이전에는 경험해 보지 못했던 정치적·공식적 영역에서 여성들은 자신들의 의견을 주체적으로 표현했다. 더 나아가 여성들은 항쟁 이후 구속자 석방과 유족회 활동, 진상규명을 위한 노력들을 앞장서서 전개하였다.

따라서 여성들은 수동적인 피해의 대상으로서가 아니라 주체적으로 항쟁에 참여했음을 알 수 있다. 광주 시민에게만이 아니라 한국인, 더 나아가 세계인 모두에게 5·18 민중항쟁에서 활동했던 여성들의 주체적 행위성이 보여준 것은 권력과 리더십이라는 개념이 여성의 투쟁과 저항의 경험에 근거해야 한다는 점을 확인시켜 주었다. 또한 여성들은 5·18 민중항쟁과 그 이후의 여성운동조직에의 참여를 통하여 양성불평등한 가부장적 관계에 대한 비판적 인식의 지평을 넓힐 수 있었다. 이는 5·18 민중항쟁과 그 이후 가정과 사회 속에서 작용하고 있는 가부장적 요소에 대한 비판적 인식을 획득하는 계기이자 이를 극복하여 성평등을 실현하려는 노력으로 이어지고 있음을 보여주는 것이다. 더욱이 항쟁기간 동안 공식적인 정치적 조직에서 여성들이 배제되었을 뿐만 아니라, 이후 5·18 민중항쟁 관련 조직에서의 여성 배제와 소외감으로 인해 이러한 비판적 인식은 확대 재생산되어 나타날 수밖에 없었다.

이러한 의미에서 5·18 민중항쟁의 역사를 통해 여성들이 타자적 존재가 아니라, 주체적 존재였다는 발본적인 인식전환이 필요하다. 이를 토대로 항쟁의 역사에서 차지하는 여성들의 위치를 제대로 자리매김 해야 하고, 더 나아가 밝혀지지 않고 있는 다양한 여성들의 경험과 삶을 가시화 시켜내는 연구가 앞으로도 지속적으로 수행되어야 한다.

따라서 5·18 민중항쟁에서 분출한 항쟁의 열기를 역사의 한 순간으로 폄하하지 않기 위해서는, 세계적인 그리고 지역적인 정치・경제적 상황이라는 관점에서만이 아니라, 개인의 삶에서 항쟁이 차지하는 의미, 그리고 개인의 삶과 항쟁의 상호작용과정을 끊임없이 재평가하고 재개념화할 필요가 있다. 이는 지금까지 배제되어 왔던 대상을 발견하는 것이 아니라 무시되고 배제되어 왔던 관계들을 포착하는 것이다. 물론 이 관계들은 양성간의 관계뿐만 아니라, 여성들 간에도 위계화 되어있는 다양한 차이와 차별을 밝혀내는 것이 되어야 할 것이다.

□ 참고문헌 □

강현아. 2000a. "5·18 민중항쟁 역사의 양면성: 여성참여와 배제." 광주·전남여성단체 연합,『여성·주체·삶』. pp. 111~194. 도서출판 티엠씨.

______. 2000b. "5·18 민중항쟁 역사의 양면성: 여성의 참여와 배제." 여성이론연구소.『여/성이론』. 제3호. pp. 120~148. 도서출판 여이연.

고디노(D. Godineau). 1998. "자유의 딸과 혁명적 여성 시민" 즈느비에브 프레스·미셸 페로 편(권기돈·정나원 역).『여성의 역사 4: 페미니즘의 등장: 프랑스 대혁명부터 제1차 세계대전까지』. 41~66쪽. 새물결.

광주·전남 여성단체연합. 2000.『여성·주체·삶』. 도서출판 티엠씨.

광주광역시 5·18사료 편찬위원회 편. 1998.『5·18 광주 민주화운동 자료총서』제14권.

김난희. 2000. "5·18 민중항쟁 이후 여성의 삶." 광주·전남여성단체연합.『여성·주체·삶』. 69~110쪽. 도서출판 티엠씨.

김상곤. 1997. "정치사회운동으로서 5월운동의 평가와 계승." 나간채 엮음.『광주민중항쟁과 5월운동 연구』. 205~236쪽. 전남대학교 5·18연구소.

Ramazanoglu(김정선 역). 1997.『페미니즘, 무엇이 문제인가』. 문예출판사.

Lerner. G.(김인성 역) 1998.『역사 속의 페미니스트』. 평민사.

서선희. 1991. "한국여성운동과 광주민중항쟁." 5월여성 연구회 지음.『광주민중항쟁과 여성』. 50~75쪽. 한국기독교사회문제연구원.

손호철. 1995. "80년 5·18항쟁: 민중항쟁인가 시민항쟁인가?"『해방 50년의 한국정치』. 새길.

슬레지예프스키(E. G. Sleziewki). 1998. "전환전으로서의 프랑스 혁명." 즈느비에브 프레스·미셸 페로 편(권기돈·정나원 역).『여성의 역사 4-페미니즘의 등장: 프랑스 대혁명부터 제1차 세계대전까지-』. 67~90쪽. 새물결.

안 진. 1991. "광주민중항쟁과 여성." 5월여성 연구회 지음.『광주민중항쟁과 여성』. 12~49쪽. 한국기독교사회문제연구원.

5월여성 연구회. 1991.『광주민중항쟁과 여성』. 한국기독교사회문제연구원.

Ueno, Chizuko(이선이 역). 2000.『내셔널리즘과 젠더』. 박종철출판사.

이수애. 1991. "광주전남지역의 여성운동." 5월여성 연구회 지음.『광주민중항쟁과 여성』. 76~115쪽. 한국기독교사회문제연구원.

이은주. 2000. "5·18 민중항쟁과 여성의 투쟁." 광주·전남여성단체연합.『여성·주체·삶』. 19~68쪽. 도서출판 티엠씨.

이춘희. 1991. "5월항쟁에 있어서 여성활동." 5월여성 연구회 지음.『광주민중항쟁과 여성』. 116~233쪽. 한국기독교사회문제연구원.

제갈춘기. 2000. "5·18 민중항쟁 정신계승과 '5월여성제'." 광주·전남여성단체연합.『여성·주체·삶』. 185~219쪽. 도서출판 티엠씨.

조순경. 2000. "한국 여성학 지식의 사회적 형성-지적 식민성 논의를 넘어서—." 한국산업사회학회 편. 『경제와사회』 45. 172~197쪽.

Fraise, G. & Perrot, M.(권기돈·정나원 역). 1998. 『여성의 역사 4— 페미니즘의 등장: 프랑스 대혁명부터 제1차 세계대전까지 —』. 새물결.

최정운. 1997. "폭력과 언어의 정치: 5·18 담론의 정치사회학." 5·18 학술심포지움 발표문.

한국현대사사료연구소 편. 1990. 『광주오월민중항쟁사료전집』. 풀빛.

황석영·전남사회운동협의회. 1996. 『5·18 그 삶과 죽음의 기록』. 풀빛.

Denzin, N. 1989. Interpretive Biography. Sage University Paper Series on Qualitative Research Methods, 17. Beverly Hills, CA: Sage.

Harding, S. 1987. Feminism and Methodology. Open University Press.

Reinharz, S. 1992. Feminist Methods in Social Research. Oxford University Press.

Scott, John. 1988. Gender and the Politics of History. New York: Columbia University Press.

Smith, D. 1979. "A Sociology for Women." J. A. Sherman and E. T. Beck, eds. The Prism of Sex, pp. 135~187. Madison. University of Wisconsin Press.